高等职业院校电子商务职业细分化创新型规划教材

电子商务从业人员培训考试认证项目指定教材

U0688957

ERP 原理与应用
（第2版）

派克斯公司◎策划

欧阳文霞◎主编

汪志林 阎彦 孙军◎副主编

人 民 邮 电 出 版 社

北 京

图书在版编目（CIP）数据

ERP原理与应用 / 欧阳文霞主编. -- 2版. -- 北京：
人民邮电出版社，2016.1
高等职业院校电子商务职业细分化创新型规划教材
ISBN 978-7-115-41052-8

Ⅰ．①E… Ⅱ．①欧… Ⅲ．①企业管理—计算机管理
系统—高等职业教育—教材 Ⅳ．①F270.7

中国版本图书馆CIP数据核字（2015）第274743号

内 容 提 要

本书从 ERP 的核心思想出发，以 ERP 的基本理论为基础，着重介绍了 ERP 的计划层次、各功能模块的框架体系和业务流程，并论述了 ERP 实施的相关步骤和注意事项。全书共分为 9 章，包括 ERP 概述、ERP 的工作原理、ERP 的财务管理系统、ERP 的生产控制系统、ERP 的物流供应链系统、ERP 的人力资源管理系统、ERP 的质量管理、企业信息化集成和 ERP 实施。

书中配有大量的图表，通俗易懂，架构清晰，即可作为高职院校电子商务、企业管理、计算机、物流管理等专业的教材和参考书，也可作为各类成人教育培训机构的培训教材，还可供企业领导、技术人员和管理人员了解和实施 ERP 作参考。

为了方便学生更好地理解 ERP 管理软件，本书配备了一个模拟系统演示文件，有需要的读者可以登录人民邮电出版社教学服务与资源网（www.ptpedu.com.cn）下载。

◆ 主　编　欧阳文霞
　　副主编　汪志林　阎　彦　孙　军
　　责任编辑　刘　琦
　　责任印制　张佳莹　杨林杰
◆ 人民邮电出版社出版发行　　北京市丰台区成寿寺路 11 号
　　邮编　100164　电子邮件　315@ptpress.com.cn
　　网址　http://www.ptpress.com.cn
　　北京九州迅驰传媒文化有限公司印刷
◆ 开本：787×1092　1/16
　　印张：16.5　　　　　　　　2016 年 1 月第 2 版
　　字数：411 千字　　　　　　2024 年 12 月北京第 13 次印刷

定价：39.80 元

读者服务热线：(010)81055256　印装质量热线：(010)81055316
反盗版热线：(010)81055315
广告经营许可证：京东市监广登字 20170147 号

ERP（企业资源计划）体现了当今世界上最先进的管理理念，它是从 MRP（物料资源计划）发展而来的新一代集成化管理信息系统。它扩展了 MRP 的功能，核心思想是供应链管理；它跳出了传统企业边界，从供应链范围去优化企业的资源，基于网络经济时代的新一代信息系统。

ERP 将企业的物流、资金流和信息流统一起来进行管理，对企业的各项资源，包括人力、资金、信息、物料、设备、时间、方法等进行充分调配和平衡，为企业加强财务管理、提高资金运营水平、建立高效率供应链、减少库存、提高生产效率、降低成本、提高客户服务水平等提供强而有力的支持。同时，为高层管理人员的经营决策提供科学依据，最终全面建立企业竞争优势，提高企业的市场竞争力，使之立于不败之地。

在美国，早在 20 世纪 90 年代中期，就有 80% 的制造企业实施了 MRP Ⅱ，70% 的企业应用了 ERP 系统。这些都为美国制造业提升其产品的市场竞争力、扩大市场份额做出了巨大的贡献。

ERP 在我国的应用已经经历了 30 多年的风风雨雨。1981 年，沈阳第一机床厂从德国工程师协会引进了第一套 MRP Ⅱ 软件，这时还没有几个人知道什么是 ERP。之后的 30 多年，ERP 在中国的应用与推广经历了从起步、探索到逐渐成熟的风雨历程。

在 1986 年以前，绝大多数的中国企业都不知道什么是 ERP，大约在 1985～1990 年，许多管理专家、学者，包括中国的企业家开始研究国际上先进的管理模式究竟是什么样的，应该如何使用这些模式来帮助中国企业提高管理竞争力，在这期间诞生了一些 ERP 应用的试点企业。到了 20 世纪 90 年代，全球许多著名的 ERP 厂商纷纷涌进中国市场，更多的企业开始试用或购买 ERP 产品。但令人失望的是，ERP 在中国企业的成功率并不是很高，这样的结果对中国企业的打击很大。因此，进一步加强 ERP 的应用和推广，是中国政府有关部门和广大企业应该重视的一个问题。

为了紧跟教学改革的步伐，引进较先进的教学方法，本书在第 1 版的基础之上进行了相应的改版。全书的主导思想是结合 ERP 课程的性质，将理论与实践有机地结合在一起。教材的撰写在理论部分采用翻转课堂、启发式教育的思路，将理论知识的重点用课堂讨论的方式体现出来，这样一方面有利于学生带着问题去学习；另一方面也可以为教师进行翻转课堂教学做准备。在实践方面，本书配备了一个模拟系统演示文件，可以使学生真正地了解 ERP 管理软件到底是一个什么软件，它是如何把 ERP 的管理思想融入软件系统中的，也可以使教师在授课过程中将知识更加形象化。

本书在每章对知识和原理的讲解之后，还安排了丰富的案例与实训内容。与本书配套的所有教学资源，均可登录人民邮电出版社教学服务与资源网（www.ptpedu.com.cn）下载。总而言之，本书可以让学生用最小的时间成本，获得最大的学习效果。

本书由欧阳文霞任主编，汪志林、阎彦、孙军任副主编，吴洪刚等也参与了本书编写。本书在编写过程中，还参考和借鉴了大量前人、学者的思想与理论，值此改版之际，特向这些作者表示诚挚的感谢。

由于编者水平有限，书中错误与疏漏之处在所难免，敬请广大读者批评指正。

编　者
2015 年 7 月

目 录

第 1 章

ERP 概述

学习目标

理论目标：学习和把握 ERP 的主要概念、观点、基本理论等陈述性知识，并能用其指导 ERP 的相关认知活动。

实务目标：能运用 ERP 的主要概念、观念、基本理论和业务连接知识，规范 ERP 的相关技能活动。

案例目标：能运用所学 ERP 的主要概念、观念、基本理论研究相关案例，培养和提高学生在特定业务情境中分析问题与解决问题的能力。

引导案例

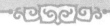

ERP助力领华效益双丰收

广西领华数码科技有限公司是深圳领华集团在国内的 9 家公司之一，该公司现有职工 400 人，其中技术人员数 80 人，占公司全体人数的 20%。大专以上学历的职工占 70%，其中，高级职称 5 人，中级职称 10 人。公司资金实力雄厚，银行信用记录良好，仅 2011 年，该公司投入的技术研究开发经费就达到 300 多万元，约占企业 2011 年销售收入总额的 3%。

为了整合企业流程的资源，简化生产制造的流程，达到控制成本、提升质量、缩短设计生产周期、提供更好的服务和实现科学有效的管理，有效实现整个企业的资源共享，同时保证日常的工作管理和设计生产制造工作，该公司以 ERP 管理系统为核心，结合 HR 人力资源管理软件、IBM 服务器、生产自动化设备等，打造了企业内部统一的信息管理平台，如图 1-1 所示。

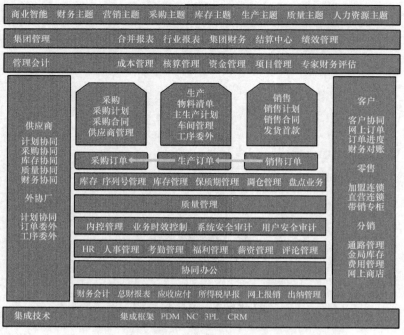

图 1-1　广西领华数码科技有限公司信息化平台

通过上述信息平台的应用，公司得到了以下效益。

1. 经济效益分析

① 通过降低成本、提高生产效率来提升企业效益；

② 减少工程变更（20%）＝工程变更数量×0.2×每次工程变更的成本；

③ 减少需管理的零部件数量（20%）＝总的零部件数量×0.2×建立和管理每个零部件的成本。（注：根据美国 ASPECT 组织的研究表明，创建和管理一个新零部件的成本约为 10 000 美元）；

④ 减少重复工作量（10%）＝制造加工样机、模具和工具的成本×0.1；

⑤ 减少管理 EBOM 的时间（70%）每月收益＝设计人员数量×每天用于管理 EBOM 的时间×0.8×20 天×每小时的平均工资；

⑥ 减少查询设计信息的时间（80%）每月收益＝设计人员数量×每天用于查寻的时间×0.8×20 天×每小时的平均工资；

⑦ 减少发放图纸的时间（80%）每月收益＝每天花在发放图纸上的时间×0.9×20 天×每小时的平均工资。

2. 管理效益分析

① 快速提高满足不同客户需求的能力，通过开发历史数据管理，积累企业产品开发的 Know-How；

② 提高产品设计能力，有效地管理顾客的各种要求事项及急增的说明信息；

③ 提高企业产品开发的竞争力，通过集成的系统，在设计、质量、生产、开发和财务等部门之间建立共享信息的通道，提高工作效率；

④ 建立并行设计基础，通过单一数据库，实时地共享数据；

⑤ 建立获得国内外质量认证的基础，实现标准化产品开发流程，维持 ISO9001 认证及评价；

⑥ 为构建数字化企业打下基础，因 ERP 系统的实施，建立在线的统一管理体系，与供应商、客户实现数据的共享与交换。

1.1　企业信息化概述

┃ 课堂思考 ┃

1. 信息的载体主要有哪些？
2. 企业信息化与 ERP 具有怎样的关系？

在了解企业信息化的相关内容之前，我们必须要明确以下几个概念。

1.1.1　信息

信息与数据是一对孪生兄弟，为了加深对信息的理解，我们有必要对信息与数据的关系进行讨论。

1．数据

人们几乎每时每刻都在接触数据，例如，你到商店买一件衣服需要支付 56.87 元，今天是××××年××月××日……可以这样说，如果人们离开了数据，就无法工作、学习和生活，那么究竟什么是数据呢？

数据是对客观事物进行观察以后，记录下来的可以识别的符号，其本身并无意义，需要被解释与描述。它可以是字母、数字或其他符号，如 "$" ，也可以是图像、声音或者味道，它表示的是客观事实，是一种真实存在。例如，上面讲的一件衣服的单价是 56.87 元，如果把一，件，5，6，"."，8，7，元，割裂起来就毫无意义了，只有将它们联系起来才有意义。

数据的加工过程就是数据处理。数据处理的对象是数据，数据处理的目标是给数据赋予某种含义。数据处理的过程是对数据进行必要的控制或操作，这个过程有时十分复杂，有时又十分简单，它没有固定的模式，但是目的是一致的，就是要给数据赋予某种意义。

2．信息

什么是信息？说到信息，大家一定可以随口说出很多个。例如，我想买一件红色的衣服，这个色彩对于我们来说就是信息；再如我们听说今天下午有个健康讲座，我想去听，这个讲座就是信息，在讲座中我们获得了我们所需要的东西，这个东西也是信息。这样看来，信息的范畴非常广泛，它围绕在我们的身边，无处不在，无处不有。那么我们能明确说出信息的定义吗？答案是明确的，作为一个概念，信息的定义呈现出多定义而又无定义的局面。

"信息"一词在英文、法文、德文、西班牙文中均是 "Information"，日文中为 "情报"，中国台湾称之为 "资讯"，中国古代用的是 "消息"，作为科学术语最早出现在哈特莱（R.V.Hartley）于 1928 年撰写的《信息传输》一文中。20 世纪 40 年代，信息的奠基人香农（C.E.Shannon）给出了信息的明确定义，此后许多研究者从各自的研究领域出发，给出了不同的定义。具有代表意义的表述有以下几个。

信息奠基人香农（Shannon）认为 "信息是用来消除随机不确定性的东西"，这一定义被人们看作为经典性定义并加以引用。

控制论创始人维纳（Norbert Wiener）认为 "信息是人们在适应外部世界，并使这种适应反作用于外部世界的过程中，同外部世界进行互相交换的内容和名称"，它也被看作为经典性定义加以引用。

经济管理学家认为"信息是提供决策的有效数据"。

中国著名的信息学专家钟义信教授认为"信息是事物存在方式或运动状态，以这种方式或状态直接或间接的表述"。

美国信息管理专家霍顿（F.W.Horton）给信息下的定义是："信息是为了满足用户决策的需要而经过加工处理的数据。"简单地说，信息是经过加工的数据，又或者说，信息是数据处理的结果。

根据对信息的研究成果。科学的信息概念可以概括为：信息是对客观世界中各种事物的运动状态和变化的反映，是客观事物之间相互联系和相互作用的表征，表现的是客观事物运动状态和变化的实质内容。

无论信息的定义如何，但对信息的理解我们都必须掌握以下两点：

（1）信息在客观上是反映某一客观事物的现实情况的；

（2）信息在主观上是可以接受、利用的，并指导我们行动的。

3. 信息与数据的关系

有人形象地将数据和信息之间的关系比喻成原料与产品之间的关系，如图 1-2 所示。

图 1-2　信息与数据的关系

例如，一个仓库材料入库单上有发货单位、名称、数量、单价、总价、日期、经手人等一些数据。当这些数据以单个形式出现时，是毫无意义的。如果将它们汇总（进行加工）以后就成为了一张入库单，被赋予了一定意义，如反映入库的一笔账目，就不再是数据，而是一条信息了。根据这张入库单，我们可以了解到我们的仓库进了一批什么货，价值是多少，应当如何堆放等。

相同的数据，如果使用者对它进行不同的标识或定义，就会变成不同的信息。如数字 100，当我们在其后加上吨，则我们便可以知道这是 100 吨的东西；当我们在其前面加上入库的标识，则代表入库量为 100 吨；当我们为其加上出库的标识，则代表出库量为 100 吨。

从上面的分析可以看出，对数据的处理是多方面的，数据一经处理就有了意义，这时的数据就变成了信息。

信息与数据既有联系又有区别，如表 1-1 所示。

表 1-1　　　　　　　　　　　　　　数据与信息的区别

数据	未加工的原始材料	用以载荷信息的物理符号
信息	加工了的数据	数据的载体

另外，信息不随载荷它的物理介质的变化而变化，但是数据却与之不同。由于载体不同，数据的表现形式也可以不同。例如，同一数据在普通纸上、穿孔卡片上和磁盘上的形式是不一样的，但都可以表现的是同一信息。在一些并不是很严格的场合或不易区分的情况下，人们也把它们作为同义词，笼统地给予称呼。

4. 信息的特征

信息具有许多重要的特征，最基本的特征有以下几点。

（1）真实性

真实性是信息的最基本的特征之一。在经济管理活动中，信息是管理与控制企业生产经营活动的基础，必须遵循经济活动的客观规律，从实际情况出发，如实地反映生产经营的运行情况。真实性也是信息的中心价值所在，不符合事实的信息不仅没有价值，而且会导致决策的失误，造成经济的损失。

"输入的是垃圾，输出的就更是垃圾"，这是信息处理领域最著名的一句名言，说明了信息真实性的重要。

（2）目的性

任何对管理信息的搜集和整理工作，都是为了某项具体的管理工作服务的，都有明确的目的性。其最终目的是帮助人们认识和了解生产经营过程中出现的问题，为决策提供科学和准确的信息依据。

（3）传播性

信息的传播性是其本性，信息能够通过各种渠道和手段向四面八方进行传播。信息的浓度，信息源、接收者的梯度与信息的传播力度成正比，即信息的浓度越大，信息源与接收者的梯度越大，而信息的传播力度就越强。反之，信息的传播力度就越弱。

信息的扩散一方面有利于知识的传播；另一方面又可能造成信息的贬值，不利于保密工作和保持信息所有者的积极性。所以，在鼓励加快信息传播的同时，还应该制定完善的法律制度，从宏观上控制信息的非法扩散。

（4）等级性

管理信息的等级性是和企业管理系统的层次性相对应的，一般分为战略计划信息、管理控制信息和作业处理信息 3 个等级。

① 战略计划信息是指高层管理者所需要的关系到全局长远利益的信息。如国家行业政策、国际上新产品新技术的动向、市场需求情况、新企业的地址选择等都对企业长期发展产生影响。

② 管理控制级信息是部门负责人需要的各种关系到企业局部和中期利益的信息。如企业各产品的计划，人、财、物等资源的配置等。

③ 作业处理级信息是基层执行人员需要的各种业务信息。如每天的产量、销量、原材料的消耗量等。

不同管理层次的信息对其内容来源、精度、加工方法、使用频率、使用寿命以及保密程度等属性的要求都是不同的。

（5）共享性

信息只有实现了共享才能成为企业的资源。但是，我们也应当看到信息的共享有可能会影响信息的价值，可能会使价值增加，也可能会使价值减少。例如，某种商品低价倾销，但数量有限，首先获得该信息的人就能享受到信息的价值性，而后获得该信息的人就不会感受到该信息的价值。更不要说商家会根据客户多少适当调整商品价格了。

（6）价值性

信息的价值性体现在以下两个方面。

① 体现在获得某信息资料所付出的代价，即信息成本。其价值是按照社会必要劳动量来计算的，是和计算其他产品成本价值的方法相同。

② 体现在通过运用某信息后得到的效益。其价值是通过使用信息的最优方案和其他方案的效益比较后得到的。

（7）时效性

时效性是指信息是有寿命、有时效的，它只有在一定的时间内才能体现最大的价值。用于某一目的的信息都将随着时间的推移而发生老化，失去其原有的价值。

（8）不可逆性

信息一旦被人接触后，就很难再从接受者手中收回。这对信息的安全保密提出了较高的要求。

1.1.2　企业信息化

▌课堂思考▐

1. 信息化的标志是什么？
2. 最新的信息技术有哪些？
---

1. 信息化

信息化是近年来世界各国都非常关注的，并具有深远影响的战略课题。与此相应，有关未来信息社会的种种构想与预测也在不同的杂志刊物中出现，以不同的方式被公众所了解，如"智能地球""互联网+""工业 4.0"等。

信息化是指加快信息高科技发展及其产业化，提高信息技术在经济和社会各领域的推广应用水平，并推动经济和社会发展前进的过程。它以信息产业在国民经济中的比重，信息技术在传统产业中的应用程度和国家信息基础设施建设水平为主要标志。

信息化包括信息的生产和应用两个方面。信息生产要求发展一系列高新信息技术及产业，既涉及微电子产品、通信器材和设施、计算机软硬件、网络设备制造等领域，又涉及信息和数据的采集、处理、存储等领域。信息技术在经济领域的应用主要表现在用信息技术改造和提升农业、工业、服务业等传统产业上。

20 世纪 90 年代以来，信息产业对国民生产总值增长的贡献率不断上升，并且已成为当代经济发展的主要驱动力之一。由信息化驱动的经济结构调整，将大大提高各种物质和能量资源的利用效率，和企业在市场经济中的竞争力。

具体来说，信息化的任务十分广泛，主要涉及以下几个方面。

（1）在社会经济的各种活动中。例如，在政府、企业、组织的决策管理与公众的日常生活中，信息和信息处理的作用大大提高，使社会的工作效率与管理水平达到了一个全新的水平。

（2）为了提供满足各种需求的信息资源、信息产品和信息服务，各种不同规模、不同类型的信息处理系统被建设起来，并进入稳定、正常的运行，成为社会生活所不可缺少的和基本的组成部分。

（3）为支持信息系统的工作，遍及全社会的通信及其他有关的基础设施（如计算机网络、数据交换中心、个人计算机等）得到全面发展，并且已投入正常运行。

（4）为支持信息系统和基础设施，相关的信息技术得到充分发展，相应的设备制造产业也得到了充分发展，为信息处理系统和通信系统的正常运行提供设备和技术保证。同时，它自己也已经发展成为国民经济中的一个庞大的、新兴的产业部门，并且在从业人数和产值份额上均占相当大的比例。

（5）与经济生活的变化相适应的法规、制度等，经过一定时期的探索，已经逐步形成并且走向完善，为全社会成员所了解和遵守。例如，关于信息产权的有关规则、关于通信安全与保密的有关规则等，特别是在政府与企业的各级管理中形成了有关信息的各种管理体制与管理办法。

（6）与各项经济和社会生活的变化相适应，人们的工作方式、生活方式以至娱乐方式也形成了新的格局，相应的习惯、文化、观念、道德标准也在新的形势下发生了深刻的变化。

　　总体而言，所谓信息化，就是在国民经济各部门和社会活动各领域普遍采用现代信息技术，充分、有效地开发和利用各种信息资源，使社会各单位和全体公众都能在任何时间、任何地点，通过各种媒体（如声音、数据、图像或影像）享用和相互传递所需要的任何信息，以提高各级政府宏观调控和决策能力和各单位和个人的工作效率，促进社会生产力和现代化的发展，提高人民文化教育与生活质量，增强综合国力和国际竞争力。

2. 企业信息化

（1）企业信息化的概念

　　企业以企业流程（优化）重组为基础，在一定的深度和广度上利用计算机技术、网络技术和数据库技术，控制和集成化管理企业生产经营活动中的所有信息，实现企业内外部信息的共享和有效利用，以提高企业的经济效益和市场竞争能力。一般，对"企业信息化"有两种比较明确的诠释，第一种是指"通过对信息技术的应用，开发和使用企业的信息资源，提高管理水平、开发能力、经营水平的过程"。企业信息化从发展程度看，分为 3 个层面或 3 个发展水平阶段。第一是利用计算机实现对产品生产制造过程的自动控制；第二是利用计算机系统实现企业内部管理的系统化；第三是利用互联网开展的电子商务。第二种是指企业利用现代信息技术，通过信息资源的深入开发和广泛利用，不断提高生产、经营、管理、决策的效率和水平，进而提高企业经济效益和企业竞争力的过程。企业要在利用信息技术改造传统产业和企业经营管理信息化两个方面加紧推进。

（2）企业信息化的内涵

　　企业信息化是生产力和生产关系的技术进步。自 1946 年世界上第一台计算机诞生以来，电子信息技术高速发展，其普及应用和广泛渗透为企业的产品设计、制造、办公和管理提供了工具。同时，职能管理层、经营决策层和电子商务层的信息化改变了传统企业的组织关系。企业信息化在管理、经营上的变化和时空上的拓展，特别是互联网的出现，为电子商务提供了基础条件，电子商务又为企业信息化增添新的内涵。企业信息化大大拓宽了企业活动的时空范围，在时间上，企业信息化以客户需求为中心实施敏捷制造和集成制造；在空间上，企业信息化以虚拟形态将全球聚合在一起。具体而言，企业信息化的内涵包含以下 5 个方面的内容。

　　① 产品信息化。产品信息化要使用好两个技术，一是应用数字技术，增加传统产品的功能，提高产品的附加值，例如，以往的模拟手机同现在的数字手机在保密性和性能方面无法同日而语，数字控制技术对机床的增值产生了数倍的影响；二是应用网络技术，网络冰箱通过网络管理中心进行控制，可以向用户通报何时需要添置新的食品，从而产生了新的附加值。产品的质量改变并不大，最大的差别在于通过服务提高了产品的附加值。

　　② 设计信息化，即产品设计、工艺设计方面的信息化。目前应用较为普遍的是计算机辅助设计（CAD）系统，设计信息化还包括计算机辅助工艺规程设计（CAPP）系统应用、计算机辅助装配工艺设计（CAAP）系统应用、计算机辅助工程分析（CAE）系统应用、计算机辅助测试系统应用、网络化计算机辅助开发环境、面向产品全生命周期活动的设计（DFX）系统二次开发与应用与产品建模、模型库管理与模型效验系统开发与应用。

　　③ 生产过程信息化，即自动化技术在生产过程中的应用，用自动化、智能化的手段解决加工过程中的复杂问题，提高生产的质量、精度和规模制造水平，其中主要应用包括数控设备地应用、计算机生产过程自动控制系统应用、生产数据自动收集、生产设备自动控制、产品自动化检测及生产自动化覆盖等。

　　④ 企业管理信息化。企业通过管理信息系统的集成，提高决策管理水平，主要应用层

面包括企业资源规划（ERP）系统、供应链管理（SCM）系统、客户关系管理（CRM）系统和辅助决策支持（DSS）系统。

⑤ 市场经营信息化。通过实施电子商务，可以大大节约经营成本，提高产品的市场竞争能力，提高经济效益。

（3）企业信息化的外延

① 企业信息化的基础是企业的管理和运行模式，而不是计算机网络技术本身，其中的计算机网络技术仅仅是企业信息化的实现手段。

② 企业信息化建设的概念是发展的，它随着管理理念、实现手段等因素的发展而发展。

③ 企业信息化是一项集成技术，企业建设信息化的关键点在于信息的集成和共享，即实现将关键的、准确的数据及时传输给相应的决策人，为企业的运作决策提供数据。

④ 企业信息化是一个系统工程，企业的信息化建设是一个人机合一而又有层次的系统工程，包括企业领导和员工理念的信息化，企业决策、组织管理信息化，企业经营手段信息化，设计、加工应用信息化。

⑤ 企业信息化的实现是一个过程，包含了人才培养、咨询服务、方案设计、设备采购、网络建设、软件选型、应用培训、二次开发等过程。

（4）企业信息化的内容

① 合理构建企业的业务流程和管理流程，完善企业的组织结构、管理制度等。

② 建立企业的总体数据库。

③ 建立相关的各种自动化及管理系统。

④ 建立 Intranet（局域网），达到企业内部信息的最佳配置。

⑤ 接通 Internet（互联网），获得与企业经营有关的信息，充实自己信息资源。

（5）企业信息化的意义

从宏观上看，企业的信息化建设的意义有以下几点。

① 增强国家经济的可持续性快速发展，增强国家的综合实力。

② 有利于适应国际化竞争。在全球知识经济和信息化高速发展的今天，信息化是决定企业成败的关键因素，也是企业实现跨地区、跨行业、跨所有制，特别是跨国经营的重要前提。

③ 有利于实现国有企业改革与脱困目标。在综合运用好国家已经出台的各项政策的同时，利用现代信息技术有效地开发和利用信息资源，有助于改善企业管理，提高竞争力和经济效益。

④ 有利于抓住新时代的良好发展机遇。我们正处在知识经济迅速崛起，全球信息化迅速发展的时代。对信息的采集、共享、利用和传播，不仅成为决定企业竞争力的关键因素，也成为决定国家生产力水平和经济增长的关键因素。

⑤ 现代信息技术的迅速发展为我们开发和利用信息提供了有力的技术支持。只有实现信息化，企业才有可能抓住机遇，实现健康发展。

⑥ 企业信息化实现企业全部生产经营活动的运营自动化、管理网络化、决策智能化。其中，运营自动化是基础，决策智能化是顶峰。

⑦ 增加企业间的技术流通，总体提升整个行业的技术水平。

从中观上而言，企业信息化对企业的意义有以下几点。

① 有利于增强企业的核心竞争力，适应市场化竞争的要求。

② 有利于理顺和提高企业的管理，实现管理的井井有条。

③ 提高设计效率，缩短设计周期，保证设计质量。

④ 降低企业的库存，节约占用资金，节约生产材料，降低生产成本。

⑤ 缩短企业的服务时间，提高企业的客户满意度，并方便企业及时获取客户需求信息，实现按订单生产。

⑥ 加速资金流在企业内部和企业间的流动速率，实现资金的快速重复有效的利用。

⑦ 加速信息流在企业内部和企业间的流动速率，实现信息的有效整合和利用。

⑧ 加速知识在企业中的传播，实现现有知识的及时更新和应用。

从微观上看，企业信息化可以为使用人员带来的利益有以下两个方面。

① 降低技术人才的劳动强度，用计算机实现繁杂、重复的简单体力劳动，从而提升技术人才的脑力价值。

② 改善职工的工作环境。

1.1.3　企业信息化的特征与层次

1. 企业信息化的特征

企业信息化是一个动态发展的过程，它主要表现出以下 7 个方面的特征。

（1）企业信息化的本质特征

企业信息化的本质特征为"信息化"企业的核心业务、主导流程和人。任何企业，无论是资源型企业、商业企业，还是金融、制造及社会中介机构，只要它是企业，就必将拥有其独特的主营业务，即核心业务，其运作过程就是企业的主导流程，它们是企业信息化改造的重点对象。同时，信息化也是"化"人的过程。企业各级员工要在心理上和行动中全部投入信息化建设进程，成为信息化的主导力量，当然这还需要"一把手工程"的积极带动和引领。

（2）企业信息化的形态特征

企业信息化的形态特征主要表现在企业生产、管理和经营 3 个层面，在产品设计、工艺过程控制与零件加工、事务处理、供应链管理与辅助决策等领域广泛开展计算机应用，实现设计自动化、生产自动化、办公自动化、决策辅助自动化和电子商务等企业运行的全面自动化。

（3）企业信息化的过程特征

企业信息化从初级、中级到高级的发展过程特征是从计算机单机应用、综合应用、网络应用的逐步提升。从基层班组级计算机联网、部门联网、企业联网、产业链联网的不断融合，具有连续不断可持续发展的特征。

（4）企业信息化的阶段特征

由于信息技术的发展永无止境，信息基础设施和经济、市场环境的变迁，企业信息化也不存在终极目标。企业信息化实施是全方位的，企业将根据自身需要抓重点，分层次、分阶段地推进企业信息化，提高信息技术利用率。因此，对企业信息化的建设和投资也不可能是一次性的，具有分阶段连续不断的特征。

（5）企业信息化的效益隐性特征

在企业中推进信息化不同于以往对产品的技术改造，其效益的概念完全不同。后者是通过对产品生产线的技术改造，提高质量，增加产量，是单方面的，效益容易显现；而前者则是应用信息技术对企业的信息资源进行深度开发和广泛利用，从整体上提高企业生产能力和管理水平，其效益是多方面的，由于现阶段管理水平的制约，较难以定量方式给以准确评估。

（6）企业信息化的内部关联性特征

企业信息化有赖于技术创新，更依赖于体制创新。保持技术创新和体制创新相互促进、有机融合，实施企业改革与业务流程重组，实现组织结构扁平化，建立现代企业制度，将从体制上为信息技术的深层应用创造条件。

（7）企业信息化的外部关联性特征

企业信息化有赖于国民经济和社会信息化良好环境的形成，有赖于社会信息网络的不断进步和企业所处产业链上下游企业信息化的逐渐完善。

2．企业信息化的层次

企业信息化是一个发展的问题，同时也是一个层次问题，根据企业信息化的不同集成度，可将企业信息划分为以下 4 个层次。

① 单元技术

② 技术部门集成

③ 企业内部集成

④ 动态联盟集成

此外还可分为以下 3 个层次。

① 数据集成

② 知识集成

③ 人的集成

1.1.4　企业信息化的内容体系

企业信息化是一个不断发展的概念，其内容体系随着技术的不断发展而逐渐完善。从企业信息化的发展过程阶段来看，我们可以将企业信息化划分为初级和高级两个阶段。

从技术发展阶段的角度来看，初级的企业信息化在网络技术得到突破性发展之前就已经出现，其所使用的技术主要是 20 世纪 90 年代以前的信息技术。

从内容上看，初级的信息化主要包括以下 3 个方面。

（1）生产过程的自动化。例如，在制造业中从单片机的自动检测与自动控制到计算机辅助设计（CAD）、计算机辅助生产准备（CAP），在流程工业中从巡回监测、常规控制系统到集散控制系统（DCS）等。

（2）初级的管理过程信息化，即主要利用单片机来获取、加工信息并将加工后的信息应用于企业的管理过程。

（3）初级的办公自动化系统（OA），即利用计算机来处理办公室中传统事务等。

与初级信息化不同，目前发达国家所讨论的信息化主要是以网络技术的运用为核心的高级企业信息化。如果说初级企业信息化的主要特征是离散的个体对计算机技术的运用，那么高级的、以网络技术的运用为核心的企业信息化则运用新的通信将各个离散的个体紧密联系在一起，从而实现个体之间信息的充分交流、互动和分享。

从企业价值链和业务流程的角度来划分，高级的企业信息化主要包括以下 4 个方面。

（1）供应链管理（Supply Chain Management）

供应链管理试图利用计算机网络来整合从供应商、企业自身到消费者之间的所有交易与合作流程。供应链管理所涉及的并非企业之间一对一的关系，而是整个系统之中所有的次供应商、供应商、企业自身乃至最终顾客之间的关系。

（2）企业资源计划（Enterprise Resource Planning）

企业资源计划运用计算机网络把企业内外的所有信息汇集、整合为一个数据库，并将企业内部各个单位与该数据库连接起来，方便各个单位查询、交流信息并根据这些信息做出决策并进行合作。

从功能的角度看，企业资源计划系统汇集了与企业整个运行过程有关的包括采购、存储、生产、营销、融资等各种相关功能在内的所有信息，从而使得企业的运行过程能够更加有效地协调起来。

（3）客户关系管理（Customer Relationship Management）

企业利用网络以及其他信息技术来收集、整理和分析有关客户的信息并根据这些信息及时地为顾客提供恰当的服务。客户关系管理的目的在于通过不断改进自己的服务来建立忠诚且互利的客户关系。

（4）协同商务（Collaborative Commerce）

根据国际权威信息咨询机构 Gartner Group 的观点，信息技术的发展与应用分为 3 个阶段：1995 年以前可以说是第一阶段，其间 IT 的应用主要以 ERP 为代表的单个企业内部的应用；1995 年至 20 世纪末是第二阶段，由于因特网的问世和普及，E-Commerce 成为了信息技术的主流应用；21 世纪第一个 5 年是第三阶段，这时发达国家的 IT 主流应用是协同商务。

协同商务是一种允许企业内部、企业与其业务伙伴之间或贸易社区（Trading Community）的参与者之间协同交互的基于 Internet 技术的新型商务模式，是企业信息化的高级发展模式。贸易社区可以由一个行业、行业分支或者一个供应链组成。2000 年摩根斯坦利（Morgan Stanley）、IDC（International Data Corporation）以及普华永道（Price Waterhouse）等国际著名咨询公司纷纷发表协同商务研究报告，随后 IBM、SAP、Oracle、HP 等从事电子商务的世界主要 IT 厂商也陆续推出有关协同商务的解决方案。

图 1-3 给出了包括初级信息化和高级信息化在内的企业信息化全景图。

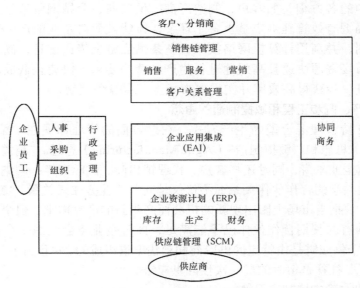

图 1-3　企业信息化全景图

人类已进入现代信息社会，信息作为生产要素之一，已经打破了西方经典经济学"三要素"的结构，成为第四个要素，即劳动力、资本、土地和信息。遵循这个现代西方经济学的经营理论，所谓成功企业就是指通过这些要素变量的最优组合，使得股东的财富最大化。所以，企业管理不再是对人、财、物某一单方面的强化管理，而是发展到对人、财、物、信息等资源的全面综合管理。这些资源利用的情况，直接影响到企业的经营表现。目前，在竞争中得以生存和发展下来的企业和企业家们经常思考的问题是：如何迅速有效的决策？如何增加顾客资源？如何提高生产效率和产品竞争力？如何降低成本，消灭浪费？如何更快地得到市场信息和反馈？什么样的管理模式和现代技术能有效地回答并解决这些问题？由此可以看出，大家不约而同地想到了实施 ERP 系统——当代实现信息化管理的经典模式。

1.1.5　什么是 ERP

企业资源计划（Enterprise Resource Planning），是以系统化的管理思想，把企业的人流、物流、资金、信息流统一管理的管理方法，把企业内部的生产经营活动同客户的需求、供应商的信息整合在一起，是一种行之有效的利用系统化的统筹管理思想，为企业领导层及管理人员提供指引性管理策略的管理方法。ERP 系统则是建立在信息技术基础上，实现该管理方法的管理信息系统。

在尚未引入 ERP 系统时，纸质文件的传递仍然是大多数企业内各部门人员之间交流传递信息所用的方法。虽然有的企业已经拥有自己的管理系统，但用有形的文件来传递信息还是大多数人所偏好的方式。究其原因，除对有形文件进行注释、说明时更便捷、灵活等优势外，还因为企业内的各个系统过于独立且缺乏便于交流沟通的接口，为了改变缺乏交流的状态，ERP系统便应运而生了。它将企业这个庞大的组织中各个功能模块有序地整合集成，共同运作。而有效的管理整个供应链就是 ERP 管理的核心思想，这一核心思想主要体现在以下 3 个方面。

1.　有效管理整个供应链资料的思想

在信息时代，一个企业仅靠自己内部的资源是无法在激烈的市场竞争中占有一席之地的。ERP 系统实现把客户需求和供应商信息和企业内部活动整合在一起，这样就等同于把经营过程中的各方相关如客户、制造厂商、供应商、分销网络等划入一个缜密的供应链中。如此强调有效管理供应链上各个环节，方能做到对企业的产、供、销活动进行有效的引导作用，并利用计算机网络技术在整条供应链上传递信息，满足企业利用全社会一切可利用市场资源快速且高效地进行生产经营的要求，快速且低成本地响应客户的需求，以达到进一步获得高效率并实现在市场上获得竞争优势。

2.　精益生产、同步工程和敏捷制造的思想

ERP 系统支持管理混合型的生产方式，在这方面的管理体现在"精益生产"（Lean Production，LP）思想和"敏捷制造"（Agile Manufacturing）思想。"精益生产"思想是生产体系中不只有企业本身，同时还将客户、代理销售商、供应商等一同纳入其中，企业将与他们形成利益共享的合作伙伴关系而不仅仅是简单的业务往来关系。"敏捷制造"（Agile Manufacturing）是指当市场上因出现新的机会而产生新的产品需求，但全新的开发需求仅仅靠那些企业固有的长期合作伙伴已不能满足，此时企业将会组织一个供应链形成一个"虚拟工厂"，这个供应链是由特定的供应商和销售渠道组成的，并且由于其成员的特殊性，这个"虚拟工厂"往往是暂时的或一次性的供应链。

3.　事先计划与事中控制的思想

ERP 系统中的计划主要包括能力计划、采购计划、物料需求计划、主生产计划、利润计划、销售执行计划、财务预算和人力资源计划等，并且整个供应链系统已经完全集成了这些价值控制功能和计划功能。

总而言之，随着信息技术的快速发展与应用，ERP 系统借此将更多先进的企业管理思想

变成现实中可实施操作的计算机软件系统。

ERP 的正式命名是在 1990 年，美国 Gartner Group 公司在当时流行的工业企业管理软件 MRP Ⅱ 的基础上，提出了评估 MRP Ⅱ 的内容和效果的软件包，这些软件包被称为 ERP。在最初的定义中，ERP 只是一个为企业服务的管理软件，在这之后，全球最大的企业管理软件公司 SAP 在 20 多年为企业服务的基础上，对 ERP 的定义提出了"管理+IT"这一革命性理念。

这个理念主要包含以下 4 个方面的含义。

① 超越了 MRP Ⅱ 的范围和集成功能。

② 支持混合方式的制造环境。

③ 支持动态的检测能力，提高业务绩效。

④ 支持开放的客户机/服务器计算环境。

（1）ERP 不只是一个软件系统，而且是一个集组织模型、企业规范和信息技术、实施方法为一体的综合管理应用体系。

（2）ERP 使得企业的管理核心从"在正确的时间制造和销售正确的产品"，转移到了"在最佳的时间和地点，获得企业的最大利润"，这种管理方法和手段的应用范围也从制造企业扩展到了其他不同的行业。

（3）ERP 从满足动态监控，发展到了商务智能的引入，使得以往简单的事物处理系统，变成了真正具有智能化的管理控制系统。

（4）从软件结构而言，现在的 ERP 必须能够适应互联网，可以支持跨平台、多组织的应用，并和电子商务的应用具有广泛的数据、业务逻辑接口。因此，我们今天所说的 ERP，通常是基于 SAP 公司在 1990 年以后的定义来说的。所谓 ERP，就是通过信息技术等手段，实现企业内部资源的共享和协同，克服企业中的官僚制约，使得各业务流程无缝平滑地衔接，从而提高管理的效率和业务的精确度，提高企业的盈利能力，降低交易成本。ERP 的概念示意图如图 1-4 所示。

图 1-4 ERP 概念示意图

1.2 ERP的发展历程

课堂思考

1. 库存到底给企业带来了哪些影响？
2. ERP 发展的条件是什么？

1.2.1 库存的意义与作用

课堂游戏

在教师的引导下，完成啤酒游戏的整个过程，至少经营 30 周。由此让学生体会库存在企业中的作用与意义，以及库存多少对企业的意义。

啤酒游戏规则

一、游戏的目的

在啤酒的配销系统中，由于结构及其内部要素互动等内在的原因，使消费者需求产生小幅变动，从而引发了需求大起大落的假象，导致决策错误，库存偏离合理量。问题的原因在于系统结构本身，而游戏中的各个角色也是系统中的一个组成部分，受系统的影响，同时也影响着系统。但大多数人无法意识到这一点，把经营失败的原因完全归结为外部环境或他人的非理性行为。希望学生通过游戏进行讨论和总结，了解系统的结构误区，并注意有效避免。

本游戏的最终目的是各角色经营利润的最大化。

二、游戏简介

1. 游戏出处

啤酒游戏是 1960 年麻省理工学院（MIT）的斯隆（Sloan）管理学院开发的。这是一个关于生产和配销单一品牌啤酒——情人牌啤酒的管理游戏。

2. 角色扮演

（1）教师

主要职责：

- 介绍游戏内容、规则、流程；
- 宣布周次；
- 主持并掌控游戏全程，维持游戏秩序。

（2）消费者

主要职责：

- 根据规定的需求量自己决定向零售商购买啤酒的数量；
- 需求量：第 1、第 2 周 4 箱，第 3、第 4 周 8 箱；
- 在第 5 周负责向零售商发布市场信息卡。

（3）卡车司机（A、B）

主要职责：

- A 负责传递零售商与批发商间的订单与发货单；B 负责传递批发商与制造商间的订货和发货单；
- 司机接到订单，在两周后送到批发商或制造商出处，批发商或制造商立即发货，司机在 2 周后送到货，共用 4 周时间到达零售商处。

（4）零售商

主要职责：

- 每周订货一次，发货一次，均在期初进行；
- 订货到收货需要 4 周时间；
- 开始时库存为 12 箱；
- 填写订货单和零售商情况表，如表 1-2 所示。

（5）批发商

主要职责：

- 标准库存为 24 箱，线下有 3 个零售商；
- 每周向制造商订货一次，需要 4 周时间；

表 1-2　　　　　　　　　　　　　零售商情况表　　　　　　　　　　　　　单位：箱

周次（t）	啤酒市场需求量 A	销量 B	本期欠货量（消费者）C	期初库存量 D	批发商送货量 E	本期欠货量（批发商）F	累计欠货量（批发商）G	期末库存量 H	订货量（批发商）I	本期利润 J
1				12						
2										
…										
30										

- 司机 A 给你带来各零售商的订单，同时你给零售商们发货，卡车司机 B 给你送货，并接受你的本周订单；
- 每周结束后，批发商计算本期利润额，游戏结束后，各批发商计算总利润额并将结果上报给教师；
- 需要填写批发商情况表及发货单订货单，如表 1-3～表 1-6 所示。

表 1-3　　　　　　　　　　　　　批发商情况表　　　　　　　　　　　　　单位：箱

周次（t）	零售商订单总量 A	发货总量（零售商）B	本期总欠货量（零售商）C	本期累计欠货量（零售商）D	期初库存量 E	制造商送货量 F	本期欠货量（制造商）G	累计欠货量（制造商）H	期末库存量 I	订货量（制造商）J	本期利润 K
1				24							
2											
…											
30											

表 1-4　　　　　　　　　　　　　批发商情况表

零售商（1、2、3…）	
发货时间（第几周）	
发货数量（箱）	

表 1-5　　　　　　　　　　　　　批发商订货单

批发商（1、2、3…）	
订货时间（第几周）	
订货数量（箱）	

表 1-6　　　　　　　　　　各零售商订发货统计情况表　　　　　　　　　　单位：箱

周次	零售商 1				零售商 2				零售商 3			
	订货量	发货量	欠货量	累计欠货	订货量	发货量	欠货量	累计欠货	订货量	发货量	欠货量	累计欠货
1												
2												
…												
30												

（6）生产商

主要职责：

- 每周制造商都可以对自己生产的啤酒量进行一次决定，但注意从决定啤酒生产量到啤酒产出至少需要 2 周；
- 保持一定库存，标准库存为 96 箱；
- 最低生产水平为 30 箱，最高生产生平为 60 箱。

制造商在此游戏模拟中需填写制造商情况总表和各批发商情况表及制造商发货单，如表 1-7~表 1-9 所示。

表 1-7　　　　　　　　　　　　　　　制造商发货单

批发商（1、2、3…）	
发货时间（第几周）	
发货数量（箱）	

表 1-8　　　　　　　　　　　　　　　制造商情况表　　　　　　　　　　　　单位：箱

周次（t）	批发商订单量 A	本期发货量 B	本期发货欠货量 C	累计欠货量 D	期初库存量 E	制造商产出量 F	期末库存量 G	计划生产量 H	本期利润 J
1					96	48			
2						48			
…									
30									

表 1-9　　　　　　　　　　　　　　各批发商订发货统计情况表　　　　　　　　单位：箱

周次	批发商 1				批发商 2				批发商 3			
	订货量	发货量	欠货量	累计欠货	订货量	发货量	欠货量	累计欠货	订货量	发货量	欠货量	累计欠货
1												
2												
…												
30												

三、流程示意

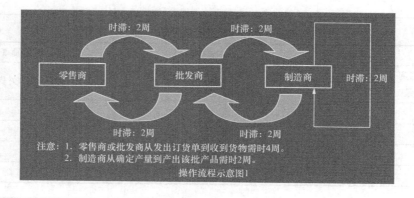

操作流程示意图1

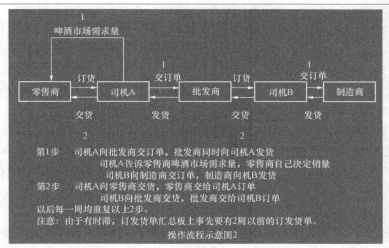

操作流程示意图2

四、资料打印

- 每个零售商：零售商角色资料卡 1 张，零售商订货单 30 张。
- 每个批发商：批发商角色资料卡 1 张，各零售商订发货统计表 1 张。
- 批发商订货单 30 张，批发商发货单 30×4=120 张。
- 每个制造商：制造商角色资料卡 1 张，各批发商订发货统计表 1 张。
- 制造商发货单 30×3=90 张。
- 订单汇总表模板多个（每 1 个批发商要配 1 个，每 1 个制造商要配 1 个）。

资料来源：http://wenku.baidu.com/view/fc506333852458fb760b5607.html

1. 库存的意义

在上述游戏中，大家可以充分体会到，当你对市场预测不充分时，在悲观的情况下就会出现缺货现象，减少企业获利的机会，且有被边缘化的可能；在乐观的情况下，就会出现库存大量积压，这样就会占用流动资金，增加人工费用，一段时间后，就会出现资金链断裂等糟糕的情况，甚至可能导致企业破产。

案　例

2015年我国汽车4S店面临着资金链断裂的危机

在汽车业蓬勃发展的今天，中国的汽车4S店将面临资金链断裂的危机。从我国汽车的经营模式我们不难发现，4S店是靠库存进行生存的。在这条供应链里，起主导作用的是汽车生产厂家，4S店只是面向市场、消费者的一个中间环节，他们的经营方式是向银行大举借贷，以满足能够拿到畅销车型的必备条件。然而，车型的配备是由生产企业说了算，在配备畅销车型的基础上，生产厂家也会给4S店配备一些非畅销品种，同时对4S店的销售额有一定要求：若完成今年的任务，明年配备的车型就会好一点。为了满足生产制造企业的要求，在多个大城市限购限牌的环境下，4S店不得不做一些促销活动，减少库存及资金占用，这种做法的最终结果却是每卖一辆非畅销车辆，就要亏损一笔钱，如果不卖，这些车辆就要占用大量库存空间及流动资金。

由上可见，依靠库存经营的意义有以下 3 个方面。

（1）有利于实施科学管理，防止短缺现象发生。库存的重要目标之一就是在需要之时，将必需的物资按需要量供应。企业生产急需的物资不能及时供应，管理就会混乱；医院没有一定数量的床位库存，病人就无法住院治疗；银行没有现金库存，存户就可能取不到钱。

（2）有利于提高资金的利用效果，缩短订货提前期。当制造商维持一定量的成品库存时，顾客就可以很容易地采购到他们所需的物品，由此缩短了顾客的订货提前期，使得企业的经营活动更为灵活。

（3）有利于更有效地开展仓库管理工作。通过库存，可使原来零散放置的物料整理得井然有序，废旧物料堆放整齐，工厂空地整洁干净，从而实现文明生产。

此外，还可以把经常动用的物料以及危险性物料分片保管，以保证企业的安全生产。

通过柯达克和美国钢铁公司 1966 年和 1970 年期间库存的变化，可以看到库存问题的重要性。1966 年，柯达克公司的资产中 25% 是库存，1970 年该比例下降到 19%，库存负担费用按库存价值 20% 计算，节约成本 3 600 万美元。同期，美国钢铁公司的库存量从占资产的 23% 上升到 27%，如果按 20% 计算，结果是增加了 2 600 万美元的库存负担费用。

库存尽管有如此重要的作用，但也有其不利的一面：库存占用了企业大量的资金，而且物资库存要修建仓库，同时库存还容易掩盖管理中存在的一些问题。因此，库存管理的目标不是增加库存，而是在保证一定服务水平的基础上不断降低库存。

2．库存管理的作用

对于库存管理在企业经营中的角色，不同的部门有不同的看法。所以，为了达到最佳库存管理，需要协调各个部门的活动，使企业内每个部门不仅要以有效实现本部门的功能为目标，更要以实现企业的整体效益为目标。

库存管理在企业经营中的作用可归纳为以下 6 点。

（1）增强生产计划的柔性。激烈的市场竞争造成的外部需求波动性是正常现象，加强库存管理能减轻生产系统尽早出成品的压力。

（2）满足需求的不断变化。顾客可能是从街上走进来买一套立体音响设备的人，但他的需求与另外一个顾客的需求可能不一样。这些库存就涉及了预期库存，因为它们被持有是为了满足预期的平均需求。

（3）防止中断。制造企业为保持生产的连续运行不致中断，一般用库存作缓冲。

（4）阻止脱销。持有安全库存可以弥补到货延误。此处的安全库存是指为应对需求和交付时间的多变性而持有的超过平均需求的库存。

（5）充分利用经济订购量的折扣优势。订购量大时一般折扣较大。

（6）缩短订货周期。产品的生产周期与生产系统的库存成正比，与产出率成反比。一般而言，库存高、生产周期长，会加大生产管理的复杂性与难度，使企业难以保证产品交货期。搞好库存管理既能缩短产品生产周期，保证产品的交货期，又能提高生产系统的柔性，提高对用户多样化需求的服务能力。

▌ 观 点 ▌

ERP 的产生是在为减少库存积压、减少流动资金占用并能保证企业生产的前提下提出来的。

1.2.2　ERP 发展历程

▌ 课堂思考 ▌

1．ERP 系统的起源是什么？
2．ERP 发展的前提条件是什么？

20 世纪 50 年代中期，计算机技术的应用带来了信息处理的新纪元。

（1）订货点（Order Point System）。在计算机出现之前，发出订单和进行催货是一个库存管理系统在当时所能做的一切。库存管理系统发出生产订单和采购订单，但是确定对物料的真实需求却是靠缺料表，该表所列的物料是马上要用，但却发现没有库存的物料，然后再派人根据缺料表进行催货。

订货点法是在当时的条件下，为改变这种被动的状况而提出的一种按过去的经验预测未来的物料需求的方法。这种方法有各种不同的形式，但其实质都是着眼于"库存补充"的原则。"补充"的意思是把库存填满到某个原来的状态。库存补充的原则是保证在任何时候仓库里都有一定数量的存货，以便需要时随时取用。当时人们希望用这种做法来弥补由于不能确定近期内准确的必要库存储备数量和需求时间所造成的缺陷。订货点法依据对库存补充周期内的需求量进行预测，并保留一定的安全库存储备，以此来确定订货点。安全库存的设置是为了应对需求的波动，一旦库存储备低于预先规定的数量，即订货点，则立即进行订货来补充库存，如图 1-5 所示。

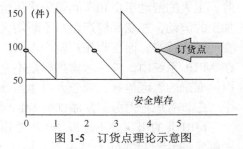

图 1-5 订货点理论示意图

订货点的基本公式是：

$$订货点=单位时区的需求量×订货提前期+安全库存量$$

该方法最大的缺陷是它没有按照物料真正需求的时间来确定订货日期。

（2）20 世纪 60 年代，开环物料需求计划（Material Requirements Planning，MRP）。MRP 是计算机技术对管理最初的影响形式。计算机对物料计划和企业管理最初的影响是巨大的。无论是手工制定生产计划，还是使用台账、卡片管理物料，新的计算机系统都可以实现这些计划、物料管理的自动化，基于将要完成的产品、当前的库存状况、已经分配出去的物料和在途物料等信息，可以快捷、准确地生成物料采购计划和生产作业计划。物料的库存和计划的可视性大大提高了，只要能访问该系统，就可以随时查看到最新的库存状态。物料管理和计划管理中的错误大大减少了，管理效率也大大提高了。MRP 的出现，使得计划人员可以准确地回答需要什么？何时需要？需要多少？而不是像以前那样坐在办公室里等待，直到发现生产线上缺少物料才会制定出缺件计划，然后开始订购。这个阶段也被称为"小 MRP 阶段"或"开环的 MRP 阶段"等。

但开环物料需求计划仍然不够完善，其主要缺陷是没有考虑到生产企业现有的生产能力以及采购的相关条件的约束。因此，计算出来的物料需求的日期有可能因设备和工时的不足而没有能力生产，或者因原料的不足而无法生产。同时，它也缺乏根据计划实施情况的反馈信息对计划进行调整的功能。

（3）20 世纪 70 年代，闭环物料需求计划（Colsed-Loop MRP）。为了克服开环 MRP 的不足，闭环物料需求计划在 MRP 的基础上，将功能进行了扩充，把优先顺序计划、能力计划、优先顺序控制和能力控制 4 大基本功能纳入系统中，即把能力需求计划（Capacity Requirements Planning，CRP）、采购计划和车间作业等纳入系统中，从而使计划更加切实可行。

具体做法为 MRP 系统的正常运行，需要有一个切实可行的主生产计划。它除了要反映市场需求和合同订单以外，还必须满足企业的生产能力约束条件。因此，除了要编制资源需求计划外，还要制定能力需求计划（CRP），同各个工作中心的能力进行平衡。只有在采取了措施，做到能力与资源均满足负荷需求时，才能开始执行计划。而要保证实现计划，就要控制计划，执行 MRP 时要用派工单来控制加工的优先级，用采购单来控制采购的优先级。这样一来，基本 MRP 系统的进一步发展，把能力需求计划和执行及控制计划的功能也包括进来，形成一个环形回路，称为闭环 MRP。

（4）20 世纪 80 年代，制造资源计划（Manufacturing Resource Planning，MRPⅡ）。MRPⅡ 用来集成制造和财务，是制造领域和财务领域的桥梁。实际上，计算机在制造领域的应用范围不断扩大，很快超出了制造领域的界限。下面通过一个实例来讲述这个问题。如果企业采购的一种物料到货了，进入了仓库，那么，不仅是库存的物料数量增加了，从财务账簿上来讲，企业的原材料库存资产也增加了。原材料库存资产增加可以通过负债科目中的应付账户反映出来。当原材料从仓库送到车间加工后，库存原材料资产就降低了，但是制品资产增加了。同时，工人的劳动工资和车间管理费用也通过在制品资产账户进行转移。随着物料在生产线上加工的流动，在制品资产账户不断增大。最终，当企业制造出来的产品销售出去之后，库存资产账户减少，而应收账户资产增加。由此可以看出，物料的移动和资金的移动是同步的。在 MRP 系统中，单单考虑物料是不完整的，因为从管理的角度来看，这样很难向管理人员提供准确的管理信息，管理人员也很难准确地监督生产的运行过程。为了提高企业的管理水平，应该考虑把财务信息添加到 MRP 系统中。

MRPⅡ 的出现并不是说 MRP 是错误的，而是在集成企业更多资源方面和更大范围地监视制定的计划与实际的结果等方面有了重大突破。从某种意义上还可以说，MRPⅡ 是一个闭合的财务管理系统。

（5）20 世纪 90 年代，企业资源计划（Enterprise Resources Planning，ERP）。它是在 MRPⅡ 基础上扩展了管理思想，进行多种经营，采用混合生产模式，建立整合了企业管理理念、业务流程、基础数据、人力物力、计算机硬件和软件于一体的企业资源管理系统。它是从 MRP（物料资源计划）发展而来的新一代集成化管理信息系统，扩展了 MRP 的功能，其核心思想是供应链管理。它跳出了传统企业边界，从供应链范围去优化企业的资源，是基于网络经济时代的新一代信息系统。它对于改善企业业务流程、提高企业核心竞争力的作用是显而易见的。20 世纪 90 年代开始，以 SAP、Oracle 为代表的国际著名 ERP 产品进入我国，并迅速被应用，随后国内也相继出现了一些早期 ERP 产品，如开思 ERP、利玛 ERP、和佳 ERP、博科 ERP 等。

（6）今天，ERP 的概念外延可能更加广泛，几乎是企业信息化的代名词。

ERP 的发展阶段如图 1-6 所示。

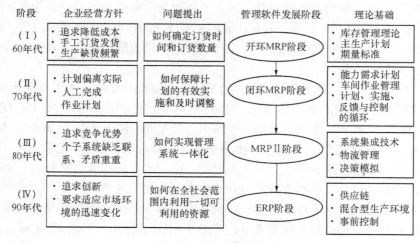

图 1-6　ERP 的发展阶段

1.2.3 互联网+环境下 ERP 的发展趋势

课堂思考

1. ERP 与供应链管理是一种怎样的关系？
2. ERP 未来的发展趋势是什么？

ERP 是一种先进管理理念的代表，其核心思想是将客户需求与企业内、外部相关资源进行整合管理，坚持以客户为中心，通过全面集成企业人、财、物、技术、设备、信息和时间等信息资源，实现企业整体协同运作，提供企业快速决策所需信息，提升企业营运绩效与快速反应能力。近几年国内很多企业都把实施 ERP 作为支撑企业长远发展的重要手段，借助 ERP 来梳理业务流程、规范操作、标准化管理，利用 ERP 来提高工作效率和自身综合竞争力，不断提高经营效益。但大多数企业很快发现 ERP 的实施并不能完全解决企业内部信息孤岛和数据无法充分共享的问题。因此，ERP 在未来发展中必须与企业内部其他信息系统进行融合应用。

1. 实现基于价值链的ERP、CRM和SCM 3大系统集成，延长ERP功能

SCM、CRM 与 ERP 3 大系统各有特点和优势，并具有良好的应用效果，但各自的独立应用对企业资源配置作用和应用效果都无法达到既定目标，制约了企业发展。实现 3 大系统的融合将在物流、信息流、资金流上实现全方位、立体的管理，使下游的企业、供应商建立紧密合作关系，提高供应链的整体效益，这个融合过程是 3 大系统的功能互补和完善创新的过程，融合后的 ERP 系统将使企业传统业务和内部管理的前后端成为一体化交易中枢。

2. 建立基于因特网和移动互联技术的电子商务ERP

从 ERP 和电子商务的概念上看，电子商务着重于前台，ERP 着重于后台，两者相辅相承。ERP 系统的全球协同电子商务化将实现协调工作最小化，有效地塑造、集成和监控影响着整个供应链的商业行为过程，以及全球范围内的虚拟组织，从横向和纵向两个方面改变企业现行经营管理模式。随着移动互联网技术日趋成熟，实现 ERP 的移动电子商务成为可能，移动商务环境下的 ERP 系统将允许用户通过手机、IPAD 等移动终端进行企业生产服务，实现移动办公，提高企业服务个性化、移动化、动态化和提高企业运转效率，实现 ERP 的移动商务化是顺应移动办公的发展趋势，走新型企业信息化的发展道路。

3. 引入"商业智能"，增强ERP系统数据的挖掘和分析处理能力

随着 ERP 系统的深入应用，将迎来新的 ERP 时代，即商业大数据时代。如何从 ERP 系统数据库中存储的庞大信息数据中挖掘具有价值的信息，这就要求企业在已实施 ERP 系统的基础上引入商业智能，用数据挖掘技术从 ERP 系统的数据仓库中挖掘数据并深入分析，抽取出隐含在其中的有价值的信息和知识并进行转换和模型化处理，以构建具有特色的专业化决策支持系统，为企业管理决策层提供制订切实可行的、正确的发展战略规划的有价值的信息数据。所以在未来的 ERP 系统建设中，通过引入"商业智能"来增强 ERP 系统的数据挖掘功能和联机分析处理能力是非常必要的。

4. 物联网背景下的ERP应用融合

物联网技术的应用所产生的效益将体现在以下两个方面：一方面将降低集团公司生产经营成本和减轻一线作业工人的工作量，给企业带来经济效益；另一方面物联网可以加速推进企业"数字化"进程。物联网作为信息化与工业化融合的组合技术，可以帮助企业对产业链各环节有效管理，形成闭环的生产过程和设备资产生命周期管理，提高过程管理的实时性、敏捷性，并可以降低风险，提升生产经营管理水平。可见，物联网技术在促进企业管理过程优化，信息资源同步，网络无缝化以及信息系统可视化管理方面有着突出优势，这势必要求在 ERP 系统中引入物联网技术，将企业生产活动所产生的海量数据实时采集到 ERP 系统数据仓库。增强 ERP 系统与其他信息系统间的协同性，加大与其他集成系统间的信息共享程度，使 ERP 系统智能决策更及时和准确。

5. 云计算与ERP的融合

集成云计算的 ERP 系统可以在屏蔽 ERP 系统底层环境，降低硬件投入成本；增加 ERP 系统的应用安全，减少由于安全问题给用户带来的损失，便于深度分析，增加 ERP 系统数据和商业价值等方面发挥重要优势。云计算与 ERP 的融合是彻底解决行业信息数据孤岛，降低企业信息化融合中客户服务成本，减少信息化基础设施投入，降低企业信息化融合系统建设风险，提高集成系统运营成功率，使信息化服务专业化，服务质量不断提升的最佳解决方案。

6. 融合GIS技术，提升空间资源管理能力

ERP 系统数据库中存储的主要是属性数据，分析统计功能主要是通过表格形式展示，所以在空间数据资源管理和可视化的基于空间位置上的分析统计功能上，ERP 系统明显存在缺陷，而地理信息系统（GIS）在数据资源管理和空间数据分析功能上正好弥补了 ERP 系统在空间资源的管理功能上这一缺陷。两者的融合应用可以帮助企业搭建统一的空间数据共享平台，统一管理和共享企业生产所需空间数据，并为企业提供业务导航、空间操作分析、二维三维展示、专题服务等服务，提升决策水平发挥重要支持作用；可以在地理空间架构下，实现 ERP 系统信息的可视化显示和分析；还可以通过提供方便快捷的 GIS 电子地图和空间数据资源，帮助企业高层和相关技术人员随时、随地掌控整合了解企业运营和生产状况。

1.3 企业为什么需要ERP

> **课堂思考**
> 1. ERP 能给企业各个部门带来怎样的效益？
> 2. 企业是否真的需要 ERP？

1.3.1 ERP 的效益

据美国生产与控制学会（APICS）统计，使用 ERP 可以给企业带来以下的经济效益。

（1）库存下降 30%～50%，这是人们常说的效益。因为它可使一般的客户库存投资减少 1.4～1.5 倍，库存周转率提高 50%。

（2）延期交货减少 80%，当库存减少并稳定的时候，用户的服务水平提高了，使用 ERP 企业的准时交货率平均提高 55%，误期率平均降低 35%，这就使销售部门的信誉大大提高。

（3）采购提前期缩短 50%，采购人员有了及时准确的生产计划信息，就能集中精力进行价值分析，货源选择，研究谈判策略，了解生产问题，缩短采购时间和节省采购费用。

（4）停工待料减少 60%，由于零件需求的透明度提高，计划也进行了改进，能够做到及时与准确，零件也能以更合理的速度准时到达，因此，生产线的停工待料现象将会大大减少。

（5）制造成本降低 12%，由于库存费用下降，劳动力的节约，采购费用的节省等一系列人、财、物的效应，必然会引起生产成本的降低。

（6）管理水平提高，管理人员减少 10%，生产能力提高 10%～15%。

1.3.2　企业为什么需要 ERP

ERP 对企业具有以下 7 个方面的功用。

（1）ERP 为企业提供集成的信息系统，使企业实现业务数据和资源共享。

（2）理顺和规范企业业务流程，消除业务处理过程中的重复劳动，实现业务处理的标准化和规范化。提供数据集成，业务处理的随意性被系统禁止，使得企业管理的基础工作得到加强，工作质量进一步得到保证。

（3）由于数据处理由系统自动完成，准确性与及时性大大提高，分析手段更加规范化和多样化，不但减轻了工作强度，还将使企业管理人员从繁琐的事务处理中解放出来，有更多的时间研究业务过程中存在的问题。研究并运用现代管理方法改进管理，促进现代管理方法在企业中的广泛应用。

（4）加强内部控制，在工作控制方面能够做到分工明确，适时控制，每一环节所存在的问题可以随时被反映出来，系统可以提供绩效评定所需要的数据，从而达到"企业细胞的管理"。

（5）通过系统的应用自动协调各部门的业务，使企业的资源得到统一，降低库存，加快资金周转的速度，将各部门联成一个富有团队精神的整体协调运作体系。

（6）帮助决策，公司决策层能够及时得到企业承包动态的经营数据和 ERP 系统分析功能的支持，协助企业进行正确的决策。

（7）ERP 蕴含先进的管理思想、表单、流程，帮助企业建立事前计划、事中控制、事后分析的管理体系，强化企业低成本经营，实现优势互补，使快者更快，强者更强。

在竞争日益激烈的今天，任何企业都不能不关注自己的成本、生产效率和管理效能。没有生产成本的降低，没有生产效率和管理效能的提高，企业就会陷入生死存亡的境地。所以，精细管理就成了必需，而 ERP 正是企业实现精细管理的有效工具，这就是企业需要 ERP 的理由。

1.3.3　ERP 为企业老板带来什么

ERP 能为企业老板带来以下多方面的利益。

（1）随时可以通过系统中的资料掌握公司的营运状况。

（2）建立公司的管理体系及运作规范，由系统管理公司运作。

（3）建立公司营运的数据库，累积公司的管理经验和知识，使数据不会因人员异动而流失。

（4）系统信息的整合，可以提升公司的反应速度；不需要人工统计，可减少错误，节省人力。

（5）由系统提供的大量运算功能，可以加强公司的生产弹性，提高接单能力。

（6）系统可以整合各单位的资料，可以随时结算，了解公司目前的营运成本。

（7）系统符合财税法规，可以达成内稽内控的目标。

（8）系统符合上市上柜的规范，可以协助公司上市上柜作业。

（9）系统可以反映各项异常状况，且提供相关资料，方便解决问题。

（10）系统可以提供电子签核及工作流程控制，达成无纸化目标。

（11）系统可以远程连线操作查询，方便跨国管理，不受地区限制。

（12）系统可以做资金的管理，提高资金运作的效益。

1.3.4　ERP 为部门经理带来什么

ERP 为部门经理带来以下几方面的利益。

（1）随时查询公司所有原物料采购单价的波动情况，并依据市场行情做出应对。

（2）可对供货商在某个时段采购总金额进行分析，根据有效的数字金额同大宗原料供货商协商折扣事宜。

（3）销售部分可按照一定时间内的销售金额，对客户进行划分，确定 A 级客户。

（4）对客户订单进行分析，针对出货商品的订单量做出趋势图。可重点管控，对其成本分析，并尽可能降低其销货成本，从而增加利润，并可对商品销售作出预测。

（5）对库存异常及存货呆料情况进行分析，制定相应的处理规划，并将信息反馈至各相关部门，从而使库存最优化。

（6）对项目部分可做到项目稽控，对其项目损益作出分析，评估其可行性。

（7）对全年费用部分可进行预算，并与实际发生相比较，对差异部分进行分析，制定相应的策略。

（8）可对采购单价进行电子签核管控，使采购人员在下采购订单时必须使用主管签核的采购单价。

（9）针对应收账款部分，系统以账龄的长短体现，可实时迅速了解应收账款的情况，进行追踪。

（10）对业务人员的销售业绩进行统计分析，制定相应的奖惩机制。更大限度地调动员工的积极性，为公司创造更大的效益。

（11）对生产过程中发生的报废情况及时了解，对报废出现异常的工单进行分析，制定相应的策略。

（12）对经营能力、财务结构、获利能力进行分析，针对各个异常系数部分进行分析。

（13）在运用工作流消息管理过程中，及时迅速地了解采购订单延迟、销货订单延迟情况，对异常部分作出相应的调整。

1.3.5 ERP 为物料控制、生产主管带来什么

ERP 为物料控制、生产主管带来以下多方面的利益。

（1）可及时掌握销售订单中的订购量、出货量、未交量及客户需求日期。

（2）可随时掌控材料的采购到货状况。

（3）可随时掌握材料产品库存状况，及时制定出生产、出货安排。

（4）对客户需求进行交期预测分析和用料分析，从而确定产能、材料能否达成客户的需求、快速反馈信息给业务部门。

（5）通过产品主生产计划，可一次完成成品、半成品的开工单，减少工作量。

（6）物料需求可将生产当前产品所需材料的库存、已分配、在途数量及预计库存、缺料数一一列出，由物控查核，并可直接将其转入采购系统，产生采购订单。

（7）开立生产单的同时，可知晓每种材料的库存、已分配及可领料数量。

（8）可设定派工单完工计划，并可通过"订单生产排程"查询计划的完成状况，从而进行生产调控。

（9）加工中心生产排程，可随时掌控各种资源的超负荷情况，从而作出相应的调配。

（10）加工中心绩效分析，可了解加工中心的实际耗用工时及生产效率、良品率、不良品率等。

（11）产品主生产计划进度追踪表，可按销售订单查询到生产安排情况、已领料套数、未领料套数及入库数量。

（12）生产单进度和订单进度随时反映。

（13）生产线在制品移转管制及每站投入、产出、在制分析。

（14）移转入库超量控制及入库时间管制。

（15）逾期未完工生产单资料追踪表，可及时对逾期生产单作出处理。

（16）超领料限制及补料程序管制。

1.3.6 ERP 为品管带来什么

ERP 对品管具有以下利益。

（1）使用品管作业使整个运作流程更合理化、完整化。

（2）对于进料方面的记录更加完整化，便于追溯、分析及后续的改善。

（3）能够对整个生产过程进行详细的记录，以便于后续的分析及改善。

（4）能够统一分析供货商提供料件的好与坏，以便于作业相应的调整。

（5）能够集中分析公司内部所生产的产品需要进行解决的环节。

（6）能够取消大量的手工检验报告，提高效率，减少不必要的人为错误。

（7）多个环节的品管作业，能够对产品进行多重认证，减少后续不必要的重复作业。

1.3.7 ERP 为会计带来什么

ERP 对 ERP 为会计带来以下利益。

（1）每月的各项财务报表及时结出，如财务人员每月提供的资产负债表、月损益表等。系统作业财务人员不必再为了借贷不平而去费力检查。

（2）往来明细账管理一目了然。作为工厂，不管多少往来客户均可由系统管理，随时都能掌握其应收未收、应付未付的金额。财务人员也不必为了总账和明细账不平而烦恼。

（3）对资金流的掌握及调配。能及时查询工厂资金占用、结余情况，并进行资金预测，提供给领导资金运作的合理方案。

（4）各部门在系统作业上环环相扣，最终的单据由财务人员审核记账，方便工厂内部管理的内部监督、内部控制。

（5）轻松完成成本结算。

1.4 典型ERP供应商介绍

1.4.1 SAP 公司

SAP 公司（以下简称 SAP）成立于 1972 年，总部位于德国沃尔多夫市，是全球最大的企业管理和协同化商务解决方案供应商和全球第三大独立软件供应商。目前，在全球有 120 多个国家的超过 102 500 家用户正在运行 SAP 软件。财富 500 强中 80%以上的企业都正在从 SAP 的管理方案中获益。SAP 在全球 50 多个国家拥有分支机构，并在多家证券交易所上市，包括法兰克福和纽约证交所。SAP 早在 20 世纪 80 年代就开始同我国的国有企业合作，并取得了成功的经验。

1995 年，SAP 公司在北京正式成立 SAP 中国公司，并陆续建立了上海、广州、大连分公司。作为中国 ERP 市场的绝对领导者，SAP 的市场份额近年来以非常快的速度增长，年度业绩以 50%以上的速度递增。SAP 在中国拥有众多的合作伙伴，包括 IBM、埃森哲、凯捷、HP、

Intel、Sun、毕博、德勤、IDS-Scheer、源讯、Abeam、石化盈科、中电普华、东软、高维信诚、神州数码、达美、汉得、汉普、顾诚企业、紫光博彦、达策、北京奥维奥、福建讯盟、思博、四川盛普等。SAP 在众多的项目中与这些合作伙伴密切合作，将先进的管理理念和方法转变为切实帮助中国企业成功的现实。

SAP 的中国网址：http://www.sap.com/china/index.epx

1.4.2 神州数码

神州数码管理系统有限公司（DCMS）是国内最具影响力的企业管理软件与服务供应商，它于 2001 年 12 月由神州数码（中国）有限公司与鼎新电脑股份有限公司合资组建。秉承两家优秀企业基因的 DCMS，自诞生之日起就致力于实现"让 ERP 在中国普遍成功"的理想，为国内外众多企业成功地提供了包括 ERP 在内的专业企业管理软件产品与服务。目前，仅在亚太地区就有超过 30 000 家企业正在运用 DCMS 的管理软件产品，其中包括财富 500 强的企业，也正在通过 DCMS 的管理方案而持续获益。

2008 年，神州数码管理系统有限公司与鼎新电脑股份有限公司整合成立鼎捷系统集团控股公司。神州数码管理系统有限公司与鼎捷系统集团控股公司通过实质及紧密的合作，发展成为长期合作伙伴。

- 神州数码 ERP 连续两年在我国制造业的 ERP 本土品牌中，市场占有率第一。

2006 年市场占有率 13.6%，2007 年市场占有率 14.1%。

- 神州数码 ERP 在我国制造业的 ERP 本土品牌中知名度第一。

2007 年品牌知名度份额 25.3%。

- 神州数码 ERP 在我国制造业的 ERP 本土品牌中产品成熟度第一。

神州数码中国网址：http://www.dcms.com.cn

1.4.3 用友股份

用友软件股份有限公司（简称用友股份）成立于1988 年，致力于把基于先进信息技术（包括通信技术）的最佳管理与业务实践普及到客户的管理与业务创新活动中，全面提供具有自主知识产权的企业管理/ERP 软件、服务与解决方案，是我国最大的管理软件、ERP 软件、集团管理软件、人力资源管理软件、客户关系管理软件及小型企业管理软件提供商。目前，我国及亚太地区超过 70 万家企业与机构通过使用用友软件，实现降低成本，提高效率，加快市场响应速度，提升绩效的业务价值。2001 年 5 月 18 日，用友软件股份有限公司成功地在上海证券交易所发行上市（股票简称：用友软件；股票代码：600588）。

用友软件股份有限公司连续多年被评定为国家"规划布局内重点软件企业"，是我国软件业最具代表性企业。"用友 ERP 管理软件"成为"中国名牌产品"。

用友软件网址：http://www.ufida.com.cn/index.aspx

1.4.4 Oracle 公司

Oracle 公司（简称 Orache）是世界领先的信息管理软件开发商，因其复杂的关系数据库产品而闻名。Oracle 数据库产品为财富排行榜上的前 1 000 家公司所采用，许多大型网站也选用了 Oracle 系统。Oracle 的关系数据库是世界第一个支持 SQL 语言的数据库。

Oracle 的目标定位于高端工作站以及作为服务器的小型计算机。Oracle 宣称自己是世界上首家百分之百进行基于互联网的企业软件的软件公司。其整个产品线包括数据库、服务器、企业商务应用程序以及应用程序开发和决策支持工具。从 Oracle 首席执行官 Ellison 的发言可以看出 Oracle 对网络计算的信心，他说：“Oracle 公司的成败依赖于互联网是否能够成为将来的主流计算方式，如果答案是‘是’，Oracle 就赢了。”

Oracle 的网址：http://www.oracle.com/global/cn/index.html

1.4.5　金蝶软件

金蝶国际软件集团有限公司（以下简称金蝶）是香港联交所主板上市公司（股票代码：0268），我国软件产业领导厂商，亚太地区企业管理软件及中间件软件龙头企业，全球领先的在线管理及电子商务服务商。金蝶以引领管理模式进步、推动电子商务发展、帮助顾客成功为使命，为全球超过 60 万家企业和政府组织成功提供了管理咨询和信息化服务。金蝶连续 4 年被 IDC 评为我国中小企业 ERP 市场占有率第一名，连续 3 年被《福布斯亚洲》评为亚洲最佳中小企业，2007 年被 Gartner 评为在全世界范围内有能力提供下一代 SOA 服务的 19 家主要厂商之一，2008 年金蝶荣获深圳质量领域最高荣誉深圳市市长质量奖。2007 年，IBM 等入股金蝶，成为集团战略性股东，金蝶与 IBM 组成全球战略联盟，共同在 SOA、市场销售、咨询与应用服务、SaaS 多个方面进行合作。

金蝶网址：www.king dee.com

1.4.6　浪潮软件

今日之浪潮集团（以下简称浪潮），已是中国领先的计算平台与 IT 应用解决方案供应商，同时，也是中国最大的服务器制造商和服务器解决方案提供商。浪潮拥有“浪潮信息”和“浪潮软件”两家国内 A 股上市公司和在香港联交所上市的浪潮国际有限公司。浪潮业已形成服务器和 ERP 两大主导产业，计算机、IT 服务、移动通信、智能终端、半导体等产业群组。用户遍及中国金融、通信、政府、教育、制造业、烟草等行业和政府部门，全方位满足政府与企业信息化需求。2008 年，浪潮的销售收入突破 232 亿元人民币。

浪潮网址：http://www.inspur.com

除上述几家 ERP 软件提供商外，还有 Infor、赛捷等国际知名企业。

知识链接：

1. http://wenku.baidu.com/view/6080aa65eefdc8d376ee32f3.html?re=view
2. http://wenku.baidu.com/view/48870338dd36a32d73758157.html?re=view

本章小结

1. 内容结构
本章的内容结构如图 1-7 所示。

2. 内容提要
（1）ERP，就是通过信息技术等手段，实现企业内部资源的共享和协同，克服企业中的官僚制约，使得各业务流程无缝平滑地衔接，从而提高管理的效率和业务的精确度，提高企业的盈利能力，降低交易成本。

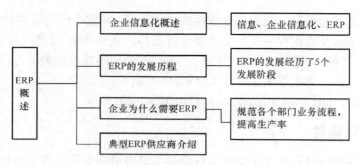

图 1-7　本章内容结构

（2）ERP 的发展经历了 5 个阶段，即订货点技术、开环 MRP 阶段、闭环 MRP 阶段、MRPⅡ阶段和 ERP 阶段。

（3）ERP 的应用可以规范企业各个部门的业务流程，使用得当还可以给企业带来巨大的经济效益。

ERP 的概念示意如图 1-8 所示。

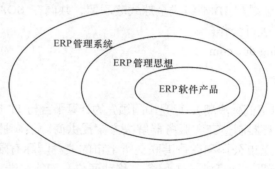

图 1-8　ERP 概念示意图

单元训练

- **主要概念**

信息　　库存　　企业信息化　　**ERP**

- **理解题**

1. 信息与数据的关系是什么？
2. 企业信息化包括哪些内容？
3. 库存对企业有哪些影响？
4. ERP 的发展经历了哪几个阶段？每个阶段的特点是什么？
5. ERP 的应用可以给企业带来哪几方面的好处？

- **案例分析题**

案例一：广州市某知名面粉厂的原料库存管理

广州市某知名面粉厂一贯非常重视原料采购管理，早年就已引入了 ERP 管理，每个月都召开销—产—购联席会议，制定销售、生产和原料采购计划。采购部门则"照单抓药"，努力满足生产部门的需要，并把库存控制在两个月的生产用量之下，明显地降低了原料占用成本。

但是，从2000年下半年开始，国内外的小麦价格大幅度上涨，一年内涨幅接近 30%，而由于市场竞争激烈，面粉产品的价格不能够同步提高，为了维持经营和市场的占有率，该厂不得不一边买较高价的原料，另一边生产销售相对低价的产品，产销越多，亏损越厉害，结果 2000 年严重亏损。

案例二：佛山市白燕粮油实业公司的原料库存管理

同是粮食行业的"白燕"面粉厂也非常重视原料的采购库存管理，但他们没有生硬地按照 ERP 的原理去做。他们也有类似的月度联席会议，讨论销—产—购计划，但会议最重要的内容是分析小麦原料价格走势，并根据分析结论做出采购决策（请注意：该公司不是根据生产计划来做采购计划的。）。当判断原料要涨价时，他们就会加大采购量，增加库存；相反，就逐渐减少库存。

该公司有 3 万吨的原料仓库容量，满仓可以满足 6 个月的生产用量。在 1994 年、2000 年等几个小麦大涨价的年份，该公司都是满库存，仓库不够用，就想方设法在仓库之间和车间过道设临时的"帐篷仓"，有时还让几十艘运粮船长时间在码头附近排队等候卸货，无形中充当了临时仓库。

正是通过这种"低价吸纳，待价而沽"的原料管理绝招，该公司在过去的十多年里，不但能够平安度过原料波动所带来的冲击，而且从中获得了丰厚的价差利润。这是该公司基于经营战略的 ERP 管理的胜利，这是单纯实施 ERP 管理所不能够做到的。

思考：

（1）案例一采用 ERP 为什么会失败？

（2）案例二采用 ERP 为什么会成功？

（3）比较两者的不同。

第 2 章

ERP 的工作原理

学习目标

理论目标： 学习和掌握 ERP 的相关术语，了解 ERP 的层次结构以及各层次功能与作用，并能够运用 ERP 工作原理指导企业的生产实践活动。

实务目标： 能够运用 ERP 层次结构中的相关常识，规范和管理 ERP 的相关技能活动。

案例目标： 能够运用所学 ERP 的层次结构目标研究相关案例，培养和提高学生在特定业务情境中分析问题与解决问题的能力。

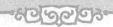

引导案例

ERP饭局模拟

一天中午，在某大企业里主管 ERP 选型工作的老张突然回到家里，对妻子说："亲爱的老婆，晚上几个同事要来家里吃饭。这些天和很多 ERP 公司的人打交道，我已经学到了 ERP 的管理精华，你看，我还专门带回了装有 ERP 软件的笔记本电脑，这次我要用最先进的 ERP 理念来完成咱家的请客过程，把这次宴会搞成一次 ERP 家宴！我用销售模块和客户关系模块全面管理与同事的关系往来，这次他们确定要来吃饭的信息，我已经放到了合同管理和订单管理中，而且已自动传递数据到应收应付模块、财务模块，还有生产模块中，根据客人的意向和要求确定了做什么菜，主生产计划已经完成。"

妻子说："那太好了，家里就是你的生产车间了，我是车间主任，你的主生产计划里有哪几样菜，什么时间做？"

老张说："客人们 7 点左右就来了，最好 8 点钟能吃完。我们要准备的菜品有凉菜拼盘、糖醋里脊、西湖醋鱼、宫保鸡丁、清蒸河蟹、锅巴肉片，这些都是你的拿手菜，你看可以吗？"

妻子回答："没问题，看我的吧。"

老张说："我已经把这些菜的做法存入 BOM 中了，下一步，让我来把 BOM 展开，看看都需要什么原料。具体的原料有鲤鱼 1 条、螃蟹 1 斤、瘦肉 1 斤、鸡肉半斤、锅巴 1 袋、白酒 1 瓶、番茄 5 个、鸡蛋 10 个、调料若干。看，这就是物料需求计划。我还把咱家冰箱里的东西都存入 ERP 库存模块了，让我看看库存还有多少……还需要再买鱼、螃蟹、6 个鸡蛋、5 个西红柿、1 袋盐、锅巴等。"

老张把这些数据记录到采购模块中，开始进行供应商对比查询，说："鱼应该去自由市场买，螃蟹东边超市的最便宜，鸡蛋是街对面小卖部的最好，而且按照经济批量鸡蛋一次买 12 个最便宜，锅巴和盐最少一袋，鱼买一斤一条的最好……看，采购计划已经有了，就照这个去买吧。"

妻子立即出发，很快把需要的东西买了回来。老张把价格数量一一记录到笔记本电脑里，质检合格后办理了入库——放入冰箱。但是发生了一个小小的问题，冰箱里原有的东西已经很多了，有些东西放不下了。好在很快就要开始做饭了，东西不会放很长时间，应该不会有大的问题。老张再把花的钱一笔一笔都做账存入财务模块，马上统计出这次采购金额、物料成本的信息。

现在的时间是下午 3 点多，除了冰箱放不下的小问题外，ERP 家宴一切准备顺利，工作效率很高。老张骄傲地说："看，ERP 的威力显示出来了吧？现在的工作流程是按照最先进的管理理念，最科学、最合理的方法来制定的，以前总是材料买多了最后剩下很多，或者就短缺，现在完全按照需求采购，真是大不一样啦。"妻子也说："ERP 就是比手工好，以前账总是算不清楚，现在一下就算完了。"

但是，事情还没有结束，下一步该怎么办呢？客人们 7 点钟来，几点开始炒菜？早炒完菜的话，菜就凉了，晚了时间又来不及。妻子问老张，老张说："这相当于生产调度，这是你车间具体执行的事情呀，你以前做菜怎么个做法，哪个工作应该提前多长时间开始，哪个是瓶颈资源，你应该有经验吧。"但是妻子有点发蒙，以前从没有被要求在这么短时间做这么多的菜，所有菜的工序全加在一起总共需要 2 个多小时。仔细算了算，家里有 3 个煤气灶，正好可以同时开火放上 3 个锅，即炸锅、蒸锅、炒锅。妻子一人同时应付 3 个锅没问题，每道菜准备原料的过程还另外需要一个人，老张可以担任。这样，很多工作都可以同时进行，应该会用比 2 个小时短得多的时间完成。但是，到底多长时间可以完成？1 个小时还是 1.5 小时？这么多工作从何入手呢？是一道菜一道菜地做？还是两道一起做？能三道菜一起做吗？这道菜的关键资源是蒸锅，另一道是炸锅，好几个菜搅在一起是怎么回事谁知道？每道工序的开工提前期到底是多少？关键的路径是什么？在妻子的追问下，老张对着笔记本电脑操作了半天想找个答案，最终也说不出个所以然来。

这时候有同事打电话过来，问几点能吃完晚饭，大家可以再去打会保龄球。正为此事发愁的老张含糊地说："1 个多小时吧。"这不是给了客户一个交货承诺了吗？问题是从开始做饭到全部做完，1 个小时完的了吗？谁也说不清，妻子更着急了。这时候女儿又打来电话，问晚上能不能请几个同学来吃饭，只要做两个菜。这时候还来添乱，不是更麻烦了嘛！妻子说："不行不行，你们出去吃吧！""唉，上门的客户给赶跑了。"老张对着笔记本电脑想着 ERP 的情景直发呆。

为了保证工期，避免延期违约的麻烦，妻子做出了决定，立即开始动手干。

几天以后，老张开始总结这次 ERP 宴会行动的得失，总结出来的问题主要有以下几点。

第一，螃蟹和鱼买得太早，本来是活着的，结果做菜的时候已经死了 1 个多小时了，味道欠佳。

第二，有的热菜早早地做出来了，等到客人来后却成了凉菜。

第三，有的菜上得太晚了，为了等最后一道菜，大家空坐着半天，工序明显安排不合理，连最后去打球也耽误了。

总之，在前面所有管理环节都顺畅的情况下，最后的生产过程并不尽如人意。

妻子很委屈，那么多菜，本来一道一道做要用2个多小时，最后给压缩成1个半小时做完，已经很不容易了。菜上得晚了，但是厨房里却一直都在忙；想早吃完，只能早做，热菜就难免会凉了；鱼和螃蟹死了，采购计划哪里有几点买鱼和买螃蟹的提示。ERP家宴原定1小时，可为什么ERP不告诉你1个小时根本完不成？

老张无言以对，也开始考虑这个事儿。他知道，这些问题从本质上是作为ERP生产管理核心的MRP的缺陷所导致的必然。MRP本身是针对物料需求计划的，没有对资源能力的限制，根本得不出在有限资源和多种约束条件下的生产作业计划。没有作业计划，哪来精确时间的物料需求计划？而这些对企业来说都是必需的数据。

为了改进这次晚宴的不足，老张开始仔细琢磨，并做了以下工作：首先把做每道菜的整个过程中，用什么资源、物料、多长时间、逻辑关系等都记录下来，形成一个详细的做菜的计划列表，通过相关软件，推断出只要42分钟就能完成全部的做菜工作。而且精确指出一条鱼应该在7：20的时候用、一斤螃蟹应该在7：40用，并指出其他各种物料各是多少，几点几分的时候需要，每道工序几点开始、几点结束，中间有多少自由时间，哪些工序是关键工序。

| 课堂思考 |

1. 案例中提出的问题到底是什么原因引起的？
2. 请用你的生活经验来解释上述存在的问题。

2.1　ERP相关术语

| 课堂思考 |

1. 相关需求对 ERP 的发展起到了怎样的作用？

2.1.1　需求

多年的实践表明，企业效率是否提高的关键在于"库存"。为了更有效地控制库存，降低企业生产成本，提高企业生产效率，我们可以把需求分为独立需求和非独立需求，以便更精确地把握各类物料的需求，这也是 MRP 系统的基础。

1. 非独立需求

非独立需求是根据物料之间的结构组织关系，由独立需求的物料所产生的需求，它具有以下特征。

（1）非独立需求对应着多个个体需求。

（2）多个个体需求互相构成连环需求，互为供需。

（3）这个连环需求是互相关联、不可分割的整体，欲使其中一个需求得到满足，必须同时保证其他需求也得到满足。

（4）这个整体是一个系统，整个系统面对独立需求者的独立需求。

（5）这个系统中的各个个体的相关性，具体表现为垂直相关性和水平相关性。

如对半成品、零部件、原材料等的需求。

2. 独立需求

独立需求是指需求量和需求时间由企业外部的需求来决定，它具有以下特征。

（1）独立需求一般是具有独立使用价值的产成品。

（2）独立需求一般是末端产品。

（3）独立需求一般是随机发生的，具有偶然性，只能通过预测估计其需求数量。

（4）独立需求来自系统外部。

（5）独立需求者的满足与否，只影响该需求者本身，不会同时关联地影响其他需求者。

例如，客户订购的产品、科研试制需要的样品、售后维修需要的备品备件等。

小贴士

我在北京五环路内买了一套房，这套房是独立需求。但是，由于新房与工作单位相距太远，上班很不方便，我决定买辆车，这辆车就是非独立需求。

2.1.2　物料

课堂思考

请问办公所用的桌椅、电脑是否是物料？

1. 物料的概念

物料是企业一切有形的采购、制造、销售对象的总称，如原材料、外购件、外协件、毛坯、零件、组合件、装配件、部件、产品等。物料通过它的基本属性、成本属性、计划属性、库存属性等来描述，通常用物料编码作为唯一的物料标识。

物料对企业的生产起着至关重要的作用。"巧妇难为无米之炊"，很显然，企业如果没有物料，也是无法进行正常生产的。

2. 物料编码

给物料编码，就像给人取名，取名的目的首先是能够和其他人区别开来，然后要好读、好听、好记、好写，好用。

案　例

编码中常见问题

一个项目是企业认为其目前的编码体系非常混乱，需要全面整理，重新建立新的编码体系。于是，从产品开发及各业务部门召集了 8 个人形成了一个编码小组，广泛研究国内外标准零件编号，耗时 4 个多月，却以失败告终。企业认为是因为涉及方面太多，很难用一套编码把上万中材料清晰地区分开。

另外一个项目是企业原来的物料编码太复杂，把供应商、客户信息也放在了物料编码中，导致很多问题无法处理，需要重新编码。但各层管理人员总是把注意力停留在如何分类上，财务、销售、采购、库存等各自有不同的意见，找不到一个好的分类标准能够满足各部门的要求，所以一直停留在讨论方案阶段。

（1）编码方法

编码的方法很多，我们这里只给大家介绍下面两种编码方法。

① 顺序编码。顺序编码是较简单的一种编码方法，计算机也可以提供流水编码的功能。

在没有现存的编码可利用的前提下，可以考虑顺序编码，或者称谓流水号编码。

② 赋义编码。赋义编码顾名思义是赋于编码一定含义。这种编码常用的是层次码和属性码。层次码可以表达物料的统计上的卷叠要求；属性码可以表达物料的配置要求。

好的编码方案应该是简单的，同时对编码的认识应该是细致的，如果没有很好的理由不要把资料的属性含义放到编码中。

（2）编码原则

APICS 对物料编码有以下几个基本原则。

① 统一性原则：一个组织内只能使用一套物料编码，以方便组织内不同企业间的数据交换。

② 唯一性原则：一种物料只能有一个编码，同样一个编码只能对应一种物料。

③ 严谨性原则：所有物料编码的建立需要授权专人负责，以便保证其正确性。

④ 终身制原则：使某物料以后不再使用，其编码也不能重新分配给其他物料使用。

⑤ 简单性原则：编码必须简单，一套复杂的编码体系需要昂贵的学习成本，也不利于推广。

⑥ 清晰性原则：编码中使用的字符必须能够清晰辨识，避免使用容易引起混淆的字符，如字母 "O" 和数字 "0"，字母 "Z" 和数字 "2"，字母 "Q" 和数字 "0" 等。

⑦ 扩展性原则：考虑预留足够的扩展空间，便于以后新增的物料能够继续使用该编码体系。

▌知识拓展▌

中国石油ERP系统物资编码

2000 年，中国石油物资装备（集团）总公司确定《石油工业物资分类与代码》SY/T5497-2000 物资编码标准，物资分类确定为 60 大类并在石油系统得到广泛应用。目前物资分类码已有 2.8 万多条，其中明细码近 300 万条。

物资编码支持以物资分类与编码系统网站（CODE）和中国石油公共数据平台（MDM）依托。物资分类与编码系统网站，一般称为 CODE 网站，于 2002 年开发使用，具有物资分类码和编码的申请、查询、更改等管理功能。其编码显示为 18 位，由两个部分构成，即 8 位分类码和 10 位流水码。

中国石油公共数据平台，简称 MDM（Master Data Management），是以中国石油 ERP 系统为切入点，为中国石油信息化建设提供统一的公共数据标准、运维体系及编码。该系统自 2006 年开始建立运行，于 2010 年 3 月 1 日一期升级上线。实现了物料组管理、编码批量申请及编码冻结等功能，涵盖了物料、供应商、会计科目、组织机构等基础核心数据。其中 Z050 类型的物资编码 11 位，包括 1 位标识位和 10 位流水码，分类码在物料组字段中列示。随着 2010 年 4 月集团公司物资采购管理部《关于<石油工业物资分类与代码>（2010）试行和加强统一规范物料分类与编码管理的通知》下发和执行，物资编码工作将进一步加强。地区公司 ERP 上线前，要检查在用编码，核实品名与属性，在 MDM 中申请对应编码。ERP 系统上线运行后，必须要在 MDM 申请并使用物资编码。因此物资编码管理工作在 ERP 系统运行中的地位愈加重要。

2.1.3　物料清单

▌课堂思考▌

物料清单就是产品结构树吗？

1．物料清单的概念

物料清单（Bill Of Material，BOM）是 ERP 系统的重要组成部分，其基础在于用计算机辅助管理，因此，BOM 清单首先要使系统能够识别企业制造的产品结构和所有所涉及的物料。为了便于计算机识别，必须把用图表达的产品结构转换成数据格式，这种用数据格式来描述产品结构的文件就是物料清单。物料清单同产品结构图所说明的内容是一致的。在计算机辅助企业管理的过程中，物料清单是最重要的基础数据，是企业各项业务数据共享和信息集成的基础和关键。

我们可以用图 2-1 所示的计算机产品结构进一步说明物料清单的概念。

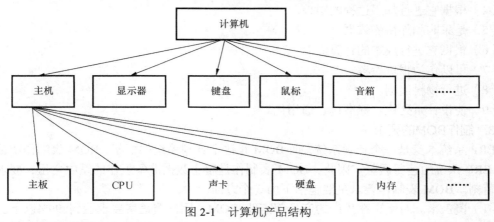

图 2-1　计算机产品结构

（1）产品结构图。

（2）物料清单。将上述产品结构转换成计算机能够识别的文件，如表 2-1 所示。

表 2-1　　　　　　　　　　　　　计算机物料清单

品　名	层　级	数　量
计算机	0	1
主机	1	1
主板	2	1
声卡	2	1
硬盘	2	1
内存	2	1
显示器	1	1
键盘	1	1
鼠标	1	1
音箱	1	1

从上述物料清单的实例我们可以总结出：物料清单是计算机所能识别的二维表，其中包含各物料的需求数量及各物料在产品中的层级关系，如果结合生产计划与采购计划，还可以知道物料的需求时间，所以我们有时候也说，物料清单是一期量表。

2．物料清单的具体用途

BOM 是 PDM/MRP Ⅱ/ERP 信息化系统中最重要的基础数据，其组织格式设计合理与否直接影响到系统的处理性能，因此，根据实际的使用环境，灵活地设计合理且有效的 BOM 是十分重要的。

BOM 不仅是 MRP Ⅱ 系统中重要的输入数据，而且是财务部门核算成本、制造部门组织生产等的重要依据，因此，BOM 的影响面最大，对它的准确性要求也最高。正确地使用与维护 BOM 是管理系统运行期间十分重要的工作。

此外，BOM 还是 CIMS/MIS/MRP II /ERP 与 CAD、CAPP 等子系统的重要接口，是系统集成的关键之处。因此，用计算机实现 BOM 管理时，应充分考虑它与其他子系统的信息交换问题。

BOM 信息在 MRP II /ERP 系统中被用于 MRP 计算、成本计算和库存管理。BOM 的具体用途有以下几种。

（1）是计算机识别物料的基础依据。

（2）是编制计划的依据。

（3）是配套和领料的依据。

（4）根据它进行加工过程的跟踪。

（5）是采购和外协的依据。

（6）根据它进行成本的计算。

（7）可以作为报价参考。

（8）进行物料追溯。

（9）使设计系列化、标准化、通用化。

3. 制作 BOM 的要求

ERP 系统本身是一个计划系统，而 BOM 是这个计划系统的框架，BOM 表制作质量直接决定 ERP 系统的运行质量。因此，BOM 表制作是整个数据准备工作的重中之重，要求之高近乎苛刻。BOM 表制作要求主要包括下面 3 个方面。

（1）覆盖率。对于正在生产的产品都需要 BOM，因此覆盖率要求达到 99%以上。因为在生产制造企业，如果没有产品 BOM 表，就不可能计算出采购需求计划和制造计划，也不可能进行套料控制。

（2）及时率。BOM 的制作和更改必须在制作物料需求计划之前完成，否则将影响整个生产采购的准确性和成本核算统计的准确性，同时还会影响到车间生产作业。BOM 制作的及时性包括两个方面的含义：一是制作及时，二是更改及时。且这两者要环环相扣，杜绝"二张皮"现象。

（3）准确率。BOM 表的准确率要达到 98%以上。测评要求为：随意拆卸一件实际组装件与该组装件的 BOM 清单相比，以单层结构为单元进行统计，有一处不同时，该层结构的 BOM 准确率即为 0。

由此可见，物料清单是接收客户订单、选择装配、计算累计提前期、编制生产和采购计划、配套领料、跟踪物料、追溯任务、计算成本、改编成本设计的不可缺少的重要文件。上述工作涉及企业的销售、计划、生产、供应、成本、设计、工艺等部门。因此，也有说法认为，BOM 清单不仅是一个技术文件，同时也是一个管理文件，它是联系各部门的纽带。

▌ 知识拓展 ▌

请说说以下物料清单的含义

成品 Lamp（编号 11001）包括以下部件：

货号	名称	种类
12001	开关总成	半成品
12002	PCB 总成	半成品
13009	导线	原料
13010	电源板	原料
13011	灯泡	原料
13012	灯罩	原料
13013	彩盒	原料

半成品开关总成（编号 12001）包括以下部件：

货号	名称	种类
13001	开关	原料
13002	面盖	原料

半成品 PCB 总成（编号 12002）包括以下部件：

货号	名称	种类
12003	PCB 已焊接	半成品
13007	变压器	半成品
13008	熔丝	原料
13009	导线	原料

半成品 PCB 已焊接（编号 12003）包括以下部件：

货号	名称	种类
13003	PCB	原料
13004	电阻	原料
13005	二极管	原料
13006	电容	半成品

2.1.4　库存信息

库存信息是指库存的收发货、指定货位和调整库存的信息。其作用是明确计划需求，管理制成品库存以及安排配送渠道。库存信息是物流信息系统的中心，是计划与协调作业之间最基本的界面。与库存有关的信息如下。

（1）现有库存量是指在企业仓库中实际存放的物料可用库存数量。

（2）计划收到量（在途量）是指根据正在执行的采购订单或生产订单，在未来某个时段物料将要入库或将要完成的数量。

（3）已分配量是指尚保存在仓库中但已被分配掉的物料数量。

（4）安全库存量是指为了预防需求或供应方面不可预测的波动，在仓库中经常应保持最低库存数量作为安全库存量。

根据以上各个数值，可以计算出某项物料的净需求量为：

$$净需求量=毛需求量+已分配量-计划收到量-现有库存量$$

在 ERP 系统中，库存信息起到了纽带作用，是整个信息系统顺畅完整的关键。各部门都需要库存信息来决定其运作。例如，采购需要以它为基础决定订货数量和时间；销售需要以它为基础决定是否能够进行销售，指导销售价格和交货时间；财务需要从中计算库存资金占有和资金周转时间。总之，不同的业务需要从库存中获得不同的信息使其业务更有序地开展。同时各业务部门也会对库存信息加以修正，改变其数据，用以指导和制约其他业务的进行。具体来说，一个系统中的采购、销售、仓库保管和财务 4 大业务对库存信息的需求和修改是各不相同，但是又互相联系、互相制约。

2.1.5　工艺路线

1．工作中心

工作中心（Working Center）指的是直接改变物料形态或性质的生产作业单元。在 ERP

系统中，工作中心的数据是工艺路线的核心组成部分，是运算物料需求计划、能力需求计划的基础数据之一，如一条流水线、CNC加工机床等。工作中心是一种资源，它的资源可以是人，也可以是机器。一个工作中心是由一个或多个直接生产人员、一台或几台功能相同的机器设备，也可以把整个车间当作是一个工作中心，车间内设置不同的机器类型。它是工序调度和CRP产能计算的基本单元。

2. 工序

工序是指一个（或一组）工人在一个工作地（如一台机床）对一个（或若干个）劳动对象连续完成的各项生产活动的总和。它是组成生产过程的最小单元。若干个工序组成工艺阶段。

至于同一工序的操作者、工作地和劳动对象是固定不变的，如果有一个要素发生变化，就构成另一道新工序。例如，在同一台车床上，由一工人完成某零件的粗车和精车加工，称为一道工序；如果这个零件在一台车床上完成粗车，而在另一台车床上精车，就构成两道工序。

3. 工艺路线

工艺路线用来表示企业产品在企业的一个加工路线（加工顺序）和在各个工序中的标准工时定额情况，是一种计划管理文件，不是企业的工艺文件，不能单纯地使用工艺部门的工艺卡来代替。工艺卡主要是用来指定工人在加工过程中的各种操作要求和工艺要求，而工艺路线则强调加工的顺序和工时定额情况，主要用来进行工序排产和车间成本统计。

对工艺路线数据准确性的要求和物料清单一样，也应在98%以上，如果工序顺序错误，工时定额不准，必将直接影响MRP（物料需求计划）和CRP（能力需求计划）的运算结果，造成生产订单过早或过迟下达，或下达数量不准。如果一项作业出现在发到某部门的派工单上，而事实上该作业并不在该部门，或一项作业在该部门，却不在发来的派工单上，工艺路线都可能是错误的根源。工艺路线错误还会引起工作中心负荷不均衡、在制品积压、物流不畅、加工成本计算错误等问题。通过计算每周下达到车间的工艺路线数和每周工长反馈的错误路线数，可以测出工艺路线准确度。

4. 关键路线

关键路线也被称为瓶颈工艺路线，它也是影响企业生产时间和排产的重要因素。如图 2-2 所示为工序、工艺路线和关键工艺路线之间的关系。

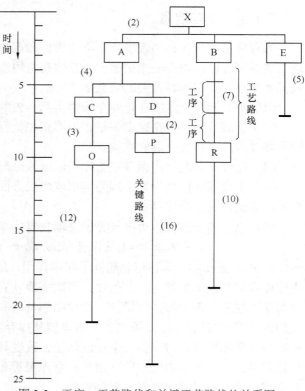

图 2-2　工序、工艺路线和关键工艺路线的关系图

▌ 知识拓展 ▌

请根据案例确定相应的工序与关键路线。

一个会议将于 8：00 开始，需要组织人员给与会者沏茶和冲咖啡，需要完成的任务有以下几个。

1. 买茶叶，20 分钟；逻辑关系：买完茶叶才能沏茶；需要资源：自行车、张某；投入物料：无；产出物料：茶叶 1 斤。

2. 生火，5 分钟；逻辑关系：生火结束以后才能烧水，而且必须没有间隔时间连续进行；需要资源：炉子、李某。投入物料：煤 2 斤，产出物料：无。

3. 烧水，10 分钟；逻辑关系：烧水完后才能沏茶和冲咖啡；需要资源：水壶、王某；投入物料：无；产出物料：开水 2 斤。

4. 洗杯子，5 分钟；逻辑关系：洗完杯子才能沏茶；需要资源：杯子、李某；投入物料：无；产出物料：杯子 100 个。

5. 沏茶，5 分钟；逻辑关系：买完茶叶、烧完开水、洗完杯子才能沏茶，而且烧完开水必须立即开始沏茶；需要资源：水壶、张某；投入物料：杯子 50、茶叶 1 斤、开水 1 斤；产出物料：茶水 50 杯。

6. 冲咖啡，8 分钟；逻辑关系：洗杯子、烧开水以后才能冲咖啡，而且烧完开水必须立即开始冲咖啡。需要资源：张某；投入物料：杯子 50、开水 1 斤、咖啡 0.5 斤；产出物料：咖啡 50 杯。

请问上述任务的关键路线由哪些工序构成？

2.1.6　提前期

课堂思考

提前期与生产效率是怎样的关系？

提前期是指某一工作的工作时间周期，即从工作开始到工作结束的时间。提前期的观念主要是针对"需求"而提出的。提前期的作用是生成 MPS、MRP 和采购计划的重要数据。

从生产过程的角度来看，提前期可以分为产品设计提前期、生产准备提前期、采购提前期、生产加工提前期、装配提前期、试验和测试提前期以及发货运输提前期等类型。其中生产准备提前期是指从生产计划开始到生产准备工作完成（可以投入生产）所需的时间。采购提前期则是指从确定采购订单开始到所采购的物料入库的全部时间。

2.2　ERP的计划层次

课堂思考

1. ERP 系统有哪几个计划层次？
2. ERP 管理的最基本要求是什么？

计划是企业管理的首要职能，是企业从事各项生产经营活动的指导，而 ERP 的核心便是计划。

ERP 有 5 个计划层次，即经营规划、销售与运作规划（生产规划）、主生产计划、物料需求计划、车间作业控制（或采购作业计划）。划分计划层次的目的是为了体现计划管理由宏观到微观，由战略到战术、由粗到细的深化过程。在对市场需求的估计和预测成分占较大比重的阶段，计划内容比较粗略，计划跨度也比较长。一旦进入客观需求比较具体的阶段，计划内容比较详细，计划跨度也比较短，处理的信息量大幅度增加，计划方法同传统手工管理的区别也比较大。划分层次的另一个目的是为了明确责任，不同层次计划的制定或实施由不同的管理层负责。在 5 个层次中，经营规划和销售与运作规划带有宏观规划的性质，主生产计划是宏观向微观过渡的层次；物料需求计划是微观计划的开始，是具体的详细计划；而车间作业控制或采购作业计划是进入执行或控制计划的阶段。通常把前 3 个层次称为主控计划（Master Planning），说明它们是制定企业经营战略目标的层次。企业的计划必须是现实可行的，否则再宏伟的目标也是没有意义的。任何一个计划层次都包括需求和供给两个方面，也就是需求计划和能力计划，要进行不同深度的供需平衡，并根据反馈的信息，运用模拟方法加以调整或修订。每一个计划层次都要回答以下 3 个问题。

（1）生产什么？生产多少？何时需要？

（2）需要多少能力资源？

（3）有无矛盾？如何协调？

换句话说，每一个层次都要处理好需求与供给的矛盾，做到计划既落实可行，又不偏离经营规划的目标。上一层的计划是下一层计划的依据，下层计划要符合上层计划的要求。如果下层计划偏离了企业的经营规划，即使计划执行得再好也是没有意义的。企业遵循一个统一的计划是 ERP 计划管理最基本的要求。

2.2.1 企业经营规划

‖ 课堂思考 ‖

企业经营规划在 ERP 的计划层次中起到一个怎样的作用？

企业的计划是从长远规划开始的，这个战略规划层次在 ERP 系统中称为经营规划。经营规划要确定企业的经营目标和策略，为企业长远发展做出规划，主要包括：① 产品开发方向及市场定位，预期的市场占有率；② 营业额、销售收入与利润、资金周转次数、销售利润率和资金利润率（ROI）；③ 长远能力规划、技术改造、企业扩建或基本建设；④ 员工培训及职工队伍建设。企业经营规划的目标，通常是以货币或金额来表达。这是企业的总体目标，是 ERP 系统其他各层计划的依据。所有层次的计划，只是对经营规划进一步具体的细化，而不允许偏离经营规划。经营规划在企业高层领导主持下会同市场、生产、计划、物料、技术与财务各部门的负责人共同制定。在执行过程中有意外情况，下层计划人员只有反馈信息的义务，没有变动规划的权限；变更经营规划只能由企业高层领导决策。

‖ 案例分析 ‖

2006 年 7 月，湖北车桥有限公司通过认真考察和深入研究，决定组建诸城装配厂。经过一个多月紧锣密鼓的前期筹备，赴鲁人员整装待发，诸城装配厂正式运营已为期不远。为了完成湖北车桥经理层赋予的战略使命，实现与北汽福田诸城汽车的同步发展，为山东诸城及周边地区的汽车产业提供优质车桥和优良服务，特制定了本规划。

1. 建厂宗旨与经营战略

湖北车桥有限公司（以下简称湖北车桥）与北汽福田诸城汽车厂（以下简称诸城汽车）已是重要的战略伙伴：诸城汽车将半数以上的前、后桥订单下给湖北车桥，湖北车桥为诸城汽车的配套已占到商品总值的 1/3。但因两厂相距较远，给同步开发、准时交付、三包服务、信息交流及有效沟通带来诸多不便。居高不下的货运成本及三包服务费用，也制约着双方的竞争优势和经营绩效。湖北车桥在诸城建立装配基地，正是为了扬长避短，尽量节省不必要的耗费，以便将更多的精力和财力投入到质量升级和服务优化中，从而进一步巩固和发展湖北车桥与诸城汽车的战略联盟，实现双方更高层次和效率的互动共进、互惠共荣。

2. 投资规模与发展规划

（1）为缩短建设周期，不自上土建工程。借助诸城市良好的投资环境，租用（或择机买断）现成厂房敷设生产线。首期租用 4 000 平方米，按每月 2 000 台汽车前、后桥产能组建生产线。厂区内预留有充裕的待建工程用地，以便根据日后发展需求委建租用（或自建扩充）新厂房。

（2）以湖北车桥原有的装配线为基础，参照国内外同行的先进装备进行优化设计，投资 1 000 万元，迅速建成桥总成装配、喷漆、检测流水线，预计 9 月月底正式竣工投产。进而接续诸城汽车配套业务，保证全年商品值累计达到 1.2 亿元。

（3）依托诸城汽车的发展，大力加速桥类新品开发和质量升级，以良好的性价比和完善的售后服务拓展市场份额；2007～2009 年平均增幅达 20%以上，力争 2010 年达到年产能 5 万套，商品总值 3 亿元。

3. 质量提升与交付保证

（1）员工素质保证。诸城装配厂领导班子经严格竞聘选拔，并按专业技能、管理经验及性格特征进行优选搭配；全套派出人马采用头领筛选和人力部推荐相结合的方式综合考评，并进行为期一个月的集中培训，尽力打造成湖北车桥的精锐之师。大家临行前庄严宣誓：我志愿赴诸城装配厂工作，决心牢记湖北车桥"自信 信任 创造热忱 变革"的核心价值观，努力发挥聪明才智，战胜一切艰难险阻，出色地完成各项任务，同心同德，不辱使命，为湖北车桥与诸城汽车的共同繁荣而奋斗！

（2）配套资源保证。以湖北车桥现有供应商体系为基础，逐步甄选和利用诸城当地的优良资源，进行优化整合。由湖北车桥提供充足的采购资金，从源头上把好质量关，并确保按期交付。

（3）现场管理保证。及时将湖北车桥质量、安全、环境 3 项体系认证进行复制、扩展或延伸，诸城装配线从设备选购、工序流转到过程控制，力求一切性能指标必高于原先水平，为湖北车桥的品质保证和交付信誉奠定坚实的基础。

（4）技术进步保证。在借助武汉车桥科研平台，尽量发挥现有技术人员创新潜能的同时，适量聘请诸城汽车厂资深行家作技术顾问，切实保证与主机厂的同步开发和跟踪服务。

（5）优质服务保证。距离拉近后，能为信息对称、沟通及时提供便利条件，我们将尝试双方三包服务员的有机融合，努力建成高素质、高效率的服务队伍，借以不断提升用户美誉度，早日分享品牌效应的丰硕果实。

2.2.2　销售与运作规划

课堂思考
销售与运作规划具有哪些作用？

销售与运作规划（S&OP）是 ERP 系统的第二个计划层次。在早期的 MRPII 流程中是分为销售规划与生产规划（或产品规划）两个层次，由于它们之间有不可分割的联系，后来合并为一个层次。

到目前为止，对 S&OP 的界定很多，本书比较赞同以下概念。

Oliver Wight Co.对 S&OP 的定义："销售与运作规划的目的是要得到一个协调一致的单一运作计划，使得所有关键资源，如人力、能力、材料、时间和资金都能有效地利用，用能够获利的方式满足市场的需要"。

《APICS 词汇》对 S&OP 的定义："S&OP 是一种编制战术规划的流程，它把面向客户的新产品和老产品的市场营销规划与供应链管理集成，提供高层管理的一个从战略高度指导业务的手段，从而能够持续地保持企业的竞争优势。这个工作流程把各种业务计划（销售、市场、产品研发、制造、外协和财务）归纳到一套集成计划中。企业每月至少召开一次会议，讨论 S&OP，并在产品系列层次考核业绩，制定需求、供应和新产品投入的详细、综合的计划的过程，必须紧密对照经营规划。它是企业近期和中期计划的权威性文件，其计划期的长度要能够支持企业年度经营规划。正确执行 S&OP 和业绩评价是不断进取的必要手段"。

进入 21 世纪以后，销售与运作规划日益受到重视，一些原始需求信息可以通过 CRM（客户关系管理）系统集成过来。据 Oliver Wight Co.调查美国制造业的对象中，采用不同形式的销售与运作规划系统的企业在逐年增长：1994 年增长 17%，1999 年增长 76%，2000 年增长 85%。销售与运作规划的作用为以下几个方面。

（1）把经营规划中用货币表达的目标转换为用产品系列的产量来表达。

（2）制定一个均衡的月产率，以便均衡地利用资源，保持稳定生产。

（3）控制拖欠量（对 MTO）或库存量（对 MTS）。

（4）作为编制主生产计划（MPS）的依据。

销售规划不一定和生产规划完全一致。例如，销售规划要反映季节性需求，而生产规划要考虑均衡生产。在不同的销售环境下，生产规划的侧重点也不同。对现货生产（MTS）类型的产品，生产规划在确定月产率时，要考虑已有库存量。如果要提高成品库存资金周转次数，年末库存水准要低于年初，那么，生产规划的月产量就低于销售规划的预测值，不足部分用消耗库存量来弥补。对订货生产（MTO）类型的产品，生产规划要考虑未交付的拖欠订单量（Backlog），如果要减少拖欠量，那么，生产规划的月产量要大于销售规划的预计销售量。

2.2.3　主生产计划

> **┃课堂思考┃**
> 请问主生产计划属于微观计划还是宏观计划？

主生产计划（MPS）是预先建立的一份计划，由主生产计划员负责维护，是确定每一具体的最终产品在每一具体时间段内生产数量的计划。

这里的最终产品是指对于企业来说最终完成、要出厂的完成品，它要具体到产品的品种、型号。这里的具体时间段，通常是以周为单位，在有些情况下，也可以是日、旬、月。主生产计划详细规定生产什么、什么时段应该产出，它是独立需求计划。主生产计划根据客户合同和市场预测，把经营计划或生产大纲中的产品系列具体化，使之成为展开物料需求计划的主要依据，起到从综合计划向具体计划过渡的承上启下的作用。主生产计划必须考虑客户订单和预测、未完成订单、可用物料的数量、现有能力、管理方针和目标等。因此，它是生产计划工作的一项重要内容。主生产计划根据生产方式的不同，计划的对象将有所不同。

主生产计划的对象主要是把生产规划中的产品系列具体化以后的出厂产品，通常称为最终项目，所谓"最终项目"通常是独立需求件，对它的需求不依赖于对其他物料的需求而独立存在。但是由于计划范围和销售环境不同，作为计划对象的最终项目，其含义也不完全相同。

从满足最少项目数的原则出发，下面对 3 种制造环境分别考虑 MPS 应选取的计划对象。

（1）在为库存而生产（Make To Stock，MTS）的公司：用很多种原材料和部件制造出少量品种的标准产品，则产品、备品备件等独立需求项目成为 MPS 计划对象的最终项目。对产品系列下有多种具体产品的情况，有时要根据市场分析估计产品占系列产品总产量的比例。此时，生产规划的计划对象是系列产品，而 MPS 的计划对象是按预测比例计算的。产品系列同具体产品的比例结构形式类似一个产品结构图，通常称为计划物料或计划 BOM。

（2）在为订单而生产（Make To Order，MTO）的公司：最终项目一般就是标准定型产品或按订货要求设计的产品，MPS 的计划对象可以放在相当于 T 型或 V 型产品结构的低层，以减少计划物料的数量。如果产品是标准设计或专项，最终项目一般就是产品结构中 0 层的最终产品。

（3）在为订单而装配（Assemble To Order，ATO）的公司：产品是一个系列，结构相同，表现为模块化产品结构，都是由若干基本组件和一些通用部件组成。每项基本组件又有多种可选件，有多种搭配选择（如轿车等），从而可形成一系列规格的变型产品，可将主生产计划设立在基本组件级。在这种情况下，最终项目指的是基本组件和通用部件。这时主生产计划是基本组件（如发动机、车身等）的生产计划。

通常，对于一些由标准模块组合而成的、多种型号和多种选择性的产品（如个人计算机），将 MPS 设立在基本零部件这一级，不必预测确切的、最终项目的配置，辅助以成品装配计划（FAS）来简化 MPS 的处理过程。FAS 也是一个实际的生产制造计划，它可以表达用户对成品项目的、特定的多种配置需求，包括从部件和零配件的制造到产品发货这一部分的生产和装配，如产品的最终装配、测试和包装等。对于有多种选择项的项目，采用 FAS 时，可简化 MPS。可用总装进度（FAS）安排出厂产品的计划，用多层 MPS 和计划 BOM 制定通用件、基本组件和可选件的计划。这时，MPS 的计划对象相当于 X 型产品结构中"腰部"的物料，顶部物料是 FAS 的计划对象。用 FAS 来组合最终项目，仅根据用户的订单对成品装配制定短期的生产计划。MPS 和 FAS 的协同运行，实现了从原材料的采购、部件的制造到最终产品交货的整个计划过程。

例如，计算机制造公司可用零配件来简化 MPS 的排产。市场需求的计算机型号，可由若干种不同的零部件组合而成，可选择的零配件包括 6 种 CPU、4 种主板、3 种硬盘、1 种软驱、2 种光驱、3 种内存、4 种显示器、3 种显卡、2 种声卡、2 种 Modem、5 种机箱电源。基于这些不同的选择，可装配出的计算机种类有 6×4×3×……=103 680 种，但主要的零配件总共只有 6+4+3+……=35 种，零配件的总数比最终产品的总数少得多。显然，将 MPS 定在比最终产品（计算机）这一层次低的某一级（零配件）比较合理。经过对装配过程的分析，确定只对这些配件进行 MPS 的编制，而对最后生成的 103 680 种可选产品，将根据客户的订单来制定最终装配计划。这种生产计划环境即是面向订单装配。实际编制计划时，先根据历史资料确定各基本组件中各种可选件占需求量的百分比，并以此安排生产或采购，保持一定的库存储备。一旦收到正式订单，只要再编制一个总装计划（FAS），规定从接到订单开始，核查库存、组装、测试检验、发货的进度，就可以选装出各种变型产品，从而缩短交货期，满足客户需求。

2.2.4　物料需求计划

  1. 物料需求计划是以什么为基础进行分时段计划的？

    物料需求计划（Material Requirement Planning，MRP）是指根据产品结构各层次物品的从属和数量关系，以每个物品为计划对象，以完工时期为时间基准倒排计划，按提前期长短区别各个物品下达计划时间的先后顺序，是一种工业制造企业内物料计划管理模式。MRP 是根据市场需求预测和顾客订单制定产品的生产计划，然后基于产品生成进度计划，组成产品的材料结构表和库存状况，通过计算机计算所需物料的需求量和需求时间，从而确定材料的加工进度和订货日程的一种实用技术。

    物料需求计划是一种优先级计划，同时又是一种分时段计划。它是 ERP 系统微观计划阶段的开始，是 ERP 的核心。主生产计划只是对最终产品的计划，一个产品可能由成百上千种相关物料组成，如果把企业所有产品的相关需求件汇合起来，数量更大。一种物料可能会用在几种产品上，不同产品对同一个物料的需用量又不相同。另外，不同物料的加工周期或采购周期不同，需用的日期也不同。要使每个物料能在需用日期配套备齐，满足装配或交货期的要求，又要在不需要的时期不要过量占用库存，还要考虑合理的生产批量，纯靠手工管理是不可能进行如此大量的数据运算的。这也是手工管理难以解决物料短缺和库存量过大的症结所在。MRP 是 MPS 需求的进一步展开，也是实现 MPS 的保证和支持。它根据 MPS、物料清单和物料可用量，计算出企业要生产的全部加工件和采购件的需求量。按照产品出厂的优先顺序，计算出全部加工件和采购件的需求时间，并提出建议性的计划定单。为了适应客观不断发生的变化，MRP 需要不断修订。修改 MRP 同样要用到全重排法和净改变法。

    制定物料需求计划前就必须具备以下的基本数据。

    第一项数据是主生产计划，它指明在某一计划时间段内应生产出的各种产品和备件，它是物料需求计划制订的一个最重要的数据来源。

    第二项数据是物料清单（BOM），它指明了物料之间的结构关系，以及每种物料需求的数量，它是物料需求计划系统中最为基础的数据。

    第三项数据是库存记录，它把每个物料品目的现有库存量和计划接受量的实际状态反映出来。

    第四项数据是提前期，决定着每种物料何时开工、何时完工。

    应该说，这 4 项数据都是至关重要、缺一不可的。缺少其中任何一项或任何一项中的数据不完整，物料需求计划的制订都将是不准确的。因此，在制定物料需求计划之前，这 4 项数据都必须先完整地建立好，而且保证是绝对可靠的、可执行的数据。

2.2.5　车间作业计划

    车间作业计划是 ERP 执行层的计划，它是关于工业企业生产系统方面的计划，是工业企业在计划期应达到的产品品种、质量、产量和产值等生产方面的指标，是企业年度生产计划的延续和具体化，是为实施生产计划组织企业日常生产活动而编制的执行性计划，是协调企业日常生产活动的中心环节。生产作业计划工作的内容包含：生产作业准备的检查；生产任务的排产；生产能力的细致核算与平衡，具体来说就是根据下达的订单、零件的工艺路线和车间的实际生产能力等制定车间生产的季、月、周和日计划，并按照一定的规则进行生产调度，安排日常的生产，以实现以下目标：① 合理利用企业的生产资源，按品种、质量、产量和交货期限的要求全面完成企业的生产计划；② 建立良好的生产秩序，以实现均衡生产，保证产品质量稳定和生安全；③ 缩短产品生产周期，减少在制品量，加速资金周转，提高企业经济效益。

车间作业计划是零部件生产计划的细化，是一种工序级计划，是从下达到车间的订单中，按照交货期的前后和生产优先级选择合适的订单，并根据订单中的零部件查询其相应的工艺路线，按照工艺路线的工时定额制定。它具体说明了被加工的零件是什么，数量是多少，加工的开始时间和完成时间，工序，工时定额，物料需求等。究竟将生产任务下达给哪台设备，哪个工人，何时下达，下达多少，这就是车间作业计划调度所要解决的问题。

2.3　ERP工作原理

如图 2-3 是现代企业 ERP 构成图。

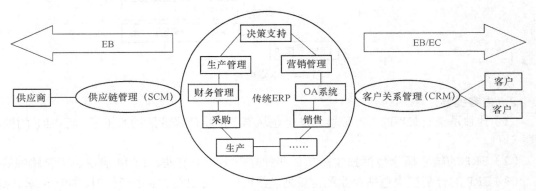

图 2-3　现代 ERP 系统构成

在供应链管理思想的指导下，现代 ERP 系统包含了传统 ERP 系统的核心部分，包括生产管理、营销管理、财务管理、办公自动化，还包括对竞争对手的监视管理等。这部分着重反映了供应链管理流程中的生产环节的管理内容。同时，现代系统向上游企业扩展到对供应商的管理，它是 ERP 商务管理功能（EB）的重要部分，向下游扩展到能支持客户关系管理的 EB 或 ERP 客户管理（EC）功能。也就是说现代的 ERP 系统应该包括支持供应链管理活动各个环节的功能，并且能很好的对这些环节进行协调管理。对于现代 ERP 系统实施的关键技术在于 Internet 与传统 ERP 系统的接口技术，例如，制造企业内部核心管理部分的安全性问题，电子商务的安全性，各成员间的权限设定等，这都是传统 ERP 系统所涉及不到的。

从上我们可以看到，现代 ERP 系统完全是以网络技术为基础，以 MRP 为核心进行生产管控的。为了合理安排库存，现代 ERP 系统将与供应商建立良好的商业关系，在互惠互利的基础上，大家实现风险共担，效益共享，由此实现整个供应链成本的降低，从而提高企业生产效率。在客户关系方面，强化客户管理，最大限度地满足客户的需要，通过缩短供货提前期，以获取最大利润。

本章小结

1. 内容结构

本章内容结构如图 2-4 所示。

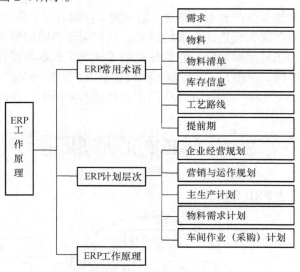

图 2-4　本章内容结构

2. 内容提要

（1）计划是企业管理的首要职能，是企业从事各项生产经营活动的指导，而 ERP 的核心便是计划。

（2）ERP 的核心概念包括独立需求、非独立需求、提前期、BOM 清单、工艺路线等。

（3）ERP 的计划层次包括企业经营规划、营销与运营规划、主生产计划、物料需求计划、车间作业（采购）计划。

（4）如今 ERP 系统除了具有传统 ERP 的相应功能外，还通过互联网将供应商、客户纳入了系统中，涵盖的内容不断扩大，且管理思想不断更新。

单元训练

- **主要概念**

独立需求　　非独立需求　　提前期　　BOM 清单　　工序　　工作中心
工艺路线　　库存

- **理解题**

1. ERP 有几个计划层次？各层次的特点是什么？

2. 独立需求与非独立需求的内涵是什么？它们产生的原因是什么？

3. 物料需求计划在 ERP 计划层次中处于哪个层次？它的作用是什么？

4. 物料编码需要注意哪些问题？

5. 请你总结 ERP 的工作原理。

第3章

ERP 的财务管理系统

学习目标

理论目标：学习和了解财务管理在 ERP 系统中的地位，了解 ERP 的系统模型、各行业 ERP 系统中财务管理的不同，掌握财务管理系统的功能结构。

实务目标：能够运用 ERP 系统中的财务管理模块，分析财务管理模块的构成。

案例目标：能够运用所学的 ERP 系统的财务管理模块研究相关案例，培养和提高学生在特定业务情境中分析财务问题与解决财务问题的能力。

引导案例

G 集团公司成立于 1998 年 7 月，是国家在原总公司的基础上组建的特大型企业集团。G 集团公司长期以来致力于石油、天然气的勘探和开采，石油产品的炼制与销售及化工产品的生产与销售的上、下游一体化的能源、化工集团公司。G 集团对其全资企业、控股企业、参股企业的有关国有资产行使资产受益、重大决策和选择管理者等出资人的权力，对国有资产依法进行经营、管理和监督，并相应承担保值增值责任。

2000 年 2 月 28 日，经整体重组改制，G 集团公司独家发起设立的 G 股份有限公司。G 股份有限公司先后于 2000 年和 2001 年在境外境内发行 H 股和 A 股，并分别在香港、纽约、伦敦和上海上市。

从 2004 年开始，G 集团以"国际水准、中国国情、石化特色"为要求，在全集团（包含当时下属 132 家分子公司）中开展 ERP 即信息化建设 5 年计划，截至 2008 年年底按计划实施完成。G 集团采用的 ERP 系统是由德国某公司开发的 SAPR-3 系统，SAPR-3 是一个基于客户——服务器结构，开放的、集成的企业资源计划系统。此系统功能包含了企业的财务、后勤（工程设计、采购、库存、生产销售和质量等）与人力资源管理等各个方面。上线的 ERP

（SAPR-3）系统是一个以财务管理为核心、成本管理为主线，支撑油田勘探开发核心业务的管理系统，实现了财务、成本、项目系统、物料、销售、资金管理等模块的无缝链接，能够实时地生成会计凭证、会计账册与会计报表。通过这实时生成的会计信息能够穿透与追踪到实时的业务信息和管理信息，从而实现了业务集成，提高了信息质量，大大改善了业务流程，实现了物流、资金流、信息流的三流合一。

企业的所有信息通过 ERP 系统高度集成在统一的管理平台上，达到财务管理工作"实时反映、实时分析、实时监控"的要求。在没有 ERP 系统之前，信息的传递不仅速度缓慢（需要层层汇总、审核）并且由于数据缺失、错误造成的数据失真现象也非常严重。在 ERP 系统出现后，数据信息可以直接进行实时查询，还可通过相关路径追溯经济业务发生的源头，有效地提升了数据的透明度和可信度。

具体表现在以下几个方面。

（1）投资控制更加有效

在 ERP 环境下集成化财务管理的模式，投资项目的管理更加有效。有了 ERP 运行的平台支持，集团相关部门能够对投资项目进行实时监控，及时纠偏，保证其按照计划执行，通过强化投资项目的计划管理，对超计划项目实现严格控制，基本上能够杜绝计划外项目的产生。通过 ERP 的集成功能，形成了项目计划、统计、财务的"三账合一"系统资源，实现了对投资成本的强有力控制，以系统为依据，减少了许多人为因素。假如有一笔结算款，实际成本哪怕仅超出了投资计划几百元，系统也会提示错误信息，不允许用户过账，同时系统将把错误信息及时反映给相关人员。通过系统控制和规范程序等手段，节约了投资、人力。而在实施 ERP 环境下的集成化财务管理前，财务、计划两个方面，没有强制有效的控制手段。

（2）资金管理更加科学合理

通过 ERP 系统，按集成化财务管理模式将原有的多级财务会计核算上移为一级核算，为实时的掌握资金动态提供手段。借助 ERP 系统实现了资金流向的实时查询与控制，及时掌握各个库存点的现金额度、合理调配资金；为确保资金安全，及时融通资金和盘活资金存量提供了可能。而上线前，企业根本无法实时的掌握资金动态，只有在固定的时间点才能了解到资金的情况。

（3）实时追踪业务信息，监督管理强化

在 ERP 环境下的集成化财务管理模式下，G 集团实现了通过报表—账册—凭证业务进行穿透查询，对每笔业务可以追溯到源头，实现了物流、资金流、信息流的来龙去脉的全过程掌握。

集成化财务管理模式有效地体现了财务核算的监督职能，不仅表现于事后监督，更重要的是使得事前监督发挥地更为充分，提前进行资金流向的分配，提前预算成本费用的花费，这样就能有效地安排公司的投资选择，有效地控制公司的成本费用，有效地安排资产负债的规模，从而保证良好的资产负债比率，有效判断收支的合理性和必要性，降低财务风险。

以 G 集团下属的××分公司为例，2007 年年末资产负债率为 34.31%，较年初增长 14.2 个百分点；公司的流动比率、速动比率分别为 0.62、0.54，较 2006 年增长 10.52%、10.35%。流动资产中货币资金 44 360 万元、应收票据 4 180 万元、应收内部单位款 1 230 万元，占流动资产 69 532 万元的 71.6%，比 2006 年增长 8 个百分点，流动资产变现能力和速度进一步提高。

3.1　ERP财务管理概述

课堂思考
1. 财务管理模块在 ERP 系统中处于怎样的地位?
2. 应付款项、应收款项对企业的经营起到了怎样的作用?

3.1.1　ERP 财务管理在 ERP 中的重要地位

从财务软件发展到企业管理软件,从 MRP Ⅱ 到 ERP,财务管理始终是核心的模块。财务管理的对象是企业资金流,是企业运营效果和效率的衡量和表现,因而财务信息系统一直是企业实施 ERP 时关注的重点。就 ERP 的财务管理模块而言,优秀跨国公司对财务管理在企业管理的核心地位已经形成共识。"企业管理以财务管理为中心,财务管理以资金管理为中心,资金管理以现金流量管理为中心"的理念已经体现到跨国公司理财的方方面面。不光是跨国企业,国内企业汇源果汁的 ERP 项目的实施,也同样强调以财务为数据中心,实行"购、销、存"一体化的管理和运作模式。财务管理模块在整个 ERP 系统中处于核心位置,主要基于以下理由。

(1)财务管理模块能够提供充裕的管理信息。ERP 环境中任何一个业务模块所占有的企业的业务数据量都不像财务模块那样丰富,通过价值形成全面综合地反映了企业的概貌,并严密地、系统地记录企业的经营状况。经营过程中几乎所有部门、所有交易过程都与会计部门有联系,会计部负责记录、核算并报告企业的经营业绩及财务状况。表现在 ERP 系统中,是各个模块都要自动生成或手工输入转账凭证至财务系统的总账模块中。

(2)财务管理模块的事前预算功能。一个企业进行采购或生产决策,需事前进行规划,以确保企业做出的决策符合市场要求,符合自身能力的约束。会计信息系统能够从过去的财务数据和目前的市场数据等资料中,替企业高层管理者制定正确决策所需的关键性信息。在本质上,会计信息系统是为企业决策服务的,只有具有事前预算功能,才能辅助企业管理层制定决策。

(3)财务管理模块的事中控制功能。会计核算只是会计信息系统的基本功能,但是管理型会计信息系统的本质不是为了记录已经发生的事项,而是有助于控制企业的经营运作。随着信息技术、通信技术的发展,会计信息系统随时反映和监控企业资金流、物流状况已经成为可能。借助于高性能计算机和网络技术,会计信息系统已经突破了原有的局限,真正成为企业决策控制的工具。

(4)从应用范围来看,ERP 早已突破了加工制造业的范围,今天的 ERP 几乎被应用到各种各样的企业中,如制造业、分销行业、金融业、服务业、仓储业和运输业等。这些行业各具特色,相互差别很大。例如,电力、化工等行业与 ERP 系统中财务管理模块的设计与实现加工制造业的生产管理方式截然不同,商品流通行业和金融行业则往往没有生产制造部门。但是这些企业的共同特点是都需要高效、便捷的财务管理,以财务管理为中心使得 ERP 能够具有广泛的行业适应性。

(5)从应用的难度和实践来看,我国自 20 世纪 80 年代初开始实施 MRP Ⅱ,到现在几乎所有的大中型企业都应用了 ERP 系统进行企业管理,在 ERP 应用过程中财务模块是所有企业最重视,也是实施最成功的模块。企业管理层由操作层、管理层和决策层 3 个层次构成,而会计信息系统就处于下接操作层、上承决策层的桥梁位置,会计信息系统功能的强弱及与其他模块之间数据的及时性和统一性，直接反映了 ERP 系统性能的优劣。

3.1.2　ERP 财务管理系统逻辑模型

1.　ERP财务管理业务流程

企业的财务管理涉及了企业的各个职能部门，采购部门根据采购执行计划下达订购单，采购合同接受财务部门监督；供应商根据采购单送货，货品入库，仓库部门开出入库单交给财务部门；财务部门根据采购原材料等项目和合同协议与供应商结算，计入应付账款；生产部门计算生产工时、物料耗费（原材料和辅料等）、废品情况以及产量报财务部门，财务部门根据各个部门及岗位工资计算应付工资，并核算生产成本；销售部门由库存部门开出出货单据交财务部门，销售发票交财务部门，财务部门根据各种原始凭证登记销售收入、应收账款等，并核算企业的赢利情况。

2.　ERP财务管理系统的主要模块

ERP 是分模块的，在 ERP 财务管理系统中，一般总会有 4 大模块，即总账、应收账款、应付账款和固定资产。如图 3-1 所示，这 4 个模块本身是相互集成的。

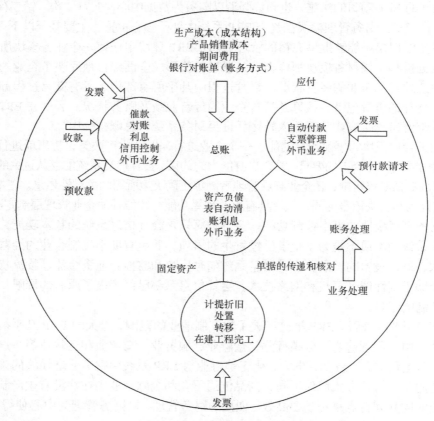

图 3-1　ERP 财务系统结构模块

这 4 大基础模块可以构成一个独立的会计软件，它具有和其他会计软件一样的特征，即账务处理和业务处理是分开的。所谓业务处理是指企业日常运作的具体业务；而所谓账务处理，是指财务人员根据原始凭证编制会计分录，在系统中记录下来。

3.2 ERP财务管理系统功能结构

根据对财务管理系统的设计目标以及其对实现功能的要求，得到系统的功能层次结构图。

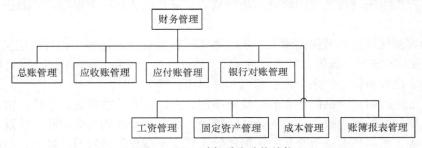

图 3-2   ERP 财务系统功能结构

图 3-2 的财务管理系统主要由以下的功能模块组成。

总账管理模块：整个系统的主要子模块，其中最主要的处理是对凭证的相关处理。

应付账模块：购货活动与货款的支付在时间上不一致，即购进物资而未付款时，就形成了应付款，该部分主要是对应付账的情况进行管理。

应收账模块：与应付账模块相似，也是由于购货活动与货款的支付在时间上不一致而产生的，主要是对应收账的情况进行管理。

银行对账管理模块：主要是针对企业与银行之间的账务往来进行管理。

工资管理：主要是对本企业员工的工资发放情况进行管理。

固定资产、成本管理：主要是对本企业所拥有的固定资产以及运营成本进行管理，使经营者可以清楚地对本企业的资产有详细的了解，通过对运营成本进行控制，更好地运行企业。

账簿及报表管理：主要是对各个模块所产生的账簿及报表进行统一管理，以方便地对所需要的报表进行查询、打印等操作。

3.2.1 总账模块

总账管理模块是 ERP 财务系统的一个主要子模块，它以货币为主要计量单位，综合、全面、系统地反映企业的经济活动，由该子模块提供的会计信息所产生的财务报表能反映企业的财务状况和经营成果。总账管理模块的整个处理过程就是从凭证到记账、从记账到报表输出的过程。总账管理模块一直是必不可少的核心。会计的整个体系就是在总账管理系统的基础上逐渐充实和发展起来的。没有总账管理模块，也就没有财务信息系统。总账管理模块的结构如图 3-3 所示。

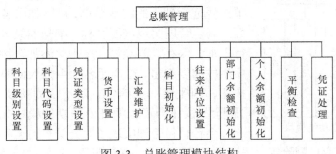

图 3-3   总账管理模块结构

总账管理模块主要是对科目级别、代码、凭证类型、处理过程进行管理，还包括一些相关的汇率，部门、个人的初始化信息等。

总账模块应具有以下功能。

（1）为使财务总账管理系统能尽量满足用户的会计应用环境，系统应提供初始设置功能。初始设置后应由系统进行严格的验证与用户确认，只有确认验证无误后，才能进行日常账务处理。

（2）为方便凭证输入及提高输入质量与效率，在凭证输入过程中，对已定义过的内容提供参照，方便用户选择、获取。可参照的内容有凭证类型、摘要、常用凭证、会计科目、结算方式、外币、往来单位、往来个人、部门和核算项目等。

（3）凭证输入中应提供严格有效的校验措施，以防止非法数据进入系统。常用的校验项目有凭证日期的序时性校验，科目的合法性校验，借、贷金额的平衡校验，数量、单价与金额及外币金额、汇率与人民币金额的逻辑校验，凭证类型与科目限制以及凭证中科目非法对应关系的校验等。凭证保存时，如果校验出下列情况，立即提示错误信息并拒绝存盘：输入了非法科目；已输入科目但未输入金额或已输入了金额但未输入科目；对于单位或个人往来账户，未输入单位代码或个人代码，或对于部门核算科目但未输入部门代码；借、贷金额不平衡；收款或付款凭证没有涉及现金或银行科目；现金或银行收款凭证，借方没有现金或银行科目；现金或银行付款凭证，贷方没有现金或银行科目；转账凭证出现了现金或银行科目；符合已定义的非法科目对应关系等。

（4）实现自动转账。根据业务要求定义系统内部转账凭证，需要时自动生成凭证。其他子系统核算后向账务处理子系统转账。

（5）提供辅助账核算和管理。

（6）利用信息集成技术提供丰富的查询功能。对记账凭证、账簿、科目发生额与余额等查询时，应提供筛选与内容选择功能，如给出简单的或复杂的过滤条件。筛选的条件有：未记账（包括未审核或已审核）或已记账的凭证，给出科目、科目级次或科目的起止范围、日期范围、发生额或余额的范围，以及录入、审核或记账人员的限制等。充分利用屏幕的有效空间或多窗口技术显示信息，能方便地进行内容切换，如科目名称与科目代码、人民币金额与外币金额或数量的切换；实现一体化查询，在查明细账时可以看到它的凭证，查询总账时能翻阅它的明细账，查询明细账时能看到有关的辅助账等，若需要，可随时打印输出结果。

（7）能灵活设置凭证、明细账的格式。凭证与明细账格式可提供不同的表格以供选择或允许用户自己定义，以满足各行业或使用单位的某些特殊需要。凭证管理界面为树状结构，主要为操作人员提供接口，实现对摘要管理、会计科目管理、凭证录入、审核、查询、过账等的操作。登录后，操作人员单击凭证管理下的树状菜单，可以弹出各个子模块的操作界面。摘要管理实现摘要名称、编号的录入，并对这些摘要进行添加、保存，删除等；单击"添加"按钮，系统自动按顺序生成摘要编号，在摘要名称中输入摘要名称，单击"保存"按钮，则生成一条摘要，对不用的摘要则可以选中后单击"删除"按钮即可。凭证处理功能模块如图 3-4 所示。

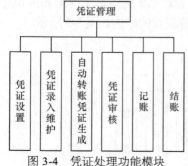

图 3-4　凭证处理功能模块

会计科目管理实现了对会计科目名称、编号的录入，并对这些摘要进行保存、删除等。凭证录入自动生成一张记账凭证，并进行登记、计算、保存等。

记账凭证要求：一张记账凭证可以有多个借方和贷方，但借贷必须平衡。单击"登记"按钮，系统将自动按顺序生成摘要编号，输入制单人、摘要、会计科目和金额后，单击"计算"按钮后，可以判断借贷是否平衡，核实一切无误后，单击"保存"按钮即可。

凭证审核是对凭证进行单个或批量审核；选择要审核的凭证号，单击"查询"按钮即可现实该凭证的具体内容，在是否通过选择时，单击"审核"按钮即可。凭证过账将已经录入的记账凭证根据跨级科目登记到相关的明细账簿中。

凭证查询则是对输入的凭证进行合理性、合法性的检查，检查是否按照账套选项设定条件，是否遵循基本凭证输入原则；检查当前期间的开始日期和结束日期、凭证号的范围。

3.2.2　应付账模块

▌课堂思考▌

应付账模块与哪些业务模块有联系？它是如何产生的？

制造企业和商业企业的支出循环有很多相似之处，企业从外部购入货物时，可以采用现金结算，也可以采用赊购方式。在大多数情况下，企业多采取赊购的方式。

当企业物资供应部门按已确定的物资采购计划，取得企业生产经营活动所需的各种物资时，如果企业的购货活动与货款的支付在时间上不一致，即购进物资而未付款时，就形成了应付款。应付账管理模块如图 3-5 所示。

应付账的主要功能是付款计划的维护、采购发票过账、应付款维护以及过账处理。

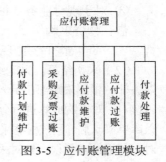

图 3-5　应付账管理模块

1. 应付账管理的意义

应付账是企业处理从发票审核、批准、支付，直到检查和对账的业务，在财务管理中采用应付账管理，可以知道什么时候付款？付多少？是否应付全额？或是否有现金折扣等很多烦琐的财务信息。同时企业领导者在获得这些信息后，可以更加方便和准确地为企业的发展做出及时的决策。当应付账业务应用到计算机后，它的功能将得到进一步的发展和加强，特别是在减少处理付款的时间、改进现金支付的控制、提高商业信用等方面产生更加显著的作用。

2. 应付账管理业务

应付账款的业务循环主要涉及日常经营所产生的商品或劳务的取得，是指企业向供货商购买和支付商品或劳务的活动过程及相关数据处理。企业需要向外界购买的商品和劳务包括原材料、产成品、固定资产等。应付业务循环购买的商品或劳务具体包括制造企业用于生产的原材料、商业企业用于销售的存货、为维持生产从外部购买的物料、维修和安全等后勤劳务，但是不包括对企业员工内部的付款项目（这些包括在人力资源业务循环中）。应付业务流程如图 3-6 所示。

通过应付业务流程图，我们可以对应付业务流程进行以下的分析。

（1）出纳付款。出纳这个岗位主要进行付款的处理。付款有 3 种典型的情况，如下所述。

① 预付款，出纳人员根据采购部门的采购订单，预付给供应商，并做相应会计凭证：

借：预付款——供应商　　　　　　　　　　　　　　×××

　　贷：银行存款/现金　　　　　　　　　　　　　×××

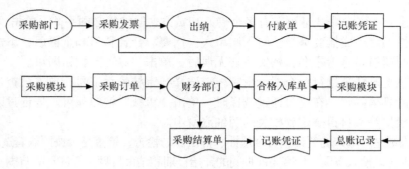

图 3-6　应付账业务流程

② 偿还对供应商的欠款，会计分录为：

借：应付款——××供应商　　　　　　　　　　　　　　　×××
　　贷：银行存款/现金　　　　　　　　　　　　　　　　　　　　　×××

③ 对于现付业务，根据要求现付采购结算单给供应商付款，会计分录为：

借：物资采购　　　　　　　　　　　　　　　　　　　　×××
　　贷：银行存款/现金　　　　　　　　　　　　　　　　　　　　　×××

（2）采购结算。采购结算是对采购发票进行管理，并根据采购发票确认采购成本的过程。财务部门根据采购部门录入的发票、采购订单、出纳填制的付款单、仓库填制的入库单等单据进行核对，对采购成本进行分摊，核对订单、入库单、采购发票的数量与单价。当采购发票录入或入库单确认后，系统根据采购订单号自动从采购子系统调入采购订单文件，与相关的数据进行核对，如果核对无误，则对采购成本进行确认和分摊，并产生结算单，作为凭证处理的基础。

（3）应付业务核算。财务部门根据仓库提交的外购入库单、采购部门提交的采购发票和采购订单，以及出纳提交的预付款的付款单，进行采购结算，并根据采购结算单进行账务处理。

首先核对外购入库单与采购发票，若采购发票先到而货物未到，则做在途物资处理。会计分录应为：

借：在途物资　　　　　　　　　　　　　　　　　　　　×××
　　应交税金——应交增值税（进项税额）　　　　　　　×××
　　贷：现金/银行存款/应付款/预付款　　　　　　　　　　　　　×××

若采购发票未到而货物先到，则应做暂作入库处理，会计分录应为（实际成本为例）：

借：原材料　　　　　　　　　　　　　　　　　　　　　×××
　　应交税金——应交增值税（进项税额）　　　　　　　×××
　　贷：现金/银行存款/应付款/预付款　　　　　　　　　　　　　×××

然后是外购入库单或采购发票与结算单中相应数据的核对，若已经付款，以上凭证的贷方科目为现金；若已经预付款，贷方科目为预付款；若没有付款，则贷方科目为应付款。

3.2.3　应收账模块

课堂思考

应收账模块与哪些业务模块有联系？它是如何产生的？

和应付账一样，现在我们换一个角度，当企业把货物销售到外部时，可以采用现金结算，也可以采用赊销方式。在大多数情况下，企业多采取赊销的方式。当企业销售部门按客户已确定的采购计划，销售给客户生产经营活动所需的各种物资，如果企业的销售活动与客户货款的支付在时间上不一致，即售出物资而未收款时，就形成了应收款，应收账管理模块功能如图 3-7 所示。

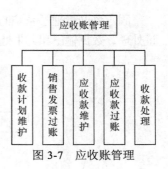

图 3-7　应收账管理

应收账管理模块主要管理收款计划、销售发票、应付款过账处理等。

1. 应收账管理的意义

应收账是企业的客户正常的赊购商品所发生的账款。应收账管理系统提供会计人员有关客户信用管理所需的信息、信誉度分析功能，协助使用者找出有问题的客户和有关的财务问题。

应收账业务使用计算机之后，它的功能将得到进一步的发展和加强，特别是在改善发票和付款处理的精度、改善客户查询响应、及时提供了客户对账单、减少处理应收账的时间、改进现金收入的控制等方面有更加显著的作用。

2. 应收账管理业务

应收账是指在企业持续经营期间发生的企业向客户提供商品或劳务，并向客户收取款项的一系列业务活动。同样，通过如图 3-8 所示的应收业务流程，对应收业务流程进行以下分析。

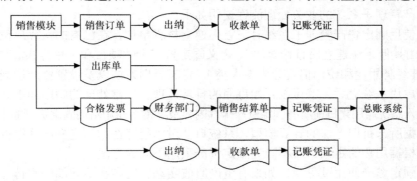

图 3-8　应收账业务流程

（1）收款。对于销售收款可分以下 3 种情况处理：第一种是预收款处理，出纳人员根据销售订单进行预收款，填写收款单，收款单是用来记录企业所收到的客户款项；第二种情况是客户归还欠款；第三种情况是对于现付的销售类型，出纳根据销售发票直接对客户收款。

（2）销售结算。销售结算是对销售发票进行管理并根据销售发票确认销售成本的过程。财务部门根据销售部门录入的发票、销售订单、仓库填制的出库单等单据进行核对，确认订单、入库单、采购发票的数量与单价，并确认销售成本。

3.2.4　固定资产模块

固定资产是指使用年限在 1 年以上，单位价值在规定标准以上，并在使用过程中保持原来实物形态的资产。固定资产是企业长期使用的资产，是企业生产能力的重要标志。作为企业资产的主要部分，固定资产的核算与管理一直是企业会计和财务管理、资产管理工作的重点。

固定资产管理子系统的业务处理可以划分成初始设置和日常业务处理两个部分。初始设置中所做的设置主要包括建立部门档案、定义固定资产卡片样式和卡片项目、定义资产类别、定义折旧方法以及设置资产增减方式。

固定资产管理子系统的日常业务处理主要是资产增、减、变动的核算，折旧核算，系统的凭证处理，数据输出和月末处理。固定资产管理子模块的业务处理流程如图 3-9 所示。

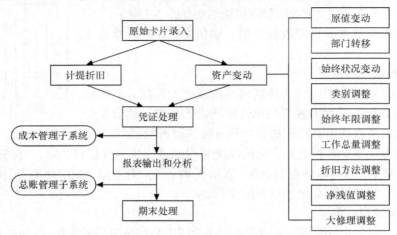

图 3-9 固定资产业务流程

固定资产管理子系统的业务处理流程说明如下。

第一次使用固定资产管理子系统时，首先建立核算单位，在已有的核算单位上建立部门档案（也可由其他系统建立后直接调用）、定义固定资产卡片项目和卡片样式、定义资产类别（一般按照其经济用途和使用情况分为 5 大类）、定义折旧方法以及设置资产增减方式。初始设置完成，启用系统之后，就可以开始每月的日常处理。日常处理的顺序如下。

（1）录入系统启用之日前所有固定资产卡片内容及日常企业用新增固定资产的卡片。

（2）根据所选折旧方法的计算模型，系统自动对已经存在的固定资产计提折旧。在计算时，系统会根据用户的定义，对不同的固定资产采用不同的方法。

（3）在固定资产使用过程中，如果有资产原值变动、资产在不同部门间转移、资产使用状况变动、大修理、资产使用年限调整、折旧方法调整、净残值（率）调整、工作总量调整、累计折旧调整、资产类别调整等发生时，系统相应地作资产变动处理。

（4）系统定义凭证，生成转账凭证，检查凭证的正确性，并传递到总账子系统的凭证文件数据库。

（5）系统输出固定资产卡片、固定资产账等所需信息，并根据需要进行分析。

3.2.5 工资管理模块

工资管理模块主要包括员工基本信息、员工考勤信息、员工工资管理等。

工资管理模块的结构如图 3-10 所示。员工基本信息、员工考勤信息功能包括添加员工信息、修改员工信息、删除员工信息、员工信息查询、添加员工考勤、修改考勤信息、删除考勤信息、考勤信息查询。

1. 添加信息（添加员工信息，添加员工考勤）

进入他们的添加信息模块，此功能只对管理员开放，在添加过程中，只要把员工的信息按界面上文本框的提示输入进去，然后单击"确定"按钮即可。在有些信息中，我们对输入的数据类型作了规定，如编号、档号、出生年月及入党/团时间、考勤天数、出勤天数多要求以数字型输入，除了备注，其他内容的格式以文本框形式输出。

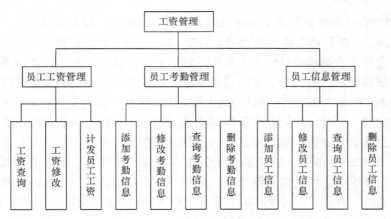

图 3-10 工资管理模块的结构图

2. 修改信息（修改员工信息，修改考勤信息）

添加完信息后，只有系统管理员才可以修改所有员工的信息，他们的修改模块中包含了员工的详细信息如编号、进入公司时间、备注、员工的姓名、所在部门、考勤天数等。在这些功能里详细地记录了所有员工的资料。只要选中要修改的项目，单击上面的菜单栏或单击鼠标右键，选择修改项，即可完成操作。

3. 查询信息（员工信息查询，考勤信息查询）

用来查找每个字段、条件操作符等功能。系统可以用员工姓名或部门查询的办法进行。当查询的条件选择完毕，单击"查找"按钮，会显示出要查找员工的全部信息。

4. 删除信息（删除员工信息，删除考勤信息）

删除功能在此系统里比较重要，只有系统管理员才能删除员工在数据库里的信息。删除的依据也是按员工姓名删除的。在单击"查询"按钮或单击鼠标右键后，选择员工列表中要删除的员工，单击"删除"按钮后，经确认，选中的员工被删除。

员工工资管理模块功能：计发员工工资信息，修改员工工资信息，查询员工工资信息。

（1）计发员工工资信息添加窗体用于添加员工的工资。填写完工资信息后，单击下方的"保存"按钮，则弹出一个对话框"计发工资成功"，表明该员工的工资添加成功，单击对话框，就可退出员工信息添加窗体。

（2）修改员工工资信息窗体用于修改员工的信息。系统管理员在此可以修改信息，如果员工信息修改完成，单击下方的"保存"按钮，就会弹出一个对话框"修改工资成功"，表明该员工信息修改成功，单击对话框，就可退出员工信息修改窗体。

（3）查询员工工资信息对话框用于查询员工信息的记录。系统管理员在计发工资查询窗体中，勾选"姓名"的复选框，然后在文本框中输入姓名，再单击"确定"按钮，就可以成功查询该员工的信息。

3.2.6 财务报表与财务分析功能

财务分析一般有报表分析和因素分析等，还可以通过用户定义的差异数据的图形显示进行财务绩效评估等。作为财务管理重要组成部分的财务分析，一般都要以财务报表为基础。因此，财务报表是否及时详尽，在相当大的程度上影响了财务分析的可靠性。现行财务报告体系虽然增加了中期财务报表，但依然不能满足日益激烈的竞争环境对企业财务信息的即时需求。基于 ERP 的财务核算取消了结账功能，在出具利润表、现金流量表时，增加报表起始时间和终止时间，系统自动生成动态报表，满足 ERP 对动态财务信息的要求。同时由于 ERP 系统的支持，企业的数据库中存储了大量的数据信息，在这种情况下，通过不同的报表处理模块可以随时获取基本财务报表、地区销售状况报表、特定产品的利润报表等各种形式的详尽财务分析报表。财务人员应充分利用 ERP 系统提供的这一便利条件，随时更新各类财务报表，进行及时的财务分析，为企业决策提供更具实效性的资料。这些具有财务分析特点的功能，可以帮助企业确立财务目标，制定业务计划，并在执行过程中对成本和收入进行监控。企业还可以利用 ERP 的强大财务数据功能建立并模拟公司内部职能部门和其他组织部门之间的价值流动，在单一平台上协同整个企业集团工作，对整体财务目标进行调整。ERP 系统是一个复杂的系统，不同行业对经济决策要求的财务分析数据是不尽相同的，典型的 ERP 财务管理信息系统有以下几种财务分析功能。

1. 销售分析

在以提高销售利润为企业最终目标的前提下，如何及时进行正确的生产经营决策是企业管理层面临的严峻问题。这不仅要求决策者准确及时地捕捉到销售信息，并分析销售情况，还应随时根据历史的销售情况，对下一步的生产经营进行科学的调整。这一过程所需要的数据涉及的模块有销售、库存、财务和人事，能够围绕销售合同，从人员绩效、应收款、财务、库存等多角度进行分析，并给出如销售趋势、产品需求趋势等辅助决策信息。

2. 库存分析

库存分析重点集中于分析库存绩效，分析时应在适当的存货管理方法基础之上，考虑有关的产品销售量和库存周转量。例如，可以选取特定参数后使用递减次序列出前 10 项销售和库存的重要商品种类，财务分析人员可以迅速对库存绩效进行评价。

良好的库存管理不仅要求保证生产所需原材料的及时供应与产品的合理周转，还要求能够保证产品销售的及时供给，同时要求达到最优库存。基于 ERP 环境的库存分析，既能满足一般用户对库存物品的数量、库存成本和资金占用等的需求，又能辅助决策，解决企业深层次的相关问题，根据盘点结果及时间进行库存调整及优化等。

3. 采购分析

如何制定采购策略是企业不容忽视的问题，适当的、全面的采购分析，对于采购经理制定下一步采购策略是至关重要的。在进行采购分析时，一定要结合库存情况。确定采购量以及采购时间，需要考察以下两个方面：参考已发出订单，计算未来到货计划；其次，需要考察供应商的历史供货情况，计算出合适的交货周期和交货数量。

另外，供应商的应变能力是采购分析中很重要的一项内容。采购分析的基础数据来自财务、生产、库存部门。采购分析决策支持系统辅助企业选择最佳的供应商及采购策略，确保采购工作的高质量与高效率。

4. 现金流分析

商业智能基于 ERP 数据库技术的现金流分析，满足企业管理层对各业务部门资金流入、流出情况的查询要求，并实现对各种款项收支的决策分析。决策层通过使用这一功能，进一步提高从现金流量角度决策企业运营的科学化水平。

5. 成本分析

成本分析的最终目的在于加强成本事前控制，同时有助于通过盈亏平衡分析来进行产品的科学定价。管理层不仅应该关心各种费用在总成本中的重要程度，还应考虑对成本改进措施进行决策。成本分析与销售过程发生的销售费用和销售收入一起进行本—量—利的分析，得出决策信息，指导目前的产品定价和以后的产品成本改进。

3.3 财务管理实训

【实训目的】

财务管理是从资金角度进行管理，它强调的是在资金良性循环的条件下资金的增值，是为了能够使企业实现长期稳定的利润而进行的。本实训的目的是让大家了解财务管理的目的及其意义。

【实训项目】

1. 凭证录入
2. 财务报表生成
3. 应收应付管理
4. 固定资产管理

【实训步骤】

1. **凭证录入**

（1）进入财务管理模块，找到功能列表，如图 3-11 所示。

（2）单击"记账凭证"进入总账管理，如图 3-12 所示。

图 3-11　财务管理功能模块

图 3-12　总账管理功能列表界面

（3）选择"凭证管理"就能对财务凭证进行录入。操作人员通过下单模式到凭证管理界面进行财务凭证操作，如图 3-13 所示。

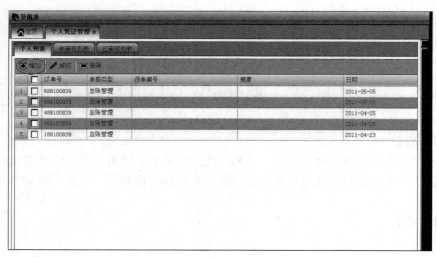

图 3-13　凭证管理界面

（4）单击"增加"按钮则可新建一个凭证录入单，如图 3-14 所示。

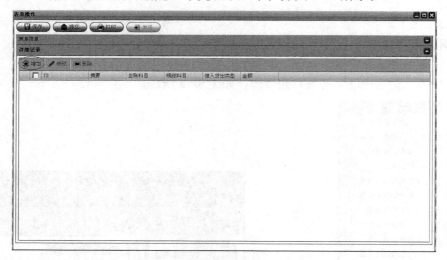

图 3-14　财务凭证增加界面

（5）在详细记录操作栏可以进行记录的管理操作，单击"增加"按钮弹出记录增加界面，如图 3-15 所示。

（6）单击"保存"按钮，弹出成功提示表示操作成功，同时可以看到详细记录里多了一条数据，如图 3-16 所示。

（7）记录添加完成后，完成整个表单的填写，选择复核人，如图 3-17 所示。

（8）选好复核人后，单击"发送"按钮，就能把表单发给复核人审核，如图 3-18 所示。

2．财务报表生成

（1）进入总账管理模块，找到功能列表，选择"财务报表管理"就能进行录入，如图 3-19 所示。

（2）单击"新增"按钮，即可进行财务统计时段录入，界面如图 3-20 所示。

（3）进入财务管理模块，找到功能列表，选择"管理"，对资产进行统计，如图 3-21 所示。

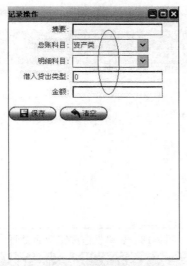

图 3-15 详细记录操作界面

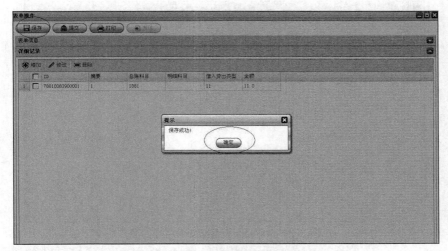

图 3-16 记录添加成功界面

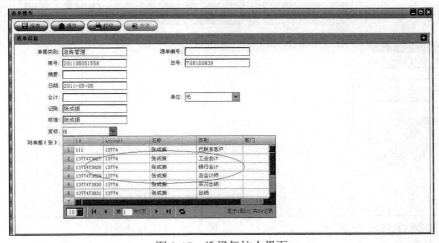

图 3-17 选择复核人界面

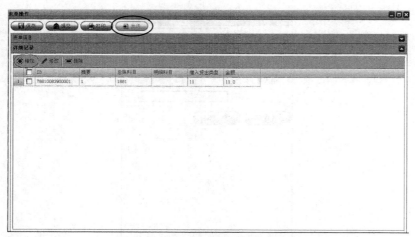

图 3-18　表单发送按钮激活界面

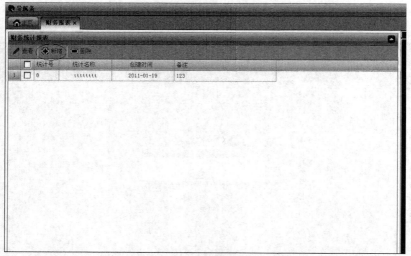

图 3-19　财务报表时间段统计表界面

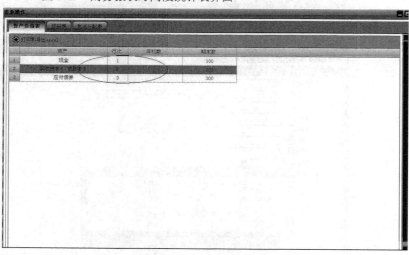

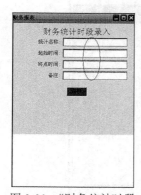

图 3-20　"财务统计时段
录入"界面

图 3-21　3 大报表界面

3．应收应付管理

（1）进入应收应付管理模块，找到功能列表，选择"表单管理"就能进行录入，如图 3-22 所示。

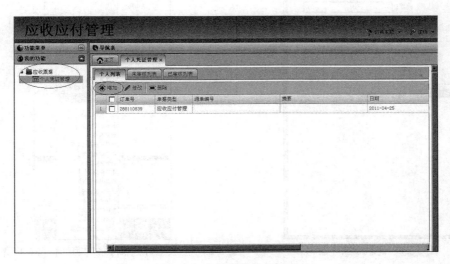

图 3-22　应收应付管理界面

（2）单击"增加"按钮则可以新建一个录入单，如图 3-23 所示。

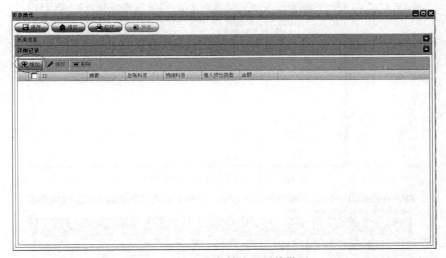

图 3-23　应收应付管理下单界面

（3）在详细操作栏里单击"增加"按钮，就能增加详细资料的记录，如图 3-24、图 3-25 所示。

4．固定资产

（1）进入固定资产管理模块，找到功能列表，选择"表单管理"就能进行录入，如图 3-26 所示。

（2）单击"增加"按钮则可以新建一个新的录入单，如图 3-27 所示。

（3）在详细操作栏里单击"增加"按钮，就能增加详细资料的记录，如图 3-28 所示。

图 3-24　记录添加界面　　　　　图 3-25　应收应付记录添加的明细科目选择界面

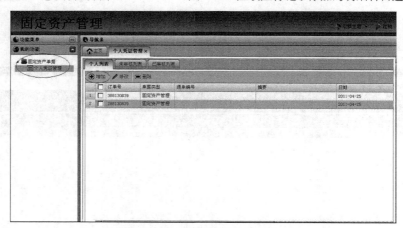

图 3-26　固定资产管理界面

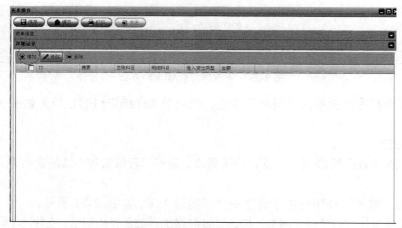

图 3-27　固定资产管理界面

图 3-28　记录添加界面

图 3-29　固定资产管理模块添加明细科目选择界面

本章小结

1. 内容结构

本章内容结构如图 3-30 所示。

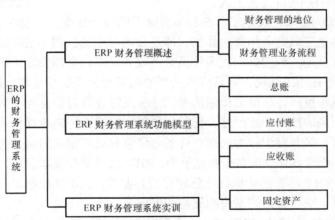

图 3-30　本章内容结构

2. 内容提要

（1）实施 ERP 系统后，财务人员在传统会计模式的数据录入工作由业务部门代替，业务部门录入数据，通过业务模块自动流转到财务模块，并自动生成了会计凭证、明细账、总账、会计报表等，这样大大减少了会计人员核算的工作量，使财务人员可以快速、准确地收集、处理和传递数据，因而大量地减少会计核算人员的人数，但由于 ERP 扩大了财务管理的内涵，使得财务管理在整个系统中变成了中枢地位，大大增加了财务管理的工作量。也就是说合理设置财务机构是发挥 ERP 作用的关键所在。

（2）ERP 财务管理业务流程：采购部门下订单采购——仓库部门接货，开入库单交财务部门——生产部门计算各项费用报财务部门——销售部门根据出库单交财务部门，财务部门根据各种原始凭证登记销售收入、应收账款等，并核算企业的赢利情况。

（3）ERP 财务管理系统的主要模块有总账、应收账款、应付账款和固定资产 4 个。

单元训练

- **理解题**
1. 为什么说财务管理是 ERP 的核心？
2. 财务管理系统主要包括哪几个模块？
3. 财务管理业务流程如何？

- **案例分析题**

中航油集团公司（以下简称 ZHY）是集航空油料的采购、运输、储存、销售为一体，自主经营、独立核算、自负盈亏、具有独立法人资格的经济实体。ZHY 现行的财务核算体制为一级法人、多级核算管理，层次结构为总公司（集团）、地区公司（包括直属公司、合资合营公司和股份制公司）、分公司、供应站。

为了使企业能够得到更好地统一管理，ZHY 通过招标最终选择了 SAP 公司的 R/3 作为自己的企业管理平台，其财务管理模块主要包括了总账（GL）、应收账款（AR）、应付账款（AP）、现金管理及流动资金预测（TR）、成本中心会计（CCA）和获利能力分析（CO-PA）。该项目于 2002 年 1 月 17 日正式上线。

ZHY 组织结构的复杂性决定了其会计核算体系的复杂程度。目前在 ZHY 表面上是二级核算，实质上仍然是三级财务核算的体制。即总公司与地区公司（或直属分公司）分别完全独立核算，其余分公司、供应站与代表处虽然其收入及库存全部隶属于相应的地区公司（或直属分公司），也不在当地纳税，但其成本费用的核算也完全是独立的。ZHY 的业务不仅业务量大，而且地域跨度广，在信息传递的准确性和及时性等方面都存在很大的问题。由于目前我国对成品油市场的控制非常严格，仍然采用国家宏观调控的管理模式，而 ZHY 目前的经营管理比较粗放、经营意识较为淡薄，许多与经营和成本相关的制度还没有建立，为适应整个经营环境的不断市场化，加强企业竞争力，ZHY 就必须在成本费用控制这一环节有质的飞跃。另一方面，ZHY 尽管已认识到降低库存的必要性，但不知压缩库存的同时，又如何保证生产的正常进行，缺乏有力的系统的支持和保证。

请用你所拥有的知识，帮助 ZHY 建立一个数据高度集成、资金能统一管理，通过财务系统的相关指标分析能有效降低企业的经营成本，提高企业生产效益的高效财务系统。

- **实训题**
1. 建立一个新账套。
2. 能对会计科目等增、删、改、查。
3. 完成一个借、贷会计科目的凭证录入。
4. 生成资产负债表和利润表。
5. 维护固定资产管理账目。
6. 维护现金银行等详细科目记录。

第 4 章
ERP 的生产控制系统

学习目标

理论目标：学习和掌握主生产计划、物料需求计划、能力需求计划的基本思想，编制过程及它们之间的关系，了解主生产计划、物料需求计划、能力需求计划的作用以及车间作业的基本过程，掌握主生产计划、物料需求计划、能力需求计划的业务流程。

实务目标：能运用 ERP 系统中的主生产计划、物料需求计划、能力需求计划、车间作业计划模块，生成主生产计划单、物料采购单；能编制能力需求计划；合理安排加工作业，确定生产作业过程。

引导案例

A 公司是一家专业生产和销售清洁剂、消毒剂等相关产品的独资公司，成立于 1987 年。A 公司的母公司是一家专业生产清洁剂、消毒剂的跨国公司，1923 年成立于美国明尼苏达州圣保罗市。作为全球清洁消毒领域的开拓者和领导者，A 公司的母公司多次被《财富》杂志评入世界 500 强企业，并连续 3 年入选美国优秀管理 100 佳企业。自成立以来，A 公司一直致力于向中国各地的宾馆酒店业、餐饮服务业、食品饮料业、旅游行业、零售业、医院、政府机构等行业和机构提供先进的清洁、消毒、虫害控制、设备保养的整体解决方案。成立 20 年来，A 公司为酒店业、餐饮服务业、大型连锁超市、洗衣业、食品饮料行业等领域提供最优化解决方案而深受业内好评。

目前 A 公司在中国有 2 个主要的销售部门——宾馆机构部和食品饮料部。宾馆机构部的主要客户来自于酒店、餐厅、专业洗衣房、超市等服务行业；食品饮料部的客户主要为啤酒厂、饮料厂、乳制品厂等食品加工企业。这 2 个部门的业务一直保持着良好的发展势头，业务遍及了除新疆、西藏外的全国各大省份和城市。A 公司在中国共有 2 个工厂——上海和广州工厂，4 个区域性配送中心——上海、成都、北京和广州配送中心。两个工厂可能生产同一种产品，也可能某种产品只能由其中的一个工厂生产，而 4 个配送中心分布于中国的东西南北 4 个方向，配送范围由其所在的地理位置所决定。这 2 个工厂和 4 个配送中心是公司的核心，承担着产品生产和配送的重任。

从外部环境来看，近年来随着中国经济的飞速发展，奥运会和旅游业的发展带动了酒店业的蓬勃发展，同时也带动了与酒店相关清洁洗涤用品产业的高速发展，国际零售巨头汇集中国，中国市场的巨大潜力日益凸显，如何比竞争对手更全面地提供独特的服务以满足顾客的需求，如何对 A 公司进行更科学有效的管理以维持可持续盈利性高速增长，成为 A 公司高层的关注的主题。从内部环境来看，当前 A 公司在清洗用品的生产管理上存在着多方面的问题，如市场需求预测主观、低效、欠准确度，产品生产计划不科学、不完备、不系统等。又由于公司商业清洗业务的扩大，用于清洗业务的清洁剂、消毒剂、杀虫剂等用品的需求量也随之增大。为更好地适应这一需求，2007 年 1 月，A 公司在广州建立了其国内第二个工厂，这使得公司的清洗用品生产管理更趋复杂化。在多配送中心、多工厂模式下，工厂与产品的生产对应关系更加多样化，各配送中心之间调货关系更加复杂化，这些特点使得生产计划的制定比一般的模式要复杂。由此还造成公司生产管理上的一个比较突出的问题，即产品预测方法和手段落后，仅依靠销售秘书的经验来粗略地预测产品需求数据，导致产品的需求预测未按配送中心分类提供。没有建立起预测和配送中心之间的联系，没有建立明确的"配送中心—工厂"间生产映射表；配送中心调货计划是按照经验根据当前仓库库存制定，没有建立MPS 和调货量之间的关系需求预测；只是用于制定进口原料的物料计划，没有有效利用预测数据来制定工厂主生产计划等。传统的经验方法已无法适应新的企业环境，A 公司急需科学的管理方法，完善市场需求预测方法，建立起系统的主生产计划体系以解决生产管理上的诸多问题，改变管理方法落后的现状，提高管理水平。

生产控制管理将企业整个生产过程有机地结合在一起，使得企业能够有效地降低库存，提高效率。同时将原本分散的各个生产流程自动连接，使得生产流程能够连贯地进行，而不会出现生产脱节以致耽误生产交货时间。生产控制管理是一个以计划为导向的先进的生产、管理方法。首先，企业确定它的一个总生产计划，再经过系统层层细分后，下达到各部门去执行，即生产部门以此生产，采购部门以此采购等。

4.1　主生产计划

4.1.1　主生产计划的基本理论

案例导读

大连新重集团（以下称软件应用企业）作为兼具冷热加工的中小型制造企业，存在着基础管理水平不高，缺乏先进的、规范的管理模式，缺少铸造生产技术和信息技术兼具的专业化人才等一系列在中国中小型铸造企业所特有的通病。同时又有生产地域分散、产品种类繁杂等自身缺陷。还有铸造工序复杂，所需设备、原料和辅料较多，且多为散装，不易管理等行业固有不利因素，使其在生产和管理过程中物资流、信息流不畅通，造成了巨大浪费，使企业利润率一直偏低。为了在残酷的市场竞争环境中不被淘汰出局，该企业决定通过上马 ERP 系统来规范管理、解决企业面临的内部问题。

然而国内缺少现成的"铸造行业最佳业务实践"流程及通用性的 ERP 模块,恰逢用友公司(下称软件开发企业)有此方向的开发意向,故两公司开始携手合作,在 ERP-U9 平台上,通过对企业的管理模式和组织架构重构及业务流程再造,开发具有"铸造行业最佳业务实践"流程及通用性的 ERP 模块。

通过双方多年的不懈努力,软件应用企业的 ERP-U9 系统于 2011 年成功上线。生产管理模块中主生产计划的使用很好地解决了客户临时调货计划多而给企业安排生产带来的不利和浪费,并实现了动态管理,为企业的决策层提供了及时、准确的决策信息,使企业规范了管理,优化了资源,提升了市场竞争力。

1. 主生产计划的作用

在现代企业的运作中,生产计划具有极其重要的作用。它根据销售合同和生产预测,把企业的生产目标具体化。在制造业过程中有关计划一般可以分为 3 种,即综合计划(是销售计划与生产规划计划的综合考虑,较为粗略)、主生产计划及物料需求计划。

主生产计划(Mster Produetion Sehedule,MPS)是确定每一个具体产品在每一个具体时间段的生产计划。它是根据生产计划、预测和客户订单的输入,来安排将来各周期中需要提供的产品种类和数量。主生产计划的管理目的在于提高企业计划的应变能力,减轻管理人员的工作强度,提高准确性,将繁琐的手工工作进行适度的计算机化,使管理人员能及时掌握生产情况,提高企业的服务水平和竞争力。

主生产计划的作用如下所述。

主生产计划是按时间分段方法,计划企业将生产的最终产品的数量和交货期。主生产计划是一种先期生产计划,它给出了特定的项目或产品在每个计划周期的生产数量。这是个实际的详细制造计划,这个计划力图考虑各种可能的制造要求。

主生产计划是 ERP 的一个重要的计划层次。粗略地说,主生产计划是关于"将要生产什么"的一种描述,它根据客户合同和预测,把销售与运作规划中的产品系列具体化,确定出厂产品,使之成为展开 MRP 与 CRP(粗能力计划)运算的主要依据,起着承上启下、从宏观计划向微观过渡的作用。

主生产计划是计划系统中的关键环节。一个有效的主生产计划是生产对客户需求的一种承诺,它充分利用企业资源协调生产与市场,实现生产计划大纲中所表达的企业经营目标。主生产计划在计划管理中起"龙头"模块作用,它决定了后续的所有计划及制造行为的目标。在短期内作为物料需求计划、零件生产计划、订货优先级和短期能力需求计划的依据。在长期内作为估计本厂生产能力、仓储能力、技术人员、资金等资源需求的依据。

2. 影响主生产计划可行性的因素

课堂思考

影响主生产计划准确性的因素有哪些?

主生产计划可行性主要指企业实施 ERP 系统后,制定主生产计划时,根据系统所计算的时间、产品、数量满足国际上对 ERP 实施效益的评估标准(主要指 MPS 的月完成率≥95%)。在 ERP 系统运行过程中,有很多因素影响 MPS 可行性,如主要计划的基础数据不可靠、客户个性化需求导致预测数据不准确和 ERP 系统计划方式不能适应制造企业等。

（1）MPS 基础数据不可靠。ERP 系统所需的基础数据主要通过与 PDM、CAPP 系统集成得到，但由于 MPS 基础数据具有特殊性，需要采用其他技术获取。MPS 基础数据主要包括生产或装配提前期、物料工艺路线中的标准工时（包括工序准备、加工、运输和等待时间）等。提前期可以通过工艺路线的 4 个部分的时间按规定计算得出，也可以设置成固定值，这些数据影响到 MPS 可行性和人力需求等，因此工艺路线的数据起着至关重要的作用。目前 MPS 基础数据主要应用于作业测定技术，提高标准工时的科学性，但在实际应用过程中，由于对作业测定技术还缺乏深入了解和经验不足，因此仍存在一些问题。

（2）需求预测不准确。主要体现在市场变化，需求管理不适应引起 MPS 输入产生误差。

① 所选预测的对象。在卖方市场下进行市场预测，主要选择预测对象是最终产品成品，而市场发展趋势是客户个性需求逐渐增加并呈现多样化，使得企业生产品种多、批量小，导致以最终产品为预测对象存在严重偏差。

② 预测所使用的模型。通常选择加权移动平均法和指数平滑法，加权移动平均法考虑近期数据和各自加权系数，比较难确定使用几期的数据和各期的加权系数，加权移动平均法存在滞后偏差。

（3）MPS 参数和方式不具有适应性。

① 确定 MPS 参数对 MPS 可行性的影响。MPS 中主要的参数有物料生产或装配提前期、制造批量和 MPS 冻结时区等。通常提前期、制造批量在 ERP 系统中是固定的参数，而客户需求多样化导致品种多、批量小，再按照原有方法确定 MPS，就会使得 MPS 缺乏可行性；MPS 冻结参数确定得合理就会减少 MPS 的波动。

② MPS 计划方式对 MPS 可行性产生巨大影响。通常 ERP 系统中把最终产品作为 MPS 计划对象，再用物料需求计划逐层分解之后确定部件、自制件的生产进度计划。制造企业具有自制零件、部件和最终装配产品生产能力，采用上述 MPS 计划方法存在严重累计误差，致使 MPS 缺乏可执行性。

③ 粗能力需求计划对 MPS 的影响。粗能力计划主要是对 MPS 所需关键生产能力进行粗略的评估。粗能力需求计划主要有两种，即资源清单法和分时间周期的资源清单法，它们的区别如表 4-1 所示。因此，ERP 系统选择合适的粗能力需求计划方法对 MPS 可靠性产生影响。

表 4-1　　　　　　　　　　　　两种粗能力计划的方法

项目　方法	优点	缺点	适用范围
资源清单法	建立和维护资源清单比较简单	没有考虑提前期；对负荷估计偏高	计划周期比较长
分时间周期的资源清单法	考虑提前期，计算出负荷可靠性比较高	提前期的设置通常是固定值，与买方市场需求存在距离	分时间周期必须小于累计提前期

4.1.2　主生产计划的编制

1.　相关概念

（1）计划展望期

计划展望期是指主生产计划起作用的时间范围。计划展望期往往与企业的生产性质密切相关。如果某个企业的主要产品的累计提前期只有几天或几周，则该企业的 MPS 的计划展望期就很短。如果某个企业的主要产品的累计提前期需要几个月甚至超过一年，那么，该企业的 MPS 的计划展望期就比较长。通常情况下，MPS 的计划展望期的范围是 3～18 个月，可以按照以下方式确定计划展望期的值：计划展望期的最小值等于产品的累计提前期，最大值是在累计提前期的基础上加上 3～6 个月。

（2）时区和时界

时界对应的英文是 Time Fence，其中，Fence 的中文含义是防卫、防护、栅栏和围墙等。有时 Time Fence 也被翻译为时间栏、时间警戒线。因此，时界表示时间界限，是一个时刻点，是 MPS 中的计划参考点。时界表明了修改计划的难易程度。

在 MPS 中有两个时界点，即需求时界（Demand Time Fence，DTF）和计划时界（Planned Time Fence，PTF）。DTF 常常与产品的总装提前期是一致的，也可以大于总装提前期；PTF 常常与产品的累计提前期是一致的。由于 DTF 和 PTF 都是与具体产品的提前期相关联，因此，DTF 和 PTF 都是动态的数据，随着产品的不同而不同。

在当前时段时，如果某个产品的计划加工和装配时间小于 DTF，则表明该产品已经处于加工和总装阶段，原材料已经投入。因此，一般情况下，该产品的 MPS 是不能轻易调整的。

在当前时段时，如果某个产品的计划加工和装配时间大于 DTF 且小于 PTF，则表明该产品还没有处于加工和总装阶段，但是该产品所需的原材料、毛坯件已经开始采购了。此时该产品的 MPS 不能由 ERP 系统自动调整。如果需要调整，应该由 MPS 计划员来手工操作。

在当前时段，如果某个产品的计划累计提前期大于 PTF，表明该产品处于没有开始采购和加工的阶段。此时该产品的 MPS 可以由 ERP 系统根据变化自动调整。

时区的英文是 Time Zone，其中，Zone 的中文含义是层、圈、地区、区域等。Time Zone 的直译为时间区间，时区是简称。时区用于描述在某个时刻某个产品在其计划展望期中所处的位置。

一般情况下，时区可以分为时区 1、时区 2 和时区 3。时区 1 等于产品的总装提前期，也被称为需求时区。时区 1 中的订单是下达订单，该订单中的产品已经开始制造，这些产品的计划不能轻易地被调整。时区 2 等于产品的累计提前期，也被称为计划时区。时区 2 中的订单是确认订单，表示时区 2 订单中的产品数量和时段不能由 ERP 系统自动调整，只有 MPS 计划员才可以修改。时区 3 等于总提前期或计划展望期，也被称为预测时区。时区 3 中的订单是计划订单，这种订单中的数据在情况发生变化时可以由 ERP 系统自动调整。

时界和时区是 MPS 计划员管理和控制计划变动、确保计划稳定的重要手段。

（3）时段

时段对应的英文是 Time Bucket。Bucket 的中文意思是桶、水桶。因此，Time Bucket 的直译是时桶，时段是意译，表示时间持续的一个长度单位，也有人把时段称为 Time Period，含义是整个时间过程中的一段时间。但是，有些人把时段理解成时间周期，这是不合适的，周期对应的英文是 Cycle，隐含着反复出现的意思，然而无论是 Bucket，还是 Period，其含义都是时间持续的一个长度单位，没有反复出现的意思。

因此可以说，时段是描述计划的时间粒度单位。划分时段的目的是为了准确说明计划在各个时段上的需求量、计划量和产出量。通常采用的时段粒度是天、周、旬、月、季、年等。如果计划的时段粒度是天，则比天时段粒度大的周、旬、月、季、年等时段粒度主要用于对计划工作的监视、统计、输出报表等。

计划中的时段粒度越小，则该计划越容易得到准确的描述、执行和控制。为了阅读上的方便，跨度比较长的计划往往采用近细远粗的汇总方式呈现出来。例如，如果某个产品的累计提前期是 9 个月，则该产品的计划可以采取当前周按照天时段、当前月按照周时段以及计划后期的工作按照月时段的汇总方式，提供给有关管理和监控部门。但是，无论如何汇总，该计划的粒度依然是天时段。

从上述分析对比，可得如表 4-2 所示的时区、时界、时段与计划变动的关系。

表 4-2　　　　　　　　　　时区、时界、时段及与计划变动的关系

时区	1（需求时区）			2（计划时区）					3（预测时区）			
时段	1	2	3	4	5	6	7	8	9	10	11	12
跨度	总装提前期			累计提前期（加工、采购）					累计提前期以外			
需求依据	合同			合同与预测取舍两者之大值					预测			
订单状况	下达			下达及确认					计划			
计划变动难易	难，代价极大			系统不能自动更改 人工干预 改动代价大					系统自动更新			
计划变动审批权	厂长			主生产计划员					计划员			
临时需求	临时需求小于可供销售量			临时需求小于可供销售量，通过 主生产计划员					无限制			

2. 主生产计划的约束条件

编制主生产计划（MPS）时要确定每一具体的最终产品在每一具体时间段内的生产数量。它所需要满足的约束条件包括以下两项。

（1）主生产计划所确定的生产总量必须等于总体计划确定的生产总量。该约束条件包括以下两个方面。

① 每个月某种产品各个型号的产量之和等于总体计划确定的该种产品的月生产总量。

② 总体计划所确定的某种产品在某时间段内的生产总量（也就是需求总量），应该以一种有效的方式分配在该段时间段内的不同时间生产。

当然，这种分配应该是基于多方面考虑的，如需求的历史数据、对未来市场的预测、订单以及企业经营方面的其他考虑。此外，主生产计划既可以周为单位，也可以日、旬或月为单位。当选定以周为单位以后，必须根据周来考虑生产批量（断续生产的情况下）的大小，其中重要的考虑因素是作业交换成本和库存成本。

（2）在决定产品批量和生产时间时，必须考虑资源的约束。与生产量有关的资源约束有若干种，如设备能力、人员能力、库存能力（仓储空间的大小）、流动资金总量等。在制定主生产计划时，必须首先清楚地了解这些约束条件，根据产品的轻重缓急来分配资源，将关键资源用于关键产品。

3. 主生产计划的编制原则

主生产计划是根据企业的能力确定要做的事情，通过均衡地安排生产，实现生产规划的目标，使企业在客户服务水平、库存周转率和生产率方面都能得到提高，并及时更新，保持计划的切实可行和有效性。主生产计划中不能有超越可用物料和可能能力的项目。在编制主生产计划时，应遵循以下一些基本原则。

（1）最少项目原则。用最少的项目数进行主生产计划的安排。如果 MPS 中的项目数过多，就会使预测和管理都变得困难。因此，要根据不同的制造环境，选取不同的产品结构级，进

行主生产计划的编制。使得在产品结构这一级的制造和装配过程中，产品（或）部件选型的数目最少，以改进管理评审与控制。

（2）独立具体原则。要列出实际的、具体的可构造项目，而不是一些项目组或计划清单项目。这些产品可分解成可识别的零件或组件。MPS 应该列出实际要采购或制造的项目，而不是计划清单项目。

（3）关键项目原则。列出对生产能力、财务指标或关键材料有重大影响的项目。对生产能力有重大影响的项目，是指那些对生产和装配过程起重大影响的项目，如一些大批量项目、造成生产能力的瓶颈环节的项目或通过关键工作中心的项目。对财务指标而言，指的是与公司的利润效益最有关的项目，如制造费用高、含有贵重部件、昂贵原材料、高费用的生产工艺或有特殊要求的部件项目，也包括那些作为公司主要利润来源的，相对不贵的项目。而对于关键材料而言，是指那些提前期很长或供应厂商有限的项目。

（4）全面代表原则。计划的项目应尽可能全面地代表企业的生产产品。MPS 应覆盖被该 MPS 驱动的 MRP 程序中尽可能多数的组件，反映关于制造设施，特别是瓶颈资源或关键工作中心尽可能多的信息。

（5）适当裕量原则。留有适当余地，并考虑预防性维修设备的时间。可把预防性维修作为一个项目安排在 MPS 中，也可以按预防性维修的时间，减少工作中心的能力。

（6）适当稳定原则。在有效的期限内应保持适当的稳定。主生产计划制定后，在有效的期限内应保持适当的稳定，那种只按照主观愿望随意改动的做法，将会引起系统原有合理的正常的优先级计划的破坏，削弱系统的计划能力。

4．主生产计划编制的技巧

（1）主生产计划与总体计划的连接。在主生产计划的基本模型中，并未考虑利用生产速率的改变、人员水平的变动或调节库存来进行权衡、折中。但是，总体计划是要考虑生产速率、人员水平等折中因素的，因此，在实际的主生产计划制定中，是以综合计划所确定的生产量而不是市场需求预测来计算主生产计划量。也就是说，以总体计划中的生产量作为主生产计划模型中的预测需求量。总体计划中的产量是按照产品系列来规定的，为了使之转换成主生产计划中的市场需求量，首先需要对其进行分解，分解成每一计划期内对每一具体型号产品的需求。在做这样的分解时，必须考虑到不同型号、规格的适当组合，每种型号的现有库存量和已有的顾客订单量相等，然后将这样的分解结果作为主生产计划中的需求预测量。

总而言之，主生产计划应是对总体计划的一种具体化，当主生产计划以上述方式体现了总体计划的意图时，它就成为企业整个经营计划中一个重要的、不可或缺的部分。

（2）主生产计划的"冻结"（相对稳定化）。主生产计划是所有部件、零件等物料需求计划的基础。由于这个原因，主生产计划的改变，尤其是对已开始执行、但尚未完成的主生产计划进行修改时，将会引起一系列计划的改变以及成本的增加。当主生产计划量要增加时，可能会由于物料短缺而引起交货期延迟或作业分配变得复杂；当主生产计划量要减少时，可能会导致多余物料或零部件的产生（直至下一期主生产计划需要它们），还会导致将宝贵的生产能力用于现在并不需要的产品。当需求改变，从而要求主生产量改变时，类似的成本也会发生。

为此，许多企业采取的做法是，设定一个时间段，使主生产计划在该期间内不变或轻易不得变动，也就是说，使主生产计划相对稳定化，有一个"冻结"期。"冻结"的方法可有多种，代表不同的"冻结"程度。

一种方法是规定"需求冻结期"，它可以包括从本周开始的若干个单位计划期，在该期间内，没有管理决策层的特殊授权，不得随意修改主生产计划。例如，将主生产计划设定为 8 周。在该期间内，没有特殊授权，计划人员和计算机（预先装好的程序）均不能随意改变主生产计划。

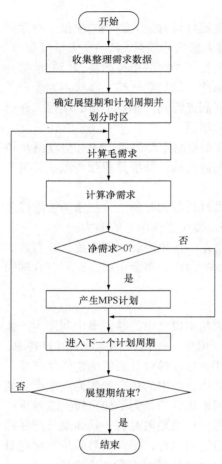

图 4-1 主生产计划初步编制流程

另一种方法是规定"计划冻结期"。计划冻结期通常比需求冻结期要长，在该期间内，计算机没有自主改变主生产计划的程序和授权，但计划人员可以在两个冻结期的差额时间段内根据情况对主生产计划作必要的修改。在这两个期间之外，可以进行更自由的修改，例如，让计算机根据预先制定好的原则自行调整主生产计划。这几种方法实质上只是对主生产计划的修改程度不同。例如，某企业使用 3 个冻结期，8 周、13 周和 26 周。在 8 周以内，是需求冻结期，轻易不得修改主生产计划；在 8～13 周，主生产计划仍较呈刚性，但只要零部件不缺，可对最终产品的型号略作变动；在 13～26 周，可改变最终产品的生产计划，但前提仍是物料不会发生短缺；26 周以后，市场营销部门可根据需求变化情况随时修改主生产计划。

总而言之，主生产计划冻结期的长度应周期性地审视，不应该总是固定不变。此外，主生产计划的相对冻结虽然使生产成本得以减少，但也同时减少了响应市场变化的柔性，而这同样是要发生成本的。因此，还需要考虑二者间的平衡。

5. 主生产计划的编制过程

（1）主生产计划的初步计划编制步骤如图 4-1 所示。可见，主生产计划的初步计划编制包括以下几个步骤。

① 根据生产规划和计划清单确定对每个最终项目的生产预测。它反映某产品类的生产规划总生产量中预期分配到该产品的部分，可用于指导主生产计划的编制，使得主生产计划员在编制主生产计划时，能遵循生产规划的目标。

② 确定时间界限，包括展望期、时区、时界和时段。

③ 根据生产预测、已收到的客户订单、配件预测以及该最终项目的需求数量，计算各时段的毛需求量。

④ 根据当前库存、期望的安全库存、已存在的客户订单、其他实际需求等数据计算净需求量。

⑤ 如果净需求量大于零，则根据事先确定好的批量规则，以及安全库存量和期初预计可用库存量，自动计算各时段的计划产出量和预计可用库存量。

⑥ 如果净需求量小于等于零，则不需要生产，直接进入下一个时段的计划安排。

⑦ 如此往复，直至整个展望期结束。

（2）主生产计划关键指标的含义。

① 毛需求量（Gross Requirement）。在计算主生产计划项目的毛需求量时，要充分考虑该项目所在的时区（需求时区、计划时区和预测时区）。

- 在需求时区内，订单已经确定，客户需求便取代了预测值，此时毛需求量为客户订单数量。

- 在计划时区内，需要将预测需求和实际需求加以合并，此时毛需求量通常为实际需求或预测数值中的较大者。

- 在预测时区内，毛需求量为预测值，如表 4-3 所示。

表 4-3　　　　　　　　　　　　　　毛需求计算表

时区	需求时区			计划时区			预测时区			
计划周期	1	2	3	4	5	6	7	8	9	10
预测值	60	80	75	75	70	80	80	85	85	80
订单量	55	85	70	70	80	85				
毛需求量	55	85	70	75	80	85	80	85	85	80

② 计划接收量（Scheduled Receipts）。计划接收量是指前期已经下达的，在计划期内某个时段内的产出数量，即以前计划的产出量。

③ 预计可用库存量（Projected Available Balance）。预计可用库存量是指某个时段的期末库存量，要扣除用于其他用途的已分配的数量，可以用于需求计算的那部分库存。

$$预计可用库存量=前一期期末的可用库存量+本期计划接受量-本期毛需求量$$
$$+本期计划接收量$$

④ 安全库存量（Safety Stock）。安全库存量是指为了防止由于不确定因素（如突发性大量订货或供应商延期交货）影响订货需求而准备的缓冲。

⑤ 净需求量（Net Requirement）。净需求量是满足毛需求量和安全库存量后，多余的目标数量，计算净需求量要综合毛需求量和安全库存量，并考虑期初的结余与本期的计划产出数量计算。它表示还需要什么，是 MPS 编制的触发器。

$$净需求量=本期毛需求量-前一期末的可用库存量-本期计划接收量+安全库存量。$$

当 PAB（预计可用库存量）初值≥安全库存，净需求=0。

当 PAB 初值＜安全库存，净需求=安全库存-PAB 初值。

⑥ 批量规则（Lot Sizing）。为了降低企业的生产成本，企业可以根据自己生产的具体情况来选择符合自己的生产批量。在实践中，常用的决定批量的方法包括静态方法和动态方法两类。常用的静态方法有固定批量法、经济订货批量法。动态方法有直接批量法、固定周期批量法等。

- 直接批量法。直接批量法是最简单的动态批量方法。它将每个时期对项目的净需求量，直接用作订货批量。

直接批量法最适于价格昂贵的项目采购，因为它不保存无用的批量库存，订货量恰好等于净需求量，随每次净需求的变化而改变。一般来说直接批量法不适用于标准件和通用件。

- 固定批量法。该方法批量为一固定值。在 MRP 计算时，将净需求量与此固定批量值相比较，如净需求小于或等于该批量，计划订购量等于批量，否则计划订购量等于净需求量。固定批量值由下列因素确定：由于制造过程生产能力的限制，订货数量低于生产负荷能力，经济效益会受影响，因而将它们定为固定批量；运输能力受包装容器大小的限制，受物料尺寸和重量的限制，也受逻辑上的订货倍数（如打、箱等）限制。

- 经济订货批量（EOQ）法。EOQ 法是在保证生产正常进行的前提下，以库存支出的总费用最低为目标，确定订货（生产）批量的方法。在项目采购中，经济订货批量的计算必须在已知计划期间的需求量、每批工装调整费、项目每单位在计划期间的保管费等数据的情况下，才能计算出来。算出结果后，就将之作为一定期间内的订货批量，直到各项费用和需求数量有较大的变动时才会有所变动。因此，EOQ 是一种静态批量法，它不太适于需求波动很大和项目价值很昂贵的情况。

- 固定周期批量法。固定周期批量法生成订单的订货量等于固定的几个周期的净需求量之和。使用固定周期批量法，订货的间隔期保持相对稳定，但订货量可能随需求的不同而变化。以上各种方法计算出的批量在项目实际采购过程中，有时要根据实际情况做一些调整，即最大批量和最小批量。通过估计生产负荷及处理订单能力，项目采购部门可以确定批量的最高和最低限额。实际采用的批量应不大于最大批量，不小于最小批量；由于考虑到运输或生产能力等因素，订货量应为某特定值的整数倍。这个特定值是由设备的生产能力或运输容量等所决定的。

⑦ 计划产出量（Planned Order Receipts）。计划产出量是为了满足净需求，系统根据设定的批量计算得出的供应数量。这时计算的是建议数量，不是计划的投入数量。

当净需求>0 时，计划产出量=N×批量。

⑧ 计划投入量。计划投入量是系统根据规定的提前期、计划产出量和成品的合格率，计算得出的投入数量。说明"什么时间下达计划"。计划投入量是计划产出量的提前期的投入量。

⑨ 可供销售量。由于按设定的批量投产，并补足了安全库存，计划产出量经常会出现大于净需求的情况。此外，若预测值大于合同量，毛需求取预测值也会出现产出大于实际合同需求的情况。

在某个计划产出时段范围内，计划产出量超出下一次出现计划产出量之前各时段合同量之和的数量，是一种多余的库存，可以随时向客户出售，这部分数量称之为可供销售量（ATP）。

这个信息主要是供销售部门决策用的，它是销售人员同临时来的客户洽商供货条件时的重要依据，通俗的意思是："我还有多少没有买主的存货可卖"。因此，我们称之为"可销售"，而不称"可定货""可签约"或直译"可承诺"。可供销售量的计算方法如下。

可供销售量（ATP）=某时段计划产出量（含计划接收量）-下一次出现计划产出量之前各时段合同量之和

可供销售量中应当包括安全库存，因为安全库存的作用就是为了弥补供需两个方面的不确定因素。软件应有累计可供销售量的功能，随着时间的推进，把早期未售出的可供销售量自动转入当前期。有的供应链管理软件允许设置安全库存为不可动用，但从安全库存的作用来看，道理上讲不通，似乎无此必要。

（3）主生产计划初步编制实例。

已知某企业要生产一机芯，现有条件为：计划时段分为 8 个时段，需求时界为 3，计划时界为 8，现有库存量 80，安全库存量为 50，生产批量为 100，生产增量也为 100，生产提前期为 1。根据上述各指标的含义，可以得到以下生产计划表。

① MPS 横式报表，如表 4-4 所示。

表 4-4　　　　　　　　　　　　　MPS 横式报表

物料号：1000002　物料名称：机芯　　计划时期　　2015/03/29　　计划员：王冰
现有库存量：80　安全库存量：50　批量：100　批量增量：100
提前期：1　需求时界：3　计划时界：01　　　　　　　　　　　　　　　　单位：台

时期	当期	1 04/04	2 04/11	3 04/18	4 04/25	5 05/01	6 05/08	7 05/15	8 05/22
预测值		60	60	60	60	60	60	60	60
合同量		110	80	50	70	50	60	110	150
毛需求		100	80	50	70	60	60	110	150
计划接收量	100								
PAB 初值	现有量 80	70	−10	−60	−130	−190	−250	−360	−510
预计库存量	现有量 80	70	90	140	70	110	50	140	90
净需求量			60	10		40		110	60
计划产出量			100	100		100		200	100
计划设入量		100	100		100		200	100	100
可供销售量（ATP）		70	20	−20		10		90	−50
ATP（调整后）		70				10		40	

② MPS 竖式报表，如表 4-5 所示。

表 4-5　　　　　　　　　　　　　MPS 竖式报表

物料号：1000002　　物料名称：机芯　　计划时期　　2015/03/29　　计划员：王冰
现有库存量：80　　安全库存量：50　　批量：100　批量增量：100
提前期：1　需求时界：3　计划时界：01　　　　　　　　　　　　　　　　单位：台

措施	供给				需求			库存
	加工单号	产出量	投入日期	产出日期	毛需求	需用日期	需求追溯	结余
下达					110	2015/04/04	合同 511	70
	204041	100	2015/04/04	2015/04/11	80	2015/04/11	合同 513	90
	204111	100	2015/04/11	2015/04/18	50	2015/04/18	合同 524	140
确认					60	2015/04/25	合同 533	80
	204251	100	2015/04/25	2015/05/01	60	2015/05/01	合同 535	60
					20	2015/05/01	预测	100
					40	2015/05/08	合同 546	60
	205081	200	2015/05/08	2015/05/15	130	2015/05/15	合同 549	130
	205151	100	2015/05/15	2015/05/22	80	2015/05/22	合同 552	150
安全库存	计划	100	2015/05/22	2015/05/29	70	2015/05/29	合同 560	150
					20	2015/05/29	预测	160
					80	2015/06/06	预测	80
	计划	100	2015/06/06	2015/06/13	50	2015/06/13	合同 566	70
					60	2015/06/13	预测	70

（4）主生产计划的完善阶段。当 MPS 项目的初步计划基本完成，还需要进行粗能力平衡、评价 MPS 等工作。涉及的工作包括编制粗能力计划、评估主生产计划、下达主生产计划等。

① 粗能力计划（Rough-Cut Capacity Planning，RCCP）。粗能力需求计划是判定 MPS 是

否可行的工具。RCCP 的作用是把 MPS 中计划对象的生产计划转变成对工作中心的能力需求。在这里，MPS 中的生产计划是生产负荷，关键工作中心能力是生产能力。如果生产能力大于或等于生产负荷，则 MPS 是可行的。否则，MPS 是不可行的。没有经过 RCCP 判定的 MPS 是不可靠的，因为企业可能无法完成 MPS 中的计划任务。

通常情况下，RCCP 的对象是企业中的关键资源。这些关键资源通常包括物、资金和人，有有形和无形之分，如以下的管理约束。

- 瓶颈工作中心，其加工能力可能是有限的。
- 供应商，其供货能力可能是有限的。
- 自然资源，企业可用的物料可能是有限的。
- 专门技能，企业必须但是缺乏的人才。
- 不可外协的工作，例如，由于涉及商业机密，本身能力不足但又不能外协扩散的工作。
- 资金，企业可用的资金可能是有限的。
- 运输，企业的运输能力可能是有限的。
- 仓库，企业用于保管物料的仓库空间可能是有限的。

与能力需求计划相比，RCCP 主要是计算关键资源的能力和负荷，使得整个能力平衡的工作得到大大的简化，不涉及工艺路线等基础数据的细节，能力平衡需要的时间也大大缩短，提高了能力平衡的效率，因此便于在早于 MRP 的 MPS 阶段进行能力平衡工作，减轻后期详细能力平衡工作的压力。

但是，由于 RCCP 忽略了很多影响因素，经过 RCCP 平衡的计划也存在许多缺点。这些缺点主要表现在：第一，可信度差，因为 RCCP 只考虑关键资源，但在某些情况下，非关键资源也可能变成关键资源，因此，经过 RCCP 平衡的计划很难保证其总是可行的；第二，与实际生产有偏差，因为 RCCP 不考虑 MPS 计划对象的现有库存量、在制量和实际的提前期等数据，因此，RCCP 的平衡结果肯定与实际生产存在偏差；第三，RCCP 只宜作为中长期计划的能力平衡手段，对企业的生产大纲和 MPS 等的可行性具有指导性意义，但是，由于 RCCP 本身不是一种实际的、精细的能力平衡方式，因此，它无法应用于短期作业计划的平衡。

② 评价 MPS。一旦初步的主生产计划测算了生产量，测试了关键工作中心的生产能力，并对主生产计划与能力进行平衡之后，初步的主生产计划就确定了。下面的工作是进行主生产评估。对存在的问题提出建议，同意主生产计划或者否定主生产计划。

如果需求和能力基本平衡，则同意主生产计划。

如果需求和能力偏差较大，则否定主生产计划，并提出修正方案，力求达到平衡。调整的方法如下。

- 改变预计负荷，可以采取的措施主要有重新安排毛需求量，并通知销售部门拖延订单、终止订单等。
- 改变生产能力，可以采取的措施主要有申请加班、改变生产工艺、提高生产率等。
- 批准和下达主生产计划。在 MRP 运算以及细能力平衡评估通过后，批准和下达主生产计划。

6. 主生产计划的修改

（1）一旦主生产计划的时界确定好之后，一般不希望改动主生产计划，因为此时改动主生产计划的成本太高，特别是在需求时界之内。但若发生以下情况，计划将不得不改变。

① 某用户变更或取消订单。

② 可利用的生产能力发生变化（设备故障等）。

③ 无法提供计划用的原材料，不得不停止生产。

④ 供方失约。

⑤ 出现过多的废品。

（2）修改 MPS 将产生以下影响。

① 影响对用户的服务：某一项目的改变，会影响到其他项目的计划。

② 成本增加：如果某项改变牵扯到加班，则将增加劳动成本，如果涉及更换机械或工作中心的配置，则将产生生产准备和转换费用，如果涉及储备额外的库存，则将产生库存储备和相关费用。

③ 所用物料改变：如果需求量增加，原来为其他需求所安排的原材料或零部件必须挪用；如果需求量减少，则已采购的原材料不得不积压。

（3）修改 MPS 的方法如下。

① 全重排法（Regeneration）。全重排法是指完全重新制定主生产计划，重新展开物料清单，重新编排物料需求的优先顺序。原有计划订单都会被系统删除并重新编排。

全重排法的好处是计划全部理顺一遍，避免差错。重排计划的间隔时间要根据产品结构的复杂程度、物料数量的多少、对计划准确度的要求、计划少动影响面的大小、计算机的档次和运行速度等因素分析确定。

有的企业产品比较简单，对所有产品的计划全重排一次的时间只需十几分钟或个把小时，可根据情况及时运行或在夜班运行，尽早提出修订好的计划，不一定要等到周末。复杂产品全重排的运行时间虽然比较长，但即使如此，也是手工管理无法比拟的。

② 净改变法（Net Change）。净改变法是系统只对订单中有变动的部分进行局部修改，一般改动量比较小，如只变动部分产品结构、需求量、需求日期等。运行时，只展开受变动影响的部分物料，修改量小，运算时间快，可以随时进行，一般用于计划变动较多但影响面不大的情况。但是，大量频繁地局部修改会产生全局性的差错，因此，隔一定时间还有必要用全重排法把全部物料的需求计划全面理顺一遍。一般软件都提供两种修订计划的功能，但全重排法总是不可少的。修订计划时，应充分利用系统的模拟功能。计划模拟可以在不打乱现有数据、不妨碍正常运行的情况下相并运行。ERP 不是一种优化程序，但可以通过模拟对比，在几个可行的方案中选择最佳方案。

与全重排方式相比较，净改变方式使系统能够做到以下几点。

- 减少每次发布主生产计划后进行需求计划运算的工作量。
- 在两次发布主生产计划的间隔，也可以对计划中的变化进行处理。
- 连续更新，及时地产生输出报告，从而可以尽早通知管理人员采取相应的措施。

从系统使用人员的角度看，净改变式系统最突出的优点是它能对状态变化迅速地作出反应。

净改变法的不足在于系统常常过于敏感，可能会要求人们不断修正已进行的作业，特别是对那些不能随意更改到货日期的已下达的采购订单。

为了修正上述不足，我们可以让系统不断地给出最新信息，根据系统提供的新信息，采购员可以不立即采取行动，但必须密切关注这些新信息，即人为地抑制过度的系统敏感性。

4.1.3 主生产计划的设计

1. 主生产计划的需求分析

通过对企业的调研发现，企业的业务流程相对复杂，以生产计划为主线，对企业制造的各种资源进行统一的计划和控制，使企业的物流、信息流、资金流流动畅通及动态反馈，同时涉及业务部门比较多。

企业接受订单或作出销售预测计划后形成销售计划，然后根据销售计划进行主生产计划的制定。通过人工干预和均衡安排，使得在一段时间内主生产计划量和预测及客户订单在总量上相匹配，而不要求在每个具体的时刻上均与需求相匹配。在这段时间内，即使需求发生很大的变化，只要需求总量不变，就可以保持主生产计划不变，从而得到一份相对稳定和均衡的生产计划。

（1）系统的功能需求。首先要实现动态管理，只有采用动态管理技术对数据进行动态管理，才能及时准确地反映事物的实际参数。其次要实现辅助决策功能，利用数据库技术、计算和统计方法，对数据进行专业加工，形成有价值的数据。

（2）系统的数据需求。系统开发中要考虑数据安全性、完整性以及数据集中控制原则，基于此，采用最新的 Web 技术和目前流行的浏览器、应用服务器、数据库服务器的三层体系结构，客户端采用瘦客户机形式，只安装浏览器，这样的结构易于统一管理和维护。数据库服务器对数据集中统一管理。

2. 主生产计划设计

在分析了主生产计划系统的基本功能需求后，根据每类具体的功能，分析实现该功能所需要的数据，开发具有兼容性的主生产计划子系统。

（1）MPS 的数据流。ERP 系统的所有目的归根到底是数据的管理，数据流动是它的精髓。因此，MPS 数据流动的正确与否直接影响到整个系统的运行质量。数据流也是系统实现的重要依据。MPS 系统的数据流如图 4-2 所示。

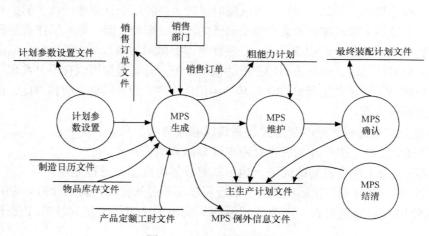

图 4-2　MPS 系统的数据流

（2）系统功能模块的划分。主生产计划子系统主要分为基础数据、计划过程、信息查询 3 个模块。在基础数据中，又分为计划参数设置、MPS 统计期生成、任务号生成方式；在计划过程中，分为主生产计划生成、模拟主计划查询与确定、主计划调整；在信息查询中分为主计划查询、主计划明细查询、任务跟踪查询和可签合同查询，如图 4-3 所示。

基础数据是主生产计划系统的基石,是该子系统的必要数据输入部分,多以销售预测、销售订单、产品 BOM、产能参数等数据为录入的基础数据,其准确性与否直接影响到系统运行效果。

在计划过程中,对录入的销售预测、销售订单、产品 BOM、产能参数等数据进行处理,再以粗能力或细能力平衡负荷,即系统中的 MRP 运算,编制出主生产计划。从主生产计划编制过程可以看出这是一个多次运算、反复修正再确定的过程,系统需要支持多次模拟功能,经过多次运算,得到多种主生产计划方案,最终由计划者根据生产实际情况从众多方案中选定一个切实可行的主生产计划,体现了人工干预主生产计划编制的思想。

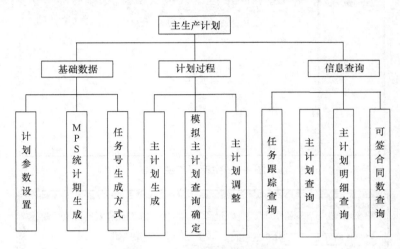

图 4-3 主生产计划功能模块

在信息查询模块中,使用者只被分配了查询权限,因此仅能对主生产计划及明细、任务跟踪情况和可签合同情况等信息进行查询,无法对这些信息数据和销售订单、产品 BOM、产能参数等相关基础数据进行修改,故此不会对其他模块中已生成的数据产生数据影响。

由此可见主生产计划系统的处理原则是:将人的管理经验与计算机的先进技术、科学管理方法结合起来,以人机交互的方式实现生产计划的编制以此提高了主生产计划编制的准确性、科学性和可行性,使编制的生产计划具有良好的可操作性,为企业在生产管理系统中编制主生产计划提供一个行之有效解决方案。

4.1.4 主生产计划实训

【实训目的】

制定主生产计划能预计生产成本与产量,同时根据市场变化情况有效控制资源的浪费与流失。同时也能防止人为提高或降低成本差异率,了解主生产计划的制定过程。

【实训项目】

1. 生成生产订单
2. 创建 BOM 表
3. 生成主生产计划

【实训步骤】

1. 生产订单

(1)进入生产订单模块,找到功能列表,选择"表单管理"就能进行录入。操作人员通过表单管理界面进行操作，如图 4-4 所示。

（2）单击"增加"按钮，进行信息的录入，如图 4-5 所示。

（3）在录入信息时注意要选择业务合同，确认无误后进行保存并提交，如图 4-6 和图 4-7 所示。

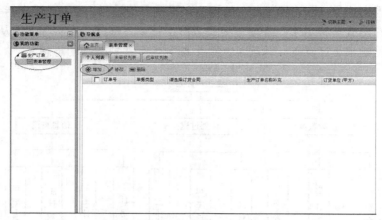

图 4-4　生产订单主界面

图 4-5　进行信息录入

图 4-6　保存业务合同

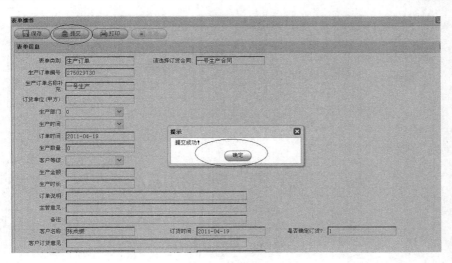

图 4-7　提交业务合同

（4）提交成功后，单击下面的详细信息，可以看到信息会自动生成，无需专门填写，如图 4-8 所示。

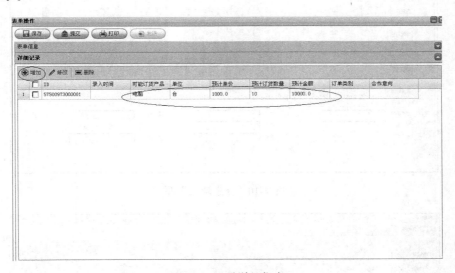

图 4-8　显示详细信息

2．BOM表

（1）进入物品结构 BOM 表模块，找到功能列表，选择"表单管理"就能进行录入。操作人员可以到表单管理界面进行操作，如图 4-9 所示。

（2）单击"增加"按钮，进行信息的录入，如图 4-10 所示。

（3）选择好物品后，单击详细记录，对详细信息进行录入，如图 4-11 所示。

（4）单击"增加"按钮，可以增加详细信息，如图 4-12 所示。

3．生产计划

（1）进入生产计划模块，找到功能列表，选择"表单管理"就能进行录入。操作人员在表单管理界面进行操作，如图 4-13 所示。

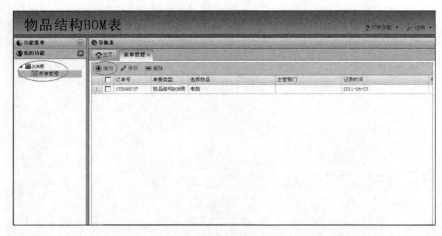

图 4-9　表单管理界面

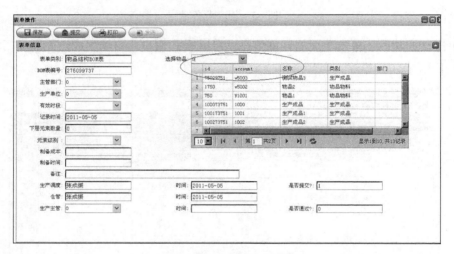

图 4-10　信息录入界面

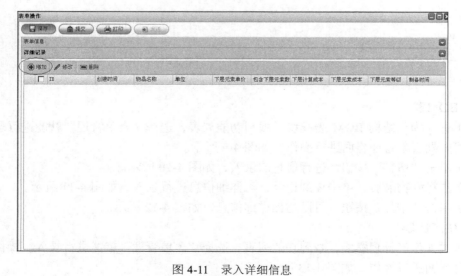

图 4-11　录入详细信息

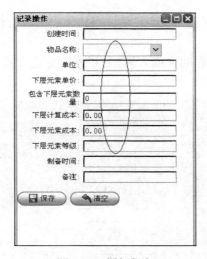

图 4-12 增加信息

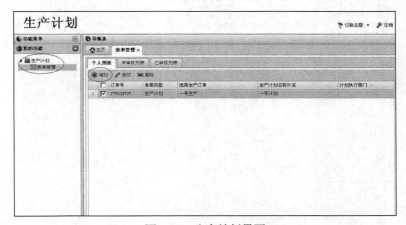

图 4-13 生产计划界面

（2）单击"增加"按钮，进行信息录入，如图 4-14 所示。

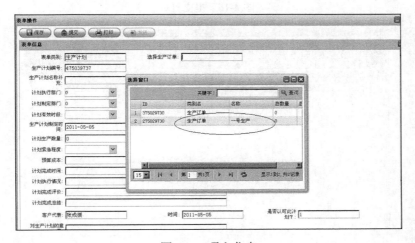

图 4-14 录入信息

（3）在录入信息时注意要选择生产订单，确认无误后进行保存，并提交，如图 4-15、图 4-16 所示。

（4）提交成功后，单击下面的详细信息，可以看到信息会自动生成，无需填写，如图 4-17 所示。

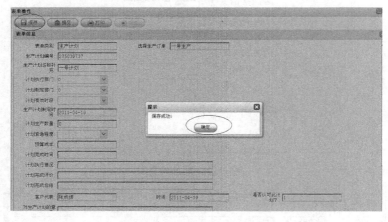

图 4-15　保存订单

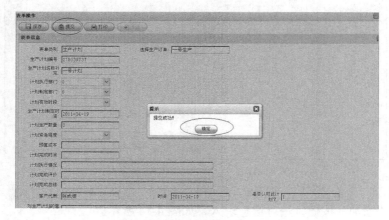

图 4-16　提交订单

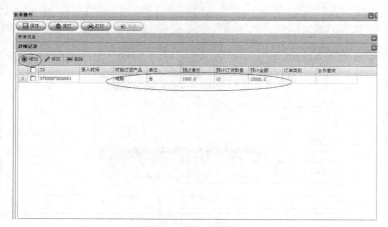

图 4-17　生成详细信息

4.2　物料需求计划

奇华顿是全球较大的生产香精香料的公司之一，是一家充满活力的经验非常丰富的传统公司。

但是随着市场经济的发展，客户需求的变化越来越频繁，要求也越来越严格精细，企业在有限的资源条件下，要想快速响应，完成生产计划，就必须随着客户需求和资源约束条件的变化而随时修正生产计划。这样一个朝令夕改的主生产计划不利于公司获得有效数据计算净需求数量，也使得公司正在编制的采购计划与最终的生产计划需求之间总是出现偏差。因为编制时输入的需求数据随着时间发生了变更，而公司按照最初时的输出计划执行后，已经无法和变化后的主生产计划进行匹配了。

为了降低这种不稳定性，公司采取冻结最近一个时间段内的主生产计划，不再允许或不得轻易对其进行变更的方法，使主生产计划相对稳定化。对于销售预测信息来说，在规定提交日期后对后续一个月内的数据进行锁定，不允许变更对后续数个月的数据按照不同的冻结参数进行部分变更。对于销售订单来说，对已经开始投料进行生产的订单，不允许变更；对未开始生产、但需要使用特殊原料且已发出采购订货指令的订单，不允许变更；对未开始生产、仅需要使用通用原料且已发出采购订货指令的订单，在一定冻结参数范围内进行变更。

采用冻结策略，是为了在一个相对稳定的需求环境下编制采购和生产计划，从而使得物料需求计划在一段时间内保持其有效性和符合性，降低因主生产计划的细微变更而引发的蝴蝶效应，避免即采购计划出现经常变动的情况。

4.2.1　物料需求计划的基本理论

> **课堂思考**
> 1. MRP 是 ERP 的核心吗？
> 2. MRP 的工作原理是怎样的？

1. 物料需求计划的内涵

物料需求计划（MRP）出现前期，企业通常借助库存模型采用订货点的方法控制物料库存。订货点法比较适合需求消费比较稳定的物料，但对于需求量随时间变化的物料，由于订货点法随消费速度的快慢而增减，但其又不能按照各种物料真正需要的时间来确定订货日期，往往造成较多的库存积压。而库存是管理成本的主要来源，因此订货点法并不适用。

为了解决在需要的时间得到需用的物料的问题，美国 IBM 公司提出将产品中的各种物料分为独立需求和非独立需求两种类型，并按时间阶段确定不同时期的物料需求，从而产生了解决库存物料管理的新方法，这就是物料需求计划。物料需求计划根据产品结构层次的从属关系，以产品的零件为计划对象，以完工日期为计划基准倒排计划，按提前期长短区别各个物料下达订单的优先级，从而在需用时刻把所有物料配套备齐，不需用的时候不要过早积压，达到减少库存量和降低资金占用的目的。物料需求计划是从主进度计划着手，然后利用一份物料清单将主进度计划转换成所需物料的时间表，利用此时间表来安排发给供应商的订单以及相关的内部操作。

同时物料需求计划（MRP）是一种推式体系，根据预测和客户订单安排生产计划。因此，

MRP 基于天生不精确的预测建立计划，"推动"物料经过生产流程。也就是说，传统 MRP 方法依靠物料运动经过功能导向的工作中心或生产线（而非精益单元），这种方法是为最大化效率和大批量生产来降低单位成本而设计的，计划、调度并管理生产以满足实际和预测的需求组合。生产订单出自主生产计划（MPS），然后经由 MRP 计划出的订单被"推"向工厂车间及库存。

2．物料需求计划的特点

（1）需求的相关性。在流通企业中，各种需求往往是独立的。而在生产系统中，需求具有相关性。例如，根据订单确定了所需产品的数量之后，由新产品结构文件 BOM 即可推算出各种零部件和原材料的数量，这种根据逻辑关系推算出来的物料数量称为相关需求。不但品种数量有相关性，需求时间与生产工艺过程的决定也是相关的。

（2）需求的确定性。MRP 的需求都是根据主生产进度计划、产品结构文件和库存文件精确计算出来的，品种、数量和需求时间都有严格要求，不可改变。

（3）计划的复杂性。MRP 要根据主产品的生产计划、产品结构文件、库存文件、生产时间和采购时间来确定，它是一个期量的概念，既要考虑数量问题，又要考虑时间问题，因此有一定的复杂性。

3．制定物料需求计划前具备的基本数据

制定物料需求计划前就必须具备以下的基本数据。

第一项数据是主生产计划，它指明在某一计划时间段内应生产出的各种产品和备件，它是物料需求计划制定的一个最重要的数据来源。

第二项数据是物料清单（BOM），它指明了物料之间的结构关系，以及每种物料需求的数量，它是物料需求计划系统中最为基础的数据。

第三项数据是库存记录，它把每个物料品目的现有库存量和计划接收量的实际状态反映出来。

第四项数据是提前期，决定着每种物料何时开工、何时完工。

应该说，这 4 项数据都是至关重要、缺一不可的。缺少其中任何一项或任何一项中的数据不完整，物料需求计划的制定都将是不准确的。因此，在制定物料需求计划之前，这 4 项数据都必须先完整地建立好，而且保证是绝对可靠的、可执行的数据。

4．物料需求计划实现的目标

（1）及时取得生产所需的原材料及零部件，保证按时供应用户所需产品。

（2）保证尽可能低的库存水平。

（3）计划企业的生产活动与采购活动，使各部门生产的零部件、采购的外购件与装配的要求在时间和数量上精确衔接。

MRP 主要用于生产"组装"型产品的制造业。在实施 MRP 时，与市场需求相适应的销售计划是 MRP 成功的最基本的要素。但 MRP 也存在局限性，即资源仅仅局限于企业内部，决策结构化的倾向性明显。

4.2.2　MRP 工作原理

1．MRP的逻辑和工作原理

（1）MRP 的工作逻辑。物料需求计划是一种利用计算机来自动计算出生产过程中各种物料需求数量和需求时间的系统，它的基本逻辑如图 4-18 所示。

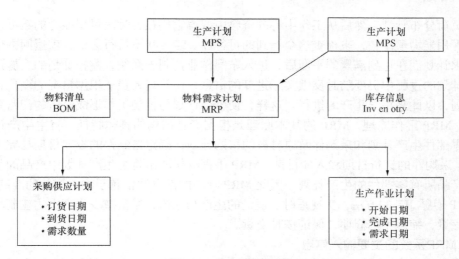

图 4-18　MRP 基本逻辑

制造业生产管理的本质规律可以概括为 4 个问题，即要生产什么？要用到什么？已经有什么？还缺什么，什么时候下达计划？在 MRP 系统中，主生产计划回答了第一个问题；物料清单回答了第二个问题；物料库存信息回答了第三个问题；第四个问题还缺什么，什么时候下达计划则由 MRP 来回答。主生产计划的制定来源于订单和市场分析预测，主生产计划生成 MRP 的过程中要进行关键能力平衡（粗能力平衡），驱动物料需求计划，再经过细能力平衡（能力需求计划）生成车间作业计划和采购计划，这就是闭环 MRP 的控制逻辑，如图 4-19 所示。

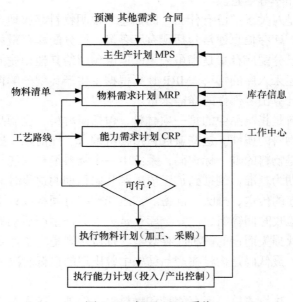

图 4-19　闭环 MRP 系统

物料需求计划生成之后，进入生产能力需求计划的功能模块。在这里，首先利用工艺路线资料对生产这些物料所需要的生产能力进行计算，制定出生产能力需求计划。这是一种按加工中心汇总的，表明它们在每个时间段内应为每项物料的工序加工任务提供多少能力时（工时）的负荷分布计划。然后从工作中心的资料中取得它们在各时段可用能力的数据，将需用能力与可用能力项比较，来检查这个计划的可行性。若存在不可行之处，就返回去修改生产能力需求计划。在达到满意的平衡后，进入车间作业控制子系统，监控计划的实施过程，即在实施计划的过程中仍要随时反馈实际进度的信息，使计划人员能根据情况的变化，进一步调整计划，以此来指导生产的进行。这样，使整个计划与控制工作形成有机的闭路系统。

（2）MRP 工作原理。MRP 的基本原理是根据产品结构的具体特征，将主生产计划具体分解为零部件生产计划和采购件及原材料的采购计划，确定自制件的投产日期与完工日期、原材料、采购件的订货日期和入库日期。MRP 根据物料清单将主生产计划中产品的生产计划分解成产品所有零部件的生产计划，因此 MRP 计划的准确性依赖于物料清单的准确性。

MRP 遵循 JIT 的方法，实现适时、适量的生产与采购，尽量减少生产中的在制品和采购件的库存量，缩短生产周期，保证按时交货。

2. MRP系统的主要输入信息

主生产计划（MPS）：主要是对关于"生产什么"的描述，根据客户订单和市场预测确定出厂产品的数量和时间，作为 MRP 展开计算的依据，起到承上启下、从宏观经济向微观计划过渡的作用。当用户改变了订货合同项目的数量或交货期，市场价格发生变化，市场供应与需求变化时，主生产计划要进行相应的调整。具体来讲，主生产计划为 MRP 计算提供分时间段的产品需求计划。

物料清单（BOM）：主要是对关于"要用到什么"的描述，主要描述产品和所有下层物料之间的从属关系。MRP 根据物料清单将主生产计划中产品的生产计划分解成产品所有零部件的生产计划，因此 MRP 计划的准确性依赖于物料清单的准确性。物料清单包括父件、子件对应数量关系和废品率等信息。

库存信息：主要是对关于"已有什么"的描述，说明物料存放地点的静态信息和说明物料可用量的动态信息。库存信息通常包括现有库存量、已分配库存量和在途量等。现有库存量是目前的库存量；已分配库存量是指虽未出库但已预留给其他用途的那部分库存；在途量指采购订单已发出但还未入库的物料。MRP 计算根据主生产计划分解得到的零部件的毛需求量，然后考虑库存量计算出零部件的净需求量。

物料主文件：物料是指产品中的每一项材料，包括原材料、在制品、半成品和完成品，物料主文件记录所有物料的属性。这些属性包括物料编号、提前期、安全库存、批量规则、最低码等。物料编号是物料的唯一标识码，系统中一个物料编号只能代表一个物料。提前期是指以交货或完工日期为基准，倒推到加工或采购开始日期的这段时间。生产提前期是由制造工艺路线中每道工序的传送、排队、准备、加工和等待时间构成；采购提前期由管理提前期、供应商提前期与验收时间等组成。安全库存是为了保证生产活动的正常进行，防止因需求或供应波动引起短缺损失而设的一种库存数量。批量规则是为了达到成本最低的目的而设的订单批量计算标准。最低码是物料在产品结构中曾出现的最低阶次，用来决定 MRP 计算的计算顺序。

除了主生产计划、物料清单、库存信息和物料主文件外，还需要工厂日历、工艺文件以及工作中心等信息，从而根据工厂日历安排生产计划，根据工艺文件和工作中心信息进行能力平衡，调整 MRP 计划。

3. MRP的输出

MRP 要对在各个时期生产最终物品所必需的物品数量规定采购定量（计划订货发出量）

和编制厂内作业进度表。计划发出量规定了向车间发出加工订单的或者向供应者发出采购订单的时间和订购的数量。订单（加工或采购）一经发出，"计划的"订货就变成"已排产的""未完成的"或"已定未到"的订货。MRP 系统要为每种物品都制定订货的进度计划，包括发出每一订单的具体日期。

MRP 系统输出的报告分为 3 类，即计划报告、绩效报告、异常报告。这 3 类报告在内容上有所不同。计划报告主要有计划订货日程进度表、进度计划的执行和订货计划的修正调整及优先次序的变更；绩效报告主要有成果检验报告、生产能力需求计划报告；而异常报告主要是指出偏差，如错误、延误。订购报告的服务对象也不同，计划报告主要为采购部门和生产部门的决策提供依据，而绩效报告和异常报告更多的是为高层管理人员提供管理上的参考和借鉴。

虽然 MRP 是一种十分理想的计划和排产的工具，但就事先无法预见的各种偶然因素来说，它最大的优点还在于具有重新计划和重新排产的能力。MRP 系统可以即刻预测出短缺或超储，这样就可以事先采取措施加以避免。它可以通过计划和重新计划交货日期，而使订货的次序符合需要的日期。每当需求与供应发生不同步时，MRP 就会发出异常报告。MRP 是一种优先控制系统，它发出的典型的指令是推迟、加速或取消某一现有的订货，或者发出一项新的订货等。它力求使交货日期与实际需求的日期相一致，以便经营活动可以按计划进行，同时又最大限制地减少库存的投资。

4. MRP计算原理

MRP 计算主要是根据产品结构树，将主生产计划中产品的生产计划分解成零部件的生产计划和采购件的采购计划。MRP 逻辑流程如图 4-20 所示。

MRP 计划的编制一般分以下 4 个步骤进行。

（1）根据产品的层次结构，逐层把产品展开为部件与零件。

（2）根据规定的提前期标准，由产品的交货日期倒排生产计划，根据主产计划的产品需求量和交货日期，计算零部件的毛需求量。

（3）根据毛需求量和该物料的可分配库存量计算。

（4）净需求量，计算公式为

$$净需求量=毛需求量-该时段内可用库存量$$

再根据子件的完工时间、批量原则和提前期倒退得到物料的开工时间。

（5）对于外购的原材料和零部件，先根据 BOM 表进行汇总，然后按照它们的提前期倒推出采购的时间和数量。

如表 4-6 所示为 MRP 的处理过程。

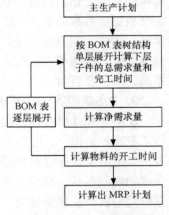

图 4-20　MRP 逻辑流程

表 4-6　　　　　　　　MRP 数据处理过程

提前期：2

初始库存量：20

时区	1	2	3	4	5	6
毛需求量		15		45		40
预计入库量			30		20	
库存量	20	5	35	−10	20	−20

续表

净需求量			10	20
计划订货量			10	20
计划订单下达	10	20		

在 MRP 系统中，物料的库存状态数据包括库存量、预计入库量、毛需求量、净需求量。其中，库存量是指某项物料在某个时区的库存数量。MRP 系统对每项物料的库存状态按时区做出分析，物料的净需求及其发生的时间指出了即将发生的物料短缺。因此，MRP 可以预见物料短缺。为避免物料短缺，MRP 会在出现净需求的时区内指定计划定货量，然后考虑计划提前期，指出订货计划的下达时间。

4.2.3 企业 MRP 系统软件体系结构的选择

企业 MRP 系统软件体系结构的选择是系统成功实现的重要因素。究竟选择何种软件结构成为 MRP 系统的一个首要问题。

目前常见的系统架构及其优缺点如下所述。

1. 单机MRP系统

用户所有的数据及操作均在一台计算机上完成，软件系统所有的升级、维护操作也只针对一台计算机。数据及操作的集中性使 MRP 的灵活性很高，但需要不断维护系统，应对意外事件。

2. C/S架构的MRP系统

即将 MRP 进行功能分割，将任务合理地分配到 CLIENT 端和 SERVER 端，降低了系统集中处理的开销。同时，数据的储存管理功能较为透明，但要选择适当的数据库管理平台来实现数据库数据的真正"统一"，使分布于两地的数据同步完全交由数据库系统去管理。为了实现"实时"的数据同步，就必须在两地间建立实时的通信连接，保持两地的数据库服务器在线运行，网络管理工作人员既要对服务器维护和管理，又要对客户端维护和管理，维护成本高，维护任务量大。

3. B/S架构的MRP系统

B/S 架构的 MRP 系统是随着 Internet 技术的兴起，对 C/S 结构的一种变化或者改进的结构。在这种结构下，用户工作界面是通过 WWW 浏览器来实现，极少部分事务逻辑在前端实现，但是主要事务逻辑在服务器端实现，形成所谓三层（3-Tier）结构。这样就大大简化了客户端的电脑载荷，减少了系统维护与升级的成本和工作量，降低了用户的总体成本。但由于系统只是安装在服务器端，大部分数据逻辑操作在应用服务器上，因此就大大加重了服务器运行数据的负荷，同时对服务器要求很高，一旦发生服务器"崩溃"等问题，后果不堪设想。

4. B/S、C/S混合架构MRP系统

结合 B/S 和 C/S 的优点，部分软件厂商提出一种 B/S 与 C/S 混合架构的 MRP 系统，对实时要求高的应用采用客户端解决，在其他领域采用 B/S 模式。但是，对 MRP 这种随时随着用户应用具有成长性特点的软件并不能很好地支持。

5. N层软件体系结构

N 层架构是根据 MRP 的特点，对软件体系结构的革新。

（1）N 层架构的核心是提供可规模化特性。一方面是从服务负载上可规模化，能同时为

极大规模的用户提供服务；另一方面是服务功能上的可规模化，可形成极大规模的软件群系统，各分系统可以共享信息、服务，形成企业级的信息高速公路。N 层可以分别放在各自不同的硬件系统上的，所以灵活性高，适应性强。

（2）N 层结构的体系架构及优缺点。N 层架构的 MRP 系统是根据 MRP 系统的实际工作流程及业务需求，在服务负载和服务功能上，把软件体系结构划分为一个多层的体系结构，主要包括以下几层。

① 用户接口层：用户可以输入数据或获取数据，同时提供一定的安全检查，检查的数据的内容限于数据的形式和数据的取值范围，不包括业务本身的处理逻辑。

② 业务逻辑层：主要是响应表现的用户请求执行任务，从数据管理层获取部分简单的数据，传递必要的数据到用户接口层，或根据用户请求向支援层中专有服务器发出控制信息，触发专有服务器的工作。业务逻辑层通过采用"数据缓冲"和"代理连接"等方法保证只有少数的用户连接。

③ 支援层：由于 MRP 系统中某些功能，在用户提供一个信息后，将会产生非常大的负载，如对物料完工期的最优化，其本身是一个 NP 问题，即使利用目前最先进的算法，在计算过程中仍需要巨大的服务器开销。其最好的解决方法是把该功能独立出来，形成一个独立的服务器。同时又会受到用户需求的影响，所以在经过业务逻辑层的处理后产生一个控制指令，由该服务器来独立完成此项工作。再例如，可以把其功能划入支援层的还有自动化流水线的控制逻辑等。

④ 数据管理层：定义、维护数据的完整性、安全性及性能优化。它响应业务逻辑层和支援层的请求，访问数据，这一层由数据库服务器实现，如 Oracle、MSSQLSERVER、DB 等。

N 层架构的体系结构如图 4-21 所示。

由此可见，N 层结构从逻辑上相互独立，某一层的变动通常不影响其他层，这种结构为系统的开发提供了更大的灵活性，具有很高的可重用性。客户端的开发仅需要注意各层之间的接口，而不必关心与其相邻的各层的具体实现过程，极大地提高了系统的开放性。随着企业需求的增加，这种体系结构还可以根据服务负载和服务功能进行层次的扩展。

与传统的软件体系结构相比，N 层软件体系结构具有以下优点。

① 允许合理地划分层次和层次的功能，各层次上的业务对象可以对立更新、替换、增加和拆除。使得整个系统的逻辑结构更加清晰，提高了软件系统的可维护性和扩展性。

② 适应大规模和复杂的应用需求，多层次的划分可以将 MRP 中的数据处理转移到应用服务器或数据库服务器上，降低了通信线路的数据量，使得当用户成几何级数增长时，通信量只以代数级数增长，从而保持了系统的稳定性。

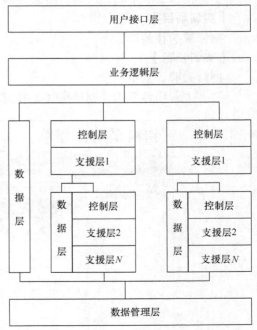

图 4-21　N 层结构的体系架构

③ 不同类型的用户，可以利用各自单一的访问点，在任何地方访问站点的任何需要的数据库。

④ 制定统一的用户界面。对于各种信息源，不论是文本还是图像信息，都采用相同的界面。同时用户也不必关心后台的具体实现。

⑤ 系统的实现不再拘泥于单一平台，为跨平台服务提供了可能性。同时，跨平台操作也可以平衡系统的服务负载，为特定服务功能提供特定的服务器。

⑥ 根据企业业务的需求和服务负载及服务功能，进行服务器的选择，合理分配系统成本。同时，还可以只针对某一个功能维护和升级而不影响整个系统的使用，为系统的维护和升级提供了极大的方便。

⑦ 允许充分利用业务逻辑层有效地隔离非法的访问，同时在信息访问、传递和存储上均采取安全措施，有效地提高了系统的安全性。

⑧ 系统管理简单，可支持异种数据库，有很高的可用性。

软件体系结构的选择是行业信息管理系统软件首要考虑的问题，也是系统成败的关键。N 层软件体系架构能够充分发挥原有各类体系架构的优势，同时还使得开发的软件系统结构合理、功能齐全、性价比突出，是大中型行业应用物料需求计划（MRP）信息管理系统开发的最优选择。

4.2.4　物料需求计划实训

【实训目的】

了解物料需求计划的原理，学会自己动手制定物料需求计划。

【实训项目】

物料采购计划单

【实训步骤】

物料采购计划单

（1）进入物料采购计划单模块，找到功能列表，如图 4-22 所示。

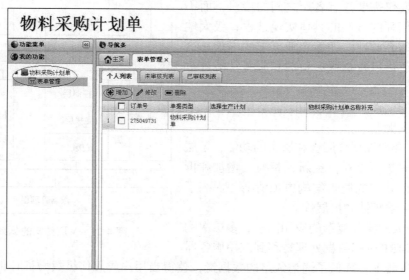

图 4-22　功能列表

（2）单击"增加"按钮就能在物料采购计划单模块进行下单操作，如图 4-23 所示。

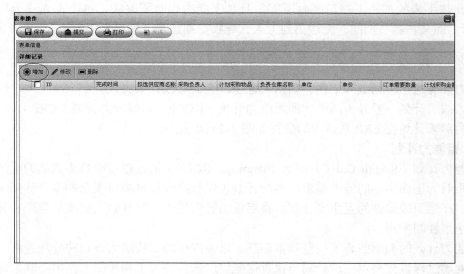

图 4-23 进行下单操作

（3）在详细记录操作栏里单击"增加"按钮就能增加物料采购计划单的记录，如图 4-24 所示。

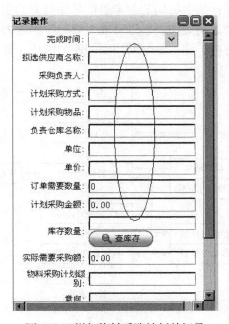

图 4-24 增加物料采购计划单记录

4.3 能力需求计划

2005 年，蓝海洋印刷厂承担了加工国外一款手袋 10 万个的业务，按经验测算，在黏手袋工序中，工人的能力为平均人工手袋数量 2 000 个，50 个工人，10 天可以完成。由于没有考虑到此款手袋的加工工序与平时不同，且加工能力也有所欠缺，每个工人一天只能完成 1 000 个，而又在春节期间，无法招到工人，导致交期延误，延误损失为每天 1 000 元。

4.3.1　能力需求计划内涵

能力计算是一种精细的工作，因素考虑不周全会导致计划失败。

能力需求计划一般分为两级，即粗能力计划（RCCP）和细能力计划（CRP）。

能力需求计划在 ERP 系统中的位置如图 4-25 所示。

1．粗能力计划

粗能力计划（Rough Cut Capacity Planning，RCCP）的处理过程是将成品的生产计划转换成对相对的工作中心的能力需求。生产计划可以是综合计量单位表示的生产计划大纲，或是产品、产品组较详细的主生产计划。将粗能力计划用于生产计划大纲或主生产计划，并没有什么原则性的差别。

粗能力计划的编制忽略了一些基本信息，以便简化和加快能力计划的处理过程。粗能力计划的处理过程直接将主生产计划与执行这些生产任务的加工和装配工作中心联系起来，所以它可以在能力的使用方面评价主生产计划的可执行性。顾名思义，粗能力计划仅对主生产计划所需的关键生产能力作一粗略的估算，给出一个能力需求的概貌。粗能力计划的处理一般只考虑每月在主生产计划中的主要变化。尽管主生产计划的计划周期为周，但粗能力计划可以每月做一次。将主生产计划中每周的生产量汇总为当月的生产量，这样对以月为计划周期的主生产计划编制粗能力计划更加便于进行能力管理。粗能力计划的编制可以分为两种方法，即用能力清单（资源清单）和用分时间周期的能力清单（资源清单）。

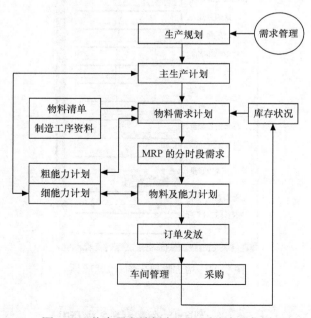

图 4-25　能力需求计划在 ERP 系统中的位置

粗能力计划应用 3 种方式以机器负载报告来定义产能需求。

① Capacity planning using overall factors（CPOF）：所需数据和计算最少。

② The Bill of Labor approach（BOL）：使用每个产品在主要资源的标准工时的详细数据。标准工时是一个正常工人（设备）以平常的步调工作，生产一项产品一个单位再加上宽放的时间。所有零件的标准工时已经考虑休息宽放时间、延迟宽放时间等。

③ Resource Profile Approach（RPA）：除了标准工时的数据外，尚需要考虑前置时间。

2．细能力计划

细能力计划又称为能力需求计划（Capacity Requirement Planning，CRP），它是帮助企业在分析物料需求计划后产生出一个切实可行的能力执行计划的功能模块。该模块帮助企业在现有生产能力的基础上，及早发现能力的瓶颈所在，提出切实可行的解决方案，从而为企业实现生产任务提供能力方面的保证。其实，能力需求计划制定的过程，就是一个平衡企业各工作中心所要承担的资源负荷和实际具有的可用能力的过程，即根据各个工作中心的物料需求计划和各物料的工艺路线，对各生产工序和各工作中心所需的各种资源进行精确计算，得出人力负荷、设备负荷等资源负荷情况，然后根据工作中心各个时段的可用能力，对各工作中心的能力与负荷进行平衡，以便实现企业的生产计划。

4.3.2　能力计划的概述

企业的计划可以分为经营规划、销售与运作规划、主生产计划、物料需求计划和生产作业控制计划 5 个层次。其中销售与运作规划、主生产计划、物料需求计划体现了企业在生产过程中，由粗到细、由宏观到微观的一个计划过程。这些计划决定了企业需要生产什么、生产多少、什么时候生产。然而，这些计划并没有考虑企业是否可以生产、如何生产等问题。而要解决这些问题，就涉及企业的能力计划问题。

能力是指在特定时间内能够完成的工作量。企业的能力计划就是指完成确定的生产计划需要的资源，以及利用这些资源来满足生产计划的方法和过程。生产计划制定后，企业必须有足够的能力来满足生产计划的需求，否则生产计划就无法实施。

1．能力计划分类

在 ERP 系统中，资源需求计划、粗能力计划和细能力计划分别对应销售与运作规划、主生产计划、物料需求计划 3 个层次计划。

资源需求计划是一种中、远期能力计划，对应于销售与运作规划中的生产规划，涉及企业的长期能力资源需求。由于生产规划是一个分时段的计划，所以在计算资源需求计划时，也必须采取和生产规划中的时段相一致的方式。资源需求计划计算的资源主要是企业关键的资源，如总工时、固定资产设备、产品设计能力等少量关键因素。这些因素的能力的增加需要花费较长的时间，不可能在短期内就快速增加。资源需求计划是一种比较粗的平衡需求的能力计划，当资源不能满足生产规划时，必须要对生产规划进行调整。在 ERP 系统中，资源计划使用概率比较低，甚至有些 ERP 系统并没有资源计划模块。资源计划一般都是由计划人员进行统计分析后，人为地进行判断。

粗能力计划（Rough-Cut Capacity Planning，RCCP）是与主生产计划相联系的，对主生产计划单涉及的关键工作中心的能力进行运算而产生的一种能力计划，它的计划对象只针对设置为"关键工作中心"的工作能力。以评估主生产计划的可行性，对潜在的存在瓶颈的关键工作中心提出预警，确保企业生产业务的均衡。

能力需求计划（Capacity Requirements Planning，CRP）又叫细能力计划，它是直接与物料需求计划发生联系的，用来详细决定完成预期的生产计划所需要的人力和机器设备工时的计划。根据已经下达但尚未完成的生产计划的任务的能力需求情况，按时段核实这些生产计划任务所涉及的工作中心的能力是否满足需求。粗能力计划和能力需求计划之间的区别如表 4-7 所示。

表 4-7	RCCP 与 CRP 之间的区别	
	粗能力计划（RCCP）	能力需求计划（CRP）
计划对象	独立需求	相关需求
主要面向	主生产计划	物料需求计划
主要参数	资源清单	工艺路线
能力对象	关键工作中心	全部工作中心
订单范围	计划、确认为主	全部
库存量计算	不扣除现有库存量	扣除现有库存量
批量计算	直接批量	批量规则

通过 3 个层次的能力计划平衡企业的供应和需求后，所产生的生产作业活动计划就具有比较强的可执行性，图 4-26 所示为生产计划层次和能力计划层次的对应关系图。

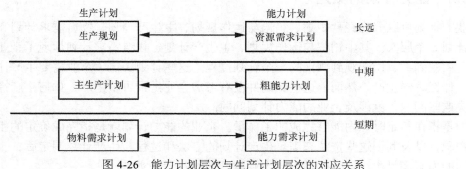

图 4-26　能力计划层次与生产计划层次的对应关系

能力计划计算时，其输入输出项的逻辑如图 4-27 所示。

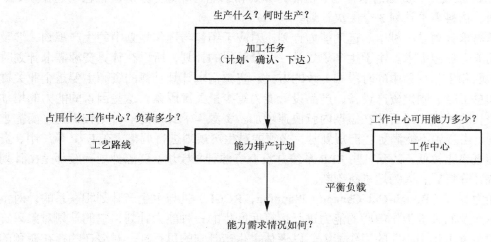

图 4-27　能力计划输入/输出项关系

由图 4-27 可以得出，能力计划在计算生产计划能力时，不但考虑生产计划的状态，还要考虑已下达但尚未完成的订单所需的负荷。同时，能力计划还要结合工作中心的工厂日历，确定各工作中心在各个时段的可用能力。

2. 能力计划中的基本概念

能力计划中涉及较多的基本数据，如工作中心、资源清单、工艺路线、作业时间等，能力计划还涉及一些常用的基本概念，需要在描述能力计划的计算逻辑过程前，先予以描述。

（1）能力与负荷。在能力计划中，企业每一个工作中心拥有的能力和实际计划计算后的负荷情况是一个重要的概念。通过能力和负荷的对比，来确定该工作中心在计划的时段上是否有能力满足实际生产计划的需要。能力计划可以用直方图或者报表等方式显示计算结果，说明每个时段的负荷，和若干时段累计负荷及累计可用能力。如果个别时段负荷超过能力，但在某个时期的累计负荷没有超过累计能力，说明是有可能调整的。

① 能力（Capacity）是指一个工作中心在某特定时段可完成的工作量，是可用能力。在能力计划中，工作中心是能力的载体。各个工作中心的能力必须统一转化为工时数进行统一计算和比较。如果工作中心有设备、有人员，可以指定是按照人员还是按照设备进行能力计算。例如，指定按照设备进行能力计算，则可以把人员的生产能力折合为约当的设备数。

一般可以用下述公式来计算工作中心的能力：

工作中心能力＝约当设备数（或人数）×日工作时间×工作中心效率×工作中心利用率。

影响能力的决定性因素是工作中心，所以在划分工作中心时需要谨慎。定义工作中心的关键是确保工作中心的划分与管理与用户所需的管理力度相适应。在系统初始运行时，可先将工作中心画粗一些，使系统运行简化，便于掌握，再逐步细化，提高系统运行的成功率。

② 负荷（Load）是指在一定时间内分配给某一工作中心的工作量。工作中心是负荷的载体。

与能力一样，负荷同样需要进行定量分析，负荷定量分析是建立在一定的管理要求基础上的。

每件成品或者半成品在加工工序中所花费的时间是相对稳定的，或者是随着数量的变化而有规律地变化。所有成品或半成品的批量加工花费的时间周期可以按照一定的规则分解成多个时间段。也就是说，一段时间内的成品或半成品的加工任务可以分解为不同工序的多个作业计划，同时这些作业计划占用的能力是可测算的。

在对负荷进行计算时，需要考虑作业计划所对应工序的准备时间、排队时间、加工时间、等待时间和传送时间，各工作中心的负荷计算公式如下：

工作中心的负荷＝工艺路线准备时间×工作中心约当设备数（或者人数）＋加工时间×订单数量

单个工作中心的总负荷计算公式如下：

总负荷＝计划负荷＋已确认负荷＋已下达负荷

负荷的计划是指通过 MRP 或者 MPS 自动生产的生产计划所占用的负荷，这部分生产任务因为还没有最终确定，调整余地较大。已确认负荷是指确认的生产任务所占用的负荷，该部分订单虽然已经确认需要生产，但还没有最终到车间进行生产，调整余地适中。已下达负荷是指下达状态的生产任务所占用的负荷，该部分订单因为已经下达到车间实际安排生产，所以这部分负荷调整余地较小。

③ 负荷与能力的关系。能力就是为了表现企业制造过程实际拥有的各种资源的产出能力。通过对这种产出能力的管理，可以减少在下达生产计划后，由于设备或者操作员的工作超负荷而不能及时生产，导致生产拖期。可以通过系统中的能力和负荷的匹配，发现哪些资

源是瓶颈，哪些资源相对比较宽松。

当能力−负荷≥0 时，能力富余（或刚好），表示资源所拥有的能力超过或者达到资源所承担的负荷，满足生产任务的需要。

当能力−负荷<0 时，能力不足，表示资源所拥有的能力低于资源所承担的负荷，不能满足加工的要求。

（2）有限能力与无限能力。能力模式有两种，即有限能力和无限能力。能力模式主要是针对工作中心负荷的计算，在不同能力模式下的计算方法也有所不同。

有限能力是指工作中心的能力是不变的，计划是按照优先级别安排，先把能力分配给优先级高的物料，当工作中心负荷已满时，优先级低的物料被推迟加工。在各时段的工作中心负荷可能来自多个生产计划，在有限能力下，针对某生产计划计算工作中心负荷时，考虑其他生产计划所占用的负荷。该方法计算出的计划可以不进行负荷与能力平衡，一般情况下宜采用此种模式。

无限能力是指工作中心的能力是无限的，可以安排任意多的任务。在各时段的工作中心负荷可能来自多个生产计划，在无限能力下，针对某生产计划计算工作中心负荷时，不考虑其他生产计划所占用的负荷。一般只有在计划订单优先级很高时，才选择无限能力模式进行计算。当然，对于容易调整能力的工作中心，为保证生产计划的顺利完成，也可以采用无限能力的方式进行计算。但在无限能力模式下做出的进度计划容易超负荷。按照无限能力进行能力计划，计划完成后应该对各个工作中心的能力和负荷进行评估，当负荷>能力时，对超负荷的工作中心进行负荷调整。

（3）顺排和倒排。通过物料需求计划计算后，形成零部件的生产计划，这些生产计划已定义了计划开工日期和计划完工日期。能力需求计划就是根据这些生产计划的计划开工日期和计划完工日期编制零部件的工序进度计划。

在排产时，有顺排和倒排两种。顺排，是由零部件计划订单的开工日期开始，按工艺路线顺序推算各工序的开始和完工日期。倒排，是由零部件计划订单的完工日期开始，按反工艺路线逆序推算各工序的完工和开工日期。按倒序排出的订单下达（开工）日期是最晚开工日期，如果晚于此日期开工，零部件就不能按期完工。按正序排出的订单下达（开工）日期是最早开工日期，在此之前零件加工条件尚不具备。两个开工日期之差是订单下达的松弛时间。两种编排方法各有优劣：顺排使用正序编排法，编出的进度计划，留有一定的富裕时间，以防任务拖期影响按期交货，但同时也增加在制品和延长了制造提前期；倒排使用倒序编排法，没有富裕时间，可减少在制品及缩短制造提前期，其缺点是因生产任务拖期而延期交货的风险大。从 JIT 管理角度出发，倒排法符合 JIT 管理理念。两种排产方式的比较如表 4-8 所示。

表 4-8　　　　　　　　　　　　　顺排和倒排产方式比较表

	开工日期	完工日期	优点	缺点
顺排	最早开工日期	最早完工日期	可防止因生产计划拖期而延误交货	增加在制品，延长制造提前期
倒排	最晚开工日期	最晚完工日期	减少在制品，缩短制造提前期	存在因生产计划拖期而延误交货

在排产时，企业可根据自身特点和需求选取能力需求计划的排产方式。对管理比较粗放的企业来说，在计划实施的前期阶段，由于基础数据（提前期、工作中心、工艺路线等）可能不够准确，这种情况下，宜采用顺排方式编排能力需求计划，使编排出的进度计划留有一定的富裕时间，

待条件成熟后，再选用倒排方式做能力需求计划，使进度计划更加紧凑，节约成本，压缩交货期。

3. 粗能力计划

在主生产计划投放前，必须考虑关键资源的能力和负荷，以决定这些关键资源能否满足主生产计划的能力需求。粗能力计划只考虑主生产计划中所涉及的各关键工作中心的能力，计算量较小，花费的时间较少，是一种简略的能力核定方法。

（1）输入/输出信息。在粗能力计划中，主要的输入信息包括以下几项。

① 主生产计划所产生的生产计划。

② 关键工作中心被占用的工时数。

③ 关键工作中心的能力。

根据以上信息，通过粗能力计划，可以计算关键工作中心负荷情况。某些 ERP 系统在计划粗能力计划前，需要先生成粗能力清单，用来收集 MPS 物料及其下级物料在相关的工作中心的标准工时信息，并进行归档。当下列信息发生变化时，需要重新生成粗能力清单。

① MPS 物料工艺路线发生变更。

② MPS 物料工艺路线相关的工作中心的数据（标准工时等）变更。

③ MPS 物料主文件信息发生变更。

④ MPS 物料相关的 BOM 的变更。

（2）逻辑流程图。粗能力计划的逻辑流程如图 4-28 所示。

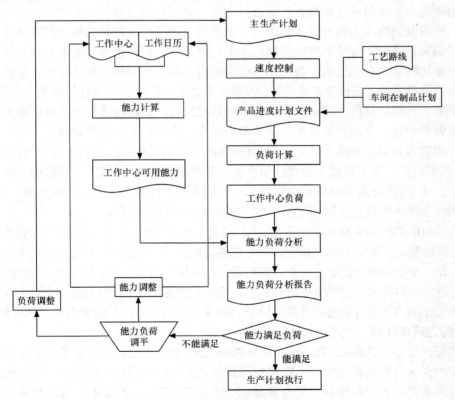

图 4-28　粗能力计划的逻辑流程

（3）运算方法。粗能力计划是在主生产计划之后运行的，它是只针对主生产计划生成的生产计划单进行计算的。由于这时候还没有展开所有物料的需求，所以不可能对所有物料的需求进行计算，当然更无法对所有工作中心进行能力和负荷计算。一般根据粗能力计划计算的结果和计划员的经验对关键工作中心的负荷进行粗略的估计。

在运行粗能力计划前，ERP 系统需要了解下列 5 个方面的信息。

① 主生产计划单。由主生产计划生成，是粗能力计划计算负荷的主要数据来源。主要统计这些计划单中生产数量、计划开工日期、计划完工日期等信息。

② 工艺路线中关于物料在关键工作中心的作业时间。

③ 工厂日历中关于工作日和非工作日的定义。

④ 工作中心能力数据，根据工作中心设备数、效率、利用率、班次、工时等计算得出。

⑤ 在给定的时间内，关键工作中心已经被占用的工时数。根据前面两项可以得出生产计划所需要的能力，即分配到各工作中心的负荷；而根据后面两项，则可以得出目前该工作中心的可用能力情况。

在 ERP 系统中，一般通过资源清单法进行粗能力计划计算。资源清单法主要是将每种产品的数量和每月占用关键工作中心的负荷工时，与关键工作中心的能力进行对比。该方法不能按照时间段进行详细分析。

（4）粗能力负荷评估。粗能力计划可以对主生产计划的能力满足情况进行测算。ERP 系统应该能够提供粗能力负荷的评估，以帮助计划人员及时了解主生产计划的生产能力满足情况，便于进行相应的能力和负荷的平衡。

当出现能力和负荷不匹配时，应该进行调整。既可以通过减少负荷的方式——调整主生产计划，也可以调整能力的方式（如加班、加点等）来平衡能力和负荷。但需要注意的是，粗能力计划只是计算了部分物料在关键工作中心的负荷，在经过物料需求计划计算后，可能还会有更多物料需要占用这些关键工作中心的能力。所以能力和负荷匹配时，如果采用调整能力的方式进行平衡，应该考虑该情况，否则可能会出现粗能力计划计算时能力和负荷平衡，但经过细能力计划计算后，关键工作中心依然超过负荷，且此时已经无法再调整该中心的能力，只能调整计划，从而导致整个生产节奏不均衡，也打乱了主生产计划。

执行粗能力计划，有以下好处：① 可用粗能力计划进行生产计划可行性的分析与评价；② 关注关键资源，而不是面面俱到，使系统计算效率更高；③ 能力计划的编制比较简单，计算量少；④ 所涉及的基础数据相对较小，企业应用比较简单，可以很快上线；⑤ 通过粗能力计划，也在一定程度上减少了后期能力需求计划的核算工作。

但执行粗能力计划也存在以下不足：① 忽略了已下达未完工的生产计划的影响，无法反映计划的实际变化；② 只包含关键工作中心的能力和负荷，无法彻底保证计划的可信度；③ 粗能力计划是一个面向中期的能力计划，对短期计划效果不明显。由于粗能力计划的缺点，在主生产计划进行物料需求计划的全部展开后，必须对全部展开的生产计划进行全面的能力和负荷匹配，即通过能力需求计划进行计算，以全面核实企业的能力是否能够满足生产计划的需求。

4．能力需求计划

能力需求计划（Capacity Requirements Planning，CRP）是同物料需求计划在同一个层次的。当物料需求计划计算完成后，应该对计划结果进行能力需求计划计算，以详细决定完成这些计划所需要的人力和设备的能力情况。MRP 计算结果后，形成的计划单和未完成的生产任务单被换算成在一定时区内每个工作中心对应的时间需求，同该工作中心所能够提供的时间需求相比较，从而得出各个工作中心在某一个时段内的能力和负荷情况。

（1）输入/输出信息。在 MRP 运算之后，全部物料 BOM 已经展开，这时，可以全面核实各个工作中心的能力和负荷情况。

相对于粗能力计划，细能力计划管理的精度更细，涉及的基础资料信息也更多，更详细。在能力需求计划计算前，这些基础数据必须已经是准确地进行了设置，否则，系统自动计算出的能力需求计划的结果也不具有参考意义。

在 ERP 系统中，能力需求计划涉及以下几个方面的基础数据。

① 设置工作中心。主要是每个工作中心的设备、人数、工作中心效率、工作中心利用率等涉及工作中心能力计算的数据。

② 设置工艺路线。主要包含各个工序对应的工作中心，每个工序的准备时间、加工时间等涉及所需能力计算的数据。

③ 物料的提前期和提前期余量信息。

④ 设置工厂日历。工厂日历应该可以根据不同的车间进行设置，甚至可以按照工作中心设置不同的工厂日历。

以上基础数据都将作为能力需求计划的输入信息，同时能力需求计划的输入信息还有其计划的对象——来自 MRP 的生产计划任务单。该任务单包含了未完成的任务单和还处于计划状态尚未下达的任务单。这些任务说明了需要加工什么、加工多少、什么时间开始加工、什么时间完成等信息。

ERP 系统根据这些输入的信息自动运算，生成工作中心能力负荷报表，说明各个时段的能力需求情况。能力需求计划运作和物料需求计划运算对 ERP 系统而言也是一个大工作量的运算，一般可以设置方案，让系统在特定的时间自动运行，如晚上。这样可以节省资源，使系统在进行大量计算时不至于影响其他的日常运行。

（2）逻辑流程图。能力需求计划的工作逻辑流程如图 4-29 所示。

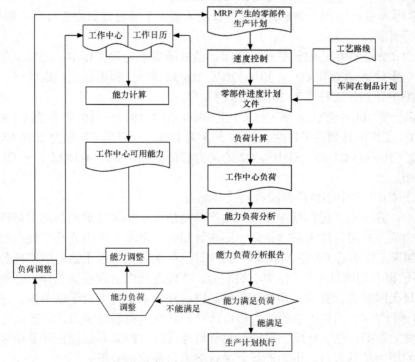

图 4-29　能力需求计划的工作逻辑流程

（3）运算方法。ERP 系统根据输入信息把同一个工作中心在不同时段的负荷分别进行汇总，包括计划状态的生产计划单、已经下达但尚未完成的任务单，同时还要随时根据任务汇报剔除已经完成的任务单。系统统计各个工作中心不同时段的能力，并形成能力负荷汇总表。

通过下面的一个实例，来简单说明能力需求计划的计算过程。

【例 4-1】 零件 A 计划生产量 100，计划开工日期为 2016 年 7 月 1 日，计划完工日期为 2016 年 8 月 9 日，工厂日历为每周 7 天，每天 8 小时。当前日期为 2016 年 6 月 20 日。零件 A 的工艺路线信息如表 4-9 所示。

表 4-9 工序与工作中心信息数据表

加工次序	工序号	工作中心	排队时间（天）	准备时间（小时）	移动时间（天）	单件加工时间（小时）
1	10	C1	1	10	1	1.7
2	20	C2	2	10	1	2.5

C1 工作中心的约当设备数为 2.5，效率为 90%，利用率为 100%。C2 工作中心的约当设备数为 4，效率为 100%，利用率为 100%。零件 A 的移动批量为 100。有了这些基础数据后，系统就可以进行能力需求计算。

① 统计工作中心的标准能力工时。

其中 C1 工作中心的能力=8×2.5×90%×100%=18 小时/天

C2 工作中心的能力=8×4×100%×100%=32 小时/天

② 计算生产计划所需能力工时。

$$所需能力=准备时间+加工时间$$

100 个零件 A 在 C1 工作中心所需能力工时=10+100×1.7=180 小时

在 C2 工作中心所需能力工时=6+100×2.5=256 小时

③ 对零件 A 进行排产，确定计划开工日期（倒排）或者计划完工日期（顺排）。这里采用倒排法进行计算。

首先排出 C2 工作中心的计划开工时间。通过所需能力和工作中心的标准能力工时可以计算出 100 个零件 A 需要在 C2 工作中心加工 256/32=8 天。根据已经确定的计划完工日期和工厂日历倒推出计划开工日期为 2010 年 8 月 1 日。

同理可以计算 100 个零件 A 需要在 C1 工作中心加工 180÷18=10 天。根据 C1 的计划开工日期，推算出 C1 工序的计划完工日期为 2016 年 8 月 1 日，计划开工日期为 2016 年 7 月 22 日。

④ 形成工作中心 C1 和工作中心 C2 的能力和负荷图。如图 4-30 所示为 C1 工作中心的能力和负荷图。

可以看出 C1 工作中心负荷并没有超过其能力。

在本例中，并没有考虑其他未完成的生产计划情况。如果考虑到其他生产任务单，需要选择有限能力的方式进行能力需求计划，即在计划时，考虑工作中心已经被占用的能力。如例【4-1】，如果工作中心 C2 在 2016 年 8 月 8 日已经被其他已经下达的生产任务单占用，则零件 A 就不能再占用该日 C2 工作中心的能力，需要继续向前查看该工作中心剩余的能力。如果采用的是无限能力计算的，即使该日已经被占用，系统也不会予以考虑。这样，在查看 2010 年 8 月 8 日的 C2 工作中心的能力和负荷时，必然负荷超过能力，需要进行调整。

（4）细能力负荷评估。在能力需求计划计算完成后，ERP 系统根据计算结果形成各工作中心各时段的能力负荷报告。供生产计划进行能力负荷评估分析。

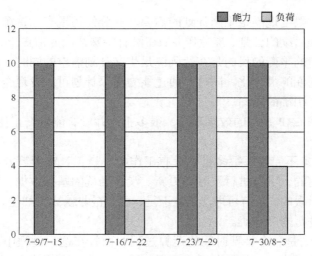

图 4-30　C1 工作中心的能力和负荷图

ERP 系统一般会提供不同口径的查询分析方式，如负荷追溯查询，通过负荷追溯查询，计划员可以方便地知道相应工作中心的负荷是由于哪些生产任务单，加工哪些物料造成的，这些物料又来源于哪些销售订单和销售预测。

执行能力需求计划后，各个工作中心在某个时段中，能力和负荷出现的情况有下列 3 种。

① 能力=负荷，这是企业最想追求的一种情况，也是最不容易实现的。

② 能力>大于负荷，表明该工作中心在该时段中，还有剩余的生产能力。

③ 能力<负荷，即超负荷。出现该种情况时，必须由生产计划员对能力和负荷进行平衡匹配。调整能力和调整负荷是进行能力负荷平衡的主要方式，但更多时候会同时采用两种方式来进行能力和负荷的匹配。

a. 调整能力的主要方式包括以下几点。

● 调整劳动力。劳动力超出当前需要，剩余时间可安排培训和调休等。缺少劳动力应增加新工人，或者安排加班。

● 提高工作中心设备的利用率和效率，改善设备和人员等资源的利用率和效率，创造更大的生产效率，从而增加生产能力。

● 采用替代工艺路线。采用一种更高效的工艺来提高加工的效率。当工作中心超负荷时，一些订单可以安排到有剩余能力的替代工作中心上加工，两个工作中心的负荷水平都得到改善。

b. 调整负荷的主要方式包括以下几点。

● 调整计划的需求日期或者需求数量。当负荷来自于销售预测时，可以和销售部门沟通以减少生产量。当负荷来源于客户销售订单时，可以和客户进行沟通，延期交货或者修正需求日期等。有时候甚至还可能需要取消客户订单。

● 采用外购或者委外加工方式代替自制生产。在使用了各种调整负荷与能力措施后，应修改相应的数据，重新运行能力需求计划，直到运算后的负荷评估报告满意为止。

经过能力和负荷平衡后的生产计划，具有较高的可执行性，生产计划员确认生产任务单，并在下达日期时，下达给车间进行生产。

在企业实际的操作过程中，往往会综合使用多种调整方式，在进行相应的调整时，应该遵循几个原则：最大限度地满足生产计划的需要，充分使用现有的资源。对于一些负荷较低的部门可以适当增加后续的计划，提前作业；在没有特殊情况的前提下，考虑成本效益原则。

总之，能力负荷的平衡的目的是在达到满足生产计划需求的同时，最大限度地利用现有的资源，最终实现利润的最大化。同时，通过能力需求计划可以发现企业的真正瓶颈，使企业的技术改造工作有明确的方向。

从目前企业应用 ERP 系统的效果来看，很多企业并没有能够真正使用好能力需求计划，究其原因有以下两个。

① 基础数据准备不完整。很多企业没有工作中心、工时定额等方面的数据，即使有数据也是很多年前制定的，没有进行及时的更新。没有准确的基础数据，能力需求计划计算出来的数据肯定也是错误的，没有可取之处。于是，很多企业就认为细能力计划没有什么用处，还不如计划员手工进行排产准确。

② 能力需求计划是一个耗费时间的运算过程，而且在这一过程中，当出现能力与负荷高度不匹配时，调整了能力或者负荷后必须重新进行计算，直到能力和负荷进行匹配。在进行能力和负荷调整，反复计算的过程中，都需要计划生产人员进行分析和判断，所以很多企业认为能力需求计划根本无法使用。

4.3.3 能力需求计划实训

【实训目的】

了解能力需求计划，在经过分析和调整后，当能力和负荷达到平衡时，即可确认能力需求计划。

【实训项目】

1. 设备加工能力
2. 生产能力

【实训步骤】

1. 生产能力计划

生产能力计划主要完成生成生产部门加工能力的测试，并以此作为制定生产日程表的依据。

（1）增加一个新的生产计划，如图 4-31 所示。

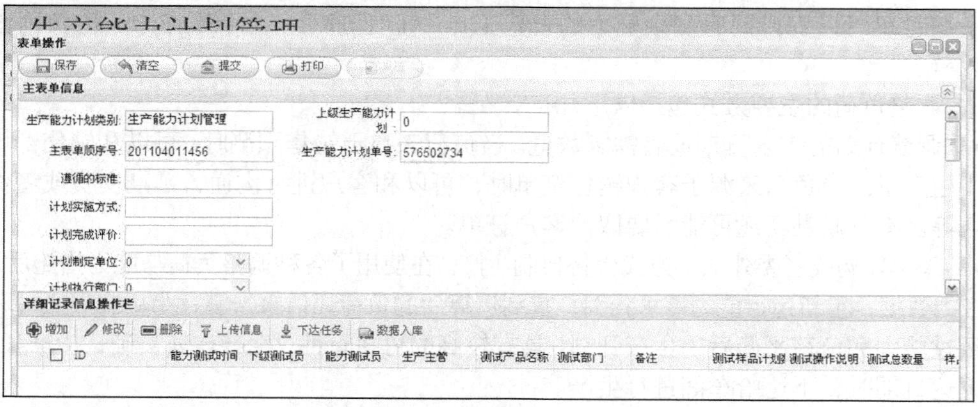

图 4-31 增加新的生产计划

（2）增加新的生产计划的一个详细记录，如图 4-32 所示。

图 4-32　增加一个详细记录

2. 设备加工能力计划

设备加工能力计划主要记录主要生产设备的加工能力。收集的测试数据可以作为生产计划制定的依据。如图 4-33 所示为如何增加一个新的设备加工能力计划。

图 4-33　增加设备加工能力计划

4.4　车间作业管理

4.4.1　车间作业管理概述

车间作业管理的概念

制造企业中存在两种不同类型的车间组织结构，即车间—工段—班组—工人型和车间—班组—工人型，如图 4-34 所示。

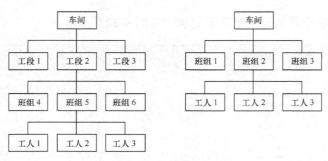

图 4-34　两种类型的车间组织结构

这两种类型车间的生产组织方式是不一样的。

（1）简单车间的生产组织方式。简单车间的生产组织相对来说比较简单。接到工厂下达的生产任务以后，如果任务以产品计划下达，车间计划调度员将产品计划分解为零件计划，然后编制出工序进度计划，根据工序进度计划将主生产任务直接分派给对应的设备或工人；如果任务以零件单位下达，则车间计划调度员直接根据零件任务编制出工序进度计划，并将对应的工序任务分派到对应设备。生产过程中出现紧急任务插入、设备故障、工人缺勤需要进行任务调整，则直接由车间计划调度员来进行。在简单车间环境下，车间计划调度员直接掌握每台设备的生产情况，可以直接对设备的在制任务进行调整。

（2）复杂车间的生产组织方式。复杂车间的规模一般比较大，中小批量生产类型的企业通常采用产品计划的方法来确定车间的生产任务。这类车间的生产作业计划和调度一般分为两个层次，即车间层和工段层。在车间层，车间计划调度员接受工厂下达的产品计划，将产品计划分解为零件任务，然后根据各工段的生产特点，将零件任务直接分派到各工段，车间计划调度员并不编制所有零件的工序进度计划，仅对生产周期较长、跨工段作业的关键零件用网络计划的方法规定出其工序进度。工段调度员根据车间下达的工段作业计划和当前在制任务量编制出工序进度计划，并将工序任务分派到相应的设备或工作地。生产过程中临时插入的任务由车间计划调度员直接下达给工段，由工段调度员根据主生产进度和设备负荷临时调度。

前面所说的复杂车间和简单车间的生产组织都是传统的生产管理方法。

用 MRP 计划系统进行生产计划和控制的企业中，生产作业计划是这样进行的：物料需求计划系统将主生产计划根据产品明细、库存信息、提前期等信息展开并经过能力平衡后，生成计划订单。该订单由计划员确认，并按采购件和自制件分类，生成车间订单和采购订单，采购订单下达给采购管理系统，车间订单则下达给相应的车间来执行。MRP 计划系统中的车间层仅仅是计划的执行部门，车间一般不再编排车间计划。MRP 计划在执行中出现意外时，如需要变更工艺路线或修改进度，车间内部可以进行调度。但当问题会影响 MPS/MRP 计划时，只能将信息反馈给计划部门，由计划部门统一调整，车间无权修改或生成新的计划。车间层进行生产控制需要的许多内容来自 MRP。加工什么的信息来源是 MRP 的信息编号；什么时候加工的信息来源是 MRP 的截止期；加工多少的信息来源是 MRP 的订单数量；而在哪里加工的信息来源是加工中心文件；怎样加工的信息来源是工序文件。

可以看出，对于 MRP 计划来说，车间层的功能只有两种，即执行计划和调度，它没有计划功能。在简单车间环境下，由于传统的车间调度只有一层，车间计划调度员可以直接控制各台设备的生产进度，这种生产系统的计划和控制用 MRP 计划系统很容易实现。但是对于复杂车间来说，情况就不一样了。复杂车间的车间调度分为两层，车间计划调度员并不直接控制车间内各台设备或工作地的生产进度，而且传统的中小批量生产类型的企业多以产品为单位，确定各车间的生产任务，车间还要完成把产品计划分解为零件计划的任务。因此，基于复杂车间的生产系统的生产作业计划仅用简单的 MRP 计划系统很难实现。

（3）ERP 在车间应用的可能性。一般认为，ERP 计划系统应用于企业级的生产作业计划。在这样的计划系统中，MRP 计划系统将主生产计划根据生产提前期、物料清单与库存状况进行分解，得到按时间段需求的车间订单和采购订单。这样的车间订单包括了加工零件的所有信息，如加工什么、什么时候加工、加工多少、在哪里加工和如何加工。车间层的任务就是将这些订单分配到相应的工作中心进行组织生产。车间层可以根据任务的优先程度进行作业调度，但当问题会影响主生产计划或物料需求计划时，只能将信息反馈给计划部门，由计划部门统一调整，车间无权修改或生成新的计划。

对于简单车间来说，MRP 系统的运行效率是比较高的。简单车间的设备数量少，控制层次少，对于车间的各种干扰或变化，MRP 计划系统可以根据实际情况采取再生式或净改变式重新运行，来使整个生产系统的运作仍按计划进行。但是对于复杂车间来说，仅采用 MRP 计划系统就会出现问题。

复杂车间往往存在于产品结构复杂的大型企业中，这样的企业传统上采用累计编号法来编制生产作业计划（现在还有相当部分企业采用这种方法），车间接收的月份计划是以产品或成套部件为单位的。而将产品或部件的产品数量分解为零件计划，具体的车间内什么设备在什么时候加工什么产品，为了满足部件组装所需要的所有零件什么时候必须完成，所有这些问题都必须由车间计划和调度系统来解决。在这样的企业中，在车间层采用 MRPII 计划系统是可能的，同时为了提高车间的生产作业计划效率也是必要的。

也许有人会说，这里所说的在车间层采用 ERP 计划系统是可能的，仅仅是对传统的采用累计编号法的企业来说的，对于已经在工厂层实施了 MRP 计划系统的企业而言，不是多此一举吗？但是研究资料表明，目前已实施了 MRP 系统的企业中，大部分企业的工作中心按车间划分，个别企业细至班组。系统的控制内容基本上是物料的投入产出，其他如人、成本、设备等资源基本上未涉及。大部分企业的计划仍然以成品计划的形式下达。也就是说，在已经实施了 MRP 计划系统的企业中，MRP 计划仍然是一个"粗"计划，完全的 MRP 计划系统在实际中并没有实现或得到应用，车间层仍然要完成产品计划拆成零部件计划等工作。而对于复杂车间来说，要求厂级 MRP 计划系统将产品计划（主生产计划）转化为车间订单，然后直接下达至生产车间指导生产。这样的车间订单会由于车间的变化因素太多，没有在车间投入生产就需要重新生成，其结果是整个系统的完全"神经质"。因此，采用 MRPII 系统有必要分层来进行，在车间层应用 ERP 计划的原理进行计算机辅助车间作业计划是完全可能的。

4.4.2　车间作业系统功能构成

一般车间管理系统通常都包括以下功能，如图 4-35 所示。

（1）任务管理模块

任务管理用于车间计划人员根据顾客订单要求，并结合车间可用资源编制作业生产计划。其目标是尽可能实现计划，维护顾客服务水平、制造效率和质量目标。主要包括任务添加、零件添加、任务下达、任务监控、任务回收等功能。

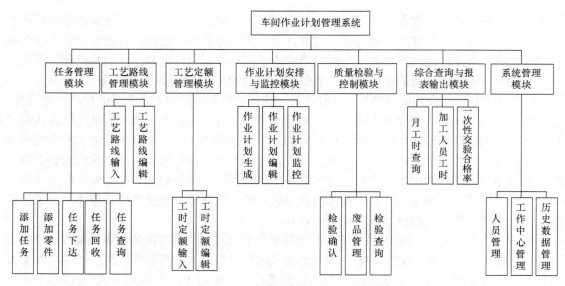

图 4-35　车间作业管理系统功能结构

（2）工艺路线管理模块

车间作业管理是依据待加工零件的工艺路线来编制的工序排产计划。工艺路线信息主要来源于工艺设计系统或工艺管理系统，另外也有手工录入的信息。本模块主要完成工艺路线的输入、调整及查询等功能。

（3）工时定额管理

工时定额是车间作业管理的重要信息之一，也是进行各种统计的主要数据。本模块主要用于工时定额员对每道加工工序的工时录入，并可以完成各种工时查询。

（4）作业计划安排与监控模块

根据任务单、待加工零件及其工艺路线信息和系统中已建立的工作中心数据库进行作业计划安排，本模块用于现各工序的作业排序和临时调度派工，并进行工序跟踪、监控。

（5）质量检验与控制模块

本模块主要由质量检验人员使用，用于每道工序的检验确认、验收，同时也是生产进度跟踪的数据来源之一。

（6）综合查询与报表输出模块

根据车间的具体需求，本模块可以完成各种信息的输出，如车间月工时查询、加工人员工时查询及一次交验合格率查询等，并将查询结果输出到 Excel 系统的报表模板中。

（7）系统管理模块

本模块由系统管理员使用，用于一些基础数据的管理与维护，如部门、人员管理、权限管理、工作中心管理、历史数据管理等，是保证系统正常运行的关键部分。

4.4.3　车间作业管理实训

【实训目的】

了解车间作业的目的是控制生产作业在执行中不偏离计划；出现偏离时，采取措施，纠正偏差，若无法纠正，则反馈到计划层；报告生产作业执行结果。

【实训项目】

1. 生产命令单
2. 部门交期控制表
3. 生产进度异常控制表

【实训步骤】

1. **生产命令单**

（1）进入生产命令单模块，找到功能列表，如图 4-36 所示。

图 4-36　功能列表

（2）单击"增加"按钮就能在生产命令单模块进行下单操作，如图 4-37 所示。

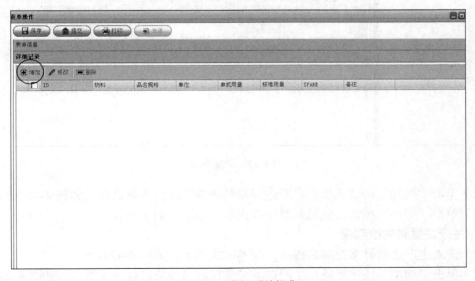

图 4-37　进行下单操作

（3）单击"增加"按钮，就能新增详细记录，如图 4-38 所示。

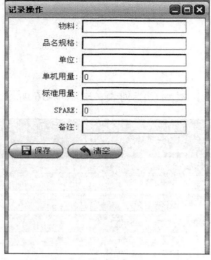

图 4-38　详细记录

2．部门交期控制表

（1）进入部门交期控制表模块，找到功能列表，如图 4-39 所示。

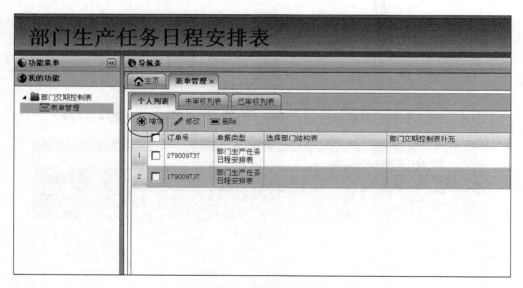

图 4-39　功能列表

（2）单击"增加"按钮就能在生产进度控制表模块进行下单操作，如图 4-40 所示。
（3）单击"增加"按钮，就能新增详细记录，如图 4-41 所示。

3．生产进度异常控制表

（1）进入生产进度异常控制表模块，找到功能列表，如图 4-42 所示。
（2）单击"增加"按钮就能在生产进度异常控制表模块进行下单操作，如图 4-43 所示。
（3）单击"增加"按钮，就能新增详细记录，如图 4-44 所示。

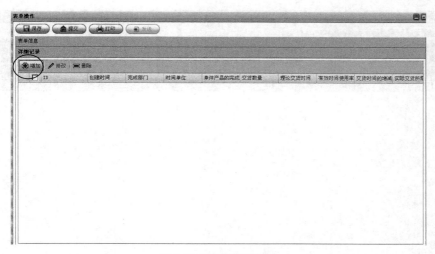

图 4-40　进行下单操作

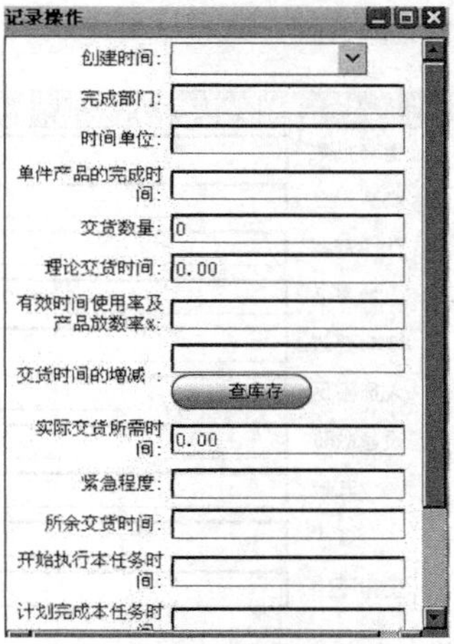

图 4-41　详细记录表

图 4-42　功能列表

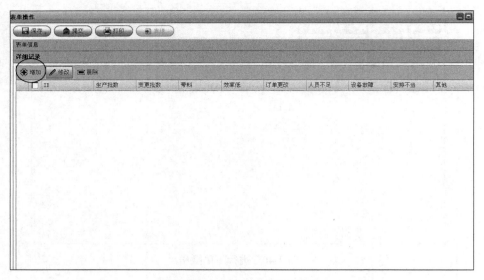

图 4-43　进行下单操作

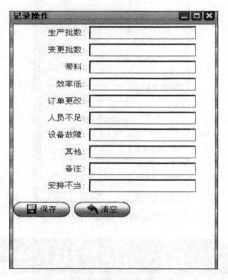

图 4-44　增加详细记录

本章小结

1．内容结构

本章内容结构如图 4-45 所示。

2．内容提要

（1）生产控制管理将企业整个生产过程有机地结合在一起，使得企业能够有效降低库存，提高效率。

（2）主生产计划处于 ERP 计划层次的第三层，它起着承上启下、从宏观计划向微观过渡的作用。一个有效的主生产计划是生产对客户需求的一种承诺，它充分利用企业资源，协调生产与市场，实现生产计划大纲中所表达的企业经营目标。主生产计划在计划管理中起"龙头"模块作用，它决定了后续的所有计划及制造行为的目标，在短期内作为物料需求计划、零件生产计划、订货优先级和短期能力需求计划的依据，在长期内作为估计本厂生产能力、仓储能力、技术人员、资金等资源需求的依据。

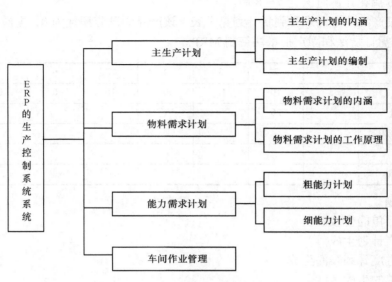

图 4-45　本章内容结构

（3）物料需求计划与能力需求计划均处于 ERP 计划层次的第四层。同时物料需求计划（MRP）是一种推式体系，根据预测和客户订单安排生产计划。这种方法是为最大化效率和大批量生产来降低单位成本而设计的，计划、调度并管理生产以满足实际和预测的需求组合。生产订单出自主生产计划（MPS），然后经由 MRP 计划出的生产单或采购单被"推"向工厂车间及库存。

（4）企业的能力计划就是指完成确定的生产计划需要的资源，以及利用这些资源来满足生产计划的方法和过程。生产计划制定后，企业必须有足够的能力来满足生产计划的需求，否则生产计划就无法实施。

单元训练

- **主要概念**

MPS　　MPR　　能力　　负荷

- **理解题**

1. 主生产计划的编制过程包括哪几个步骤？
2. 主生产计划的改变方式有哪几种？
3. 时区、时界的作用是什么？
4. MRP 的工作原理是什么？
5. MRP 的编制方法与 MPS 的编制方法是否一致？

● **实务题**

1. 编制一个 MPS 计划，确定毛需求量、净需求量、MPS 计划量和预计库存量。已知该项目的期初库存量：470；安全库存量：20；MPS 批量：400；销售预测：第 1～8 周均为 200，实际需求 1～8 周一次为 180，230，110，230，60，270，30，30；需求时区为 1～2 周，计划时区为 3～6 周，预测时区为 7～8 周。

2. 已知某产品的毛需求和到货计划见下表，该产品的已分配量为 0，提前期为 2 周，现在分别采用按需订货法和固定批量法编制 MRP。

计划周期		1	2	3	4	5	6	7	8
毛需求		5	10	18	0	10	6	0	14
计划接收量			20						
现有库存	20								
净需求									
发出订货计划									

● **实训题**

1. 生产订单的生成。
2. 主生产计划生成。
3. 物料进度计划表的生成。
4. 请购单的生成。
5. 生产命令单的生成。
6. 生产交期控制表的生成。
7. 物料进度计划表的生成。
8. 生产交期控制表。

第 5 章

ERP 的物流供应链系统

学习目标

理论目标：学习和把握 ERP 的营销管理、采购管理和库存管理基本理论等陈述性知识，并能用其指导 ERP 的相关认知活动。

实务目标：能运用营销管理、采购管理、库存管理的主要概念、观念、基本理论和"业务连接"知识，规范 ERP 的相关技能活动。

实训目标：能运用所学 ERP 的营销管理、采购管理、库存管理等系统模块，培养和提高学生在特定业务情境中分析问题与解决问题的能力。

ERP 系统的物流供应链管理是 ERP 系统的核心功能模块之一，其他各个模块都是围绕"物流"而进行的扩展和延伸。物流供应链管理部分包括物料的采购、库存和销售管理。

在传统企业中，采购、销售和库存管理是一系列分散的独立活动，它们分属于不同的职能部门，彼此之间缺乏协调，各部门各自制定政策，采取措施，以求达到本部门的目标。但相互之间却往往存在一些消极影响，从而导致企业整体利益受损，实际上这三者是相互关联、相互支持的。企业要实现利润最大化，就必须设法达到 4 个目标——向客户提供最好的服务、耗费最低的生产成本、占用最少的库存、最少的采购费用。要实现这些经营管理的目标，达到企业总体目标最优，就必须将销售、采购和库存有机地集成在一个模块中，彼此之间相互关联影响，这就产生了物流供应链管理模块，包括销售、供应商采购和库存 3 个子模块。

引导案例

海尔的供应链管理

一、企业背景

海尔集团是世界第四大白色家电制造商和中国最具价值品牌。旗下拥有 240 多家法人单位，在全球 30 多个国家建立本土化的设计中心和制造基地和贸易公司，全球员工总数超过 5 万人，重点发展科技、工业、贸易、金融 4 大支柱产业，已发展成为全球营业额超过 1 000 亿元规模的跨国企业集团。2006 年，海尔在中国家电市场的整体份额已经达到 25.5%，依然保持份额第一。在小家电市场上海尔表现稳健，以 16%的市场份额蝉联小家电市场冠军。

海尔每月接到 6 万个销售订单，产品每天要通过全球 5.8 万个营销网点销往世界 160 多个国家和地区，每月采购 26 万种物料、制造 1 万多种产品，全球 500 强企业的供应商多达 800 多家。

从生产规模看，海尔现有生产的产品达 13 000 多个产品品种，平均每天开发 1.3 个新产品。海尔一年的资金运作进出达 1 000 亿元，平均每天需做 2.76 亿元结算，1 800 多笔账。随着业务的全球化扩展，海尔集团在全球拥有 15 个设计中心和 3 000 多名海外经理人。

如此庞大的业务体系，依靠传统的金字塔式管理架构或者矩阵式模式很难维持正常运转，业务流程重组势在必行。

海尔的"OEC、市场链、人单合一"管理模式引起国际管理界高度关注。目前，已有美国哈佛大学、南加州大学、瑞士 IMD 国际管理学院、法国的欧洲管理学院、日本神户大学等商学院专门对此进行案例研究，海尔"市场链"管理还被纳入欧盟案例库。海尔的"人单合一"发展模式为解决全球商业的库存和逾期应收提供创新思维，被国际管理界誉为"号准全球商业脉搏"的管理模式。

二、解决方案

1998 年，海尔公司开始为满足每位客户的需求而提供个性化的产品，从而迈出了向国际化目标前进的步伐。为实现这一目标，公司确立了适当的合作战略，并在供应链管理方面采取了重要的措施。

通过对备选方案进行全面分析之后，海尔集团最终选择了 mySAP 供应链管理（mySAP SCM）和相关的 mySAP Business Suite 解决方案。海尔集团息技术经理说，"经过仔细考虑之后，我们最终选择了 mySAP SCM，原因在于该解决方案能够满足我们最新的业务流程，包括采用 JIT 原材料和制成品存货管理，以及全球贸易。由于 SAP 是全球领先的企业管理软件和协同商务解决方案供应商，《财富》500 强中 80%以上的企业正在从 SAP 商务解决方案中获益，120 多个国家的 22 600 家企业正运行着 71 600 套 SAP 软件。因此，相信该解决方案能够随着我们在全球的拓展满足我们的需求。"

三、方案实施

SAP 公司提供的 ERP 系统共包括 MM（物料管理）、PP（制造与计划）、SD（销售与订单管理）、FI/CO（财务管理与成本管理）、BW（业务数据仓库/决策支持信息系统）等模块。

ERP 实施后，打破了原有的"信息孤岛"，使信息同步而集成，提高了信息的实时性与准确性，加快了对供应链的响应速度。如原来订单由客户下达传递到供应商需要 10 天以上的时间，而且准确率低，实施 ERP 后订单不但 1 天内完成"客户—商流—工厂计划—仓库—采购—供应商"的过程，而且准确率为 100%。

另外，对于每笔收货，扫描系统能够自动检验采购订单，防止暗箱收货，而财务在收货的同时自动生成入库凭证，使财务人员从繁重的记账工作中解放出来，发挥出真正的财务管理与财务监督职能，而且效率与准确性得到大大提高。

BBP 系统主要是建立了与供应商之间基于因特网的业务和信息协同平台。该平台的主要功能为以下几个方面。

（1）通过平台的业务协同功能，既可以通过因特网进行招投标，又可以通过因特网将所有与供应商相关的物流管理业务信息，如采购计划、采购订单、库存信息、供应商供货清单、配额以及采购价格和计划交货时间等发布给供应商，使供应商可以足不出户就全面了解与自己相关的物流管理信息（根据采购计划备货，根据采购订单送货等）。

（2）对于非业务信息的协同，SAP 使用构架于 BBP（原材料网上采购系统）采购平台上的信息中心为海尔与供应商之间进行沟通交互和反馈提供集成环境。信息中心利用浏览器和互联网作为中介整合了海尔过去通过纸张、传真、电话和电子邮件等手段才能完成的信息交互方式，实现了非业务数据的集中存储和网上发布。

通过 BBP 系统交易平台，海尔每个月平均接到 60 000 多个销售订单，这些订单的品种达 10 000 多个，需要采购的物料品种达 26 万余种。

该解决方案的实施范围包含公司的 23 个部门，涵盖所有的生产线，包括冰箱、空调、洗衣机、移动电话和电视。

2000 年 1～3 月，海尔在空调事业部完成了 mySAP SCM 物料管理和仓库管理能力的实施。采用 SAP 解决方案的业务流程带来了迅速而且显著的收益，尤其是在采购和原材料运送成本方面。这使得整个公司在物流流程中实施 SAP 解决方案获得了更高的收益。

2000 年 4～10 月，mySAP SCM 的实施使海尔中央物流部实现了精益流程（一种同步物流模型，具有集中化订单处理功能），为 13 个产品部门提供支持。SAP R/3 的财务和相关主数据处理能力采用 mySAP SCM 实现，包括 mySAP 供应商关系管理的生产计划、物料管理、仓库管理和 B2B 采购能力。

2000 年 10 月到 2003 年 4 月，mySAP SCM 和相关的 SAP 解决方案在其他 10 个部门实施，并与其他系统无缝集成。mySAP SCM 的仓库管理能力在 42 个制成品仓库中实施，从而使仓库转变为配送中心。经过这一阶段的实施，物料在被送到生产中心之前，在配送中心内的平均等待时间缩短到 3 天，制成品在这些配送中心的平均等待时间缩短到不足 7 天，而且运输和储存空间的利用率也得到了提高。几十个不同岗位的大约 1 000 名内部人员在使用 SAP 解决方案。

2003 年 10 月，MM（物料管理模块）、PP（生产计划模块）、FI（财务管理模块）和 BBP（原材料网上采购系统）正式上线运营。至此，海尔的后台 ERP 系统已经覆盖了整个 19 个事业部，构建了海尔集团的内部供应链。

实施和完善后的海尔供应链管理系统，可以用"一流三网"来概括。"一流"是指以订单信息流为中心，"三网"分别是全球供应链资源网络、全球用户资源网络和计算机信息网络。围绕订单信息流这一中心，将海尔遍布全球的分支机构整合在统一的物流平台之上，从而使供应商和客户、企业内部信息网络这"三网"同时开始执行，同步运动，为订单信息流的增值提供支持。

四、实施效果

由于海尔物流管理系统的成功实施和完善，构建和理顺了企业内部的供应链，为海尔集团带来了显著的经济效益。

5.1　销售管理

德国海德堡公司是全球印刷行业的老大。除了印刷机外，还同时经营配套的印刷耗材。

该公司耗材部销售 900 多种印刷耗材，客户分散在全国各地。如果没有一个好的销售管理信息系统，可以想象，其销售管理将会是一个混乱状况。海德堡中国有限公司耗材部的销售管理信息系统是一个完整的系统。该信息系统采用由 Excel 公司开发的 ASPAS 系统，包括订单子系统、财务结算子系统、物流配送查询子系统，它们分别安装在海德堡中国有限公司北京、上海、深圳、香港办事处及第三方物流公司——金鹰国际货运公司，负责仓储、配送。

海德堡公司的销售人员通过 ASPAS 订单子系统下订单，由 EDI（电子数据交换系统）传到金鹰货运公司。金鹰货运在收到订单后首先确认订单，然后进行包装并组织配送及送货。每一个环节均有电子单据凭证。EDI 的运用减少甚至消除了在物流过程中填制的各种纸面单据或凭证。物流信息系统对数据的收集、处理、存储和传输，提升了商品入、出库速度，减少差错，降低损耗率，缩短了从下订单到发货的速度，为计算出合理的库存率提供准确依据，大大提高了物流效率，从而降低了人工费用、能源费用及利息费用。另外，销售人员下订单之前，还要在财务部下属客户信用审查部门通过客户信用审核并在 ASPAS 财务结算子系统备案，同时对每一个客户的付款情况均进行记录。从上述海德堡中国有限公司完整的销售管理信息系统可见此销售管理信息系统大大提高了物流效率，降低了成本，扩大和发展了生产经营，使企业的竞争力获得提高。除此以外，该系统提供的在线查询功能提高了信息跟踪能力，大大提高了服务水平及顾客满意度。

5.1.1 营销管理基本理论

| 课堂思考 |
企业销售管理系统的核心是什么？

ERP 系统的起点是销售部分，销售是企业生产目的的最终实现，产品只有销售出去后，企业才能不断进行再生产，其生产的价值也才能得以体现，销售工作的好坏直接关系到企业的生存和发展。销售管理是从产品的销售计划和销售预测开始，对企业的销售产品、地区、客户等各种信息的管理和统计，并对销售数量、金额、利润、绩效和客户服务做出全面分析。

ERP 系统的销售管理通过对销售活动中各个环节所产生数据的处理，为企业领导和生产经营各部门提供有关销售目标、计划执行情况、订货情况、合同执行情况、销售成果和成品库存等信息。通过对这些信息的统计分析可以及时掌握市场情况，及早发现各个环节发生的问题，采取相应的措施解决，使企业在市场竞争中获得最大的经济效益。

1. 销售管理概念

在科特勒的《营销管理》一书中，对营销管理定义如下：营销管理是为了实现各种组织目标，创造、建立和保持与目标市场之间的有益交换和联系而设计的方案的分析、计划、执行和控制。

根据以上的营销管理的定义，我们可以看出营销管理是企业管理中非常重要的一个工作环节。市场营销工作必须与企业的产品开发、生产、销售、财务等工作环节协调，只有这样，企业的整体经营目标才能够得以达成，企业的总体经营策略才能够得以有效地贯彻落实。而且营销管理工作是在企业的经营目标、战略经营计划的总体战略之下，根据对经营环境的分析结果和对市场进行细分，选定希望进入的目标市场，然后据此而制定市场营销计划和营销组合，并且推动计划的落实执行和对执行计划的过程进行监督控制、评估、检讨和修订。

而美国印第安纳大学的达林普教授对销售管理下的定义如下：销售管理是计划、执行及控制企业的销售活动，以达到企业的销售目标。

由此可见，销售管理是从市场营销计划的制定开始的，销售管理工作是市场营销战略计划中的一个组成部分，其目的是执行企业的市场营销战略计划，其工作的重点是制定和执行企业的销售策略，对销售活动进行管理。

2. 销售管理的过程

在明确了什么是销售管理之后，销售管理的过程大致如下。

（1）制定销售计划及相应的销售策略。

（2）建立销售组织并对销售人员进行培训。

（3）制定销售人员的个人销售指标，将销售计划转化为销售业绩。

（4）对销售计划的成效及销售人员的工作表现进行评估。

5.1.2　销售管理系统

1. 销售管理业务流程分析

销售流程是销售人员一连串系统化的活动，是为达到销售目的而采取的一连串清楚的、可重复的步骤。对于每个项目或者客户，如果能够遵循这些步骤并灵活运用，便能逐步达到预期的销售目的。

销售流程将能够提升销售产能的销售行为加以说明并记录，为流程中的每一步骤提供架构。一个优良的销售流程能够帮助销售人员找出、分析和评估销售机会，然后决定下一个销售行为。

（1）销售流程的要素

简单地说，有两种不同的模式来描述销售流程。

从销售人员的角度出发，基于销售者主观愿望的描述模式。这种模式往往用销售人员的某一销售活动作为进入某一流程阶段的标志。

从客户的角度出发，基于客户的主观愿望的描述模式。这种模式往往用客户需求被满足过程中反应作为进入某一流程阶段的标志。

典型流程如图 5-1 所示。

基于销售方愿望的销售流程　　基于客户认知、心理和行为规律的销售流程

图 5-1　两种典型的销售流程

综合考虑这两种模式，一个完整的销售流程应该由以下 5 大要素组成，如图 5-2 所示。

① 客户的购买流程。一个成功的销售流程的基石在于知道购买者如何购买，而非公司或个人想要如何销售。如果我们不确定自己的潜在客户如何购买，那么我们就会自己做出假设，而无法从客户的立场上做出决定。未能与客户站在同一立场，是销售重大的错误之一。

另一点值得注意的是，客户也许会同时拥有多种购买流程。为解决这个问题，销售人员必须调整自己的销售流程，以符合客户的不同购买流程。

② 销售步骤。根据客户的购买流程来制定销售步骤。有关的研究显示，销售人员在不了解预期结果及原因的情况下擅自行动，其失败率超过 50%。

③ 每一销售阶段成功执行与否的验证标准。在销售流程中，每一个阶段都应该有可测量与验证的标准。一个成功的销售流程将可以利用某个验证标准来评估这个阶段的成效，并评价这个销售人员的进度。

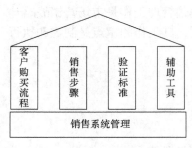

图 5-2　销售流程的构成要素

④ 协助每一销售阶段的工作辅助工具。根据客户的购买方式来看，销售人员所进行的销售活动可能需要用到专门的知识和技巧才能促进销售步骤顺利进行。在这个过程中，应有一些专门的工作辅助或销售工具来提供帮助。例如，客户的购买流程需要确认这份采购方案的价值，销售人员可以拟定执行机会、投资回报率分析或价值分析等满足客户需求。

⑤ 用来评估与强化流程，决定成功几率的管理系统。有效的销售管理系统能够监督、管理并维持销售流程的完整性，它能够支持前面 4 大要素的各个方面。

（2）销售流程分析

销售管理、系统运转的必要前提是完整的客户资料、信用资料、企业可供销售的物料产品或服务、企业的价格政策、产品价格的折扣等重要的基础信息以及与销售收入有关的财务、税务、银行等基础信息。可见，销售管理是与企业的计划生产管理、库存管理、采购管理、质量管理、财务管理以及绩效管理等模块的业务流程信息紧密相关，集成共享的（见图 5-3）。

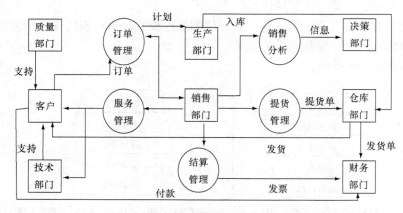

图 5-3　销售管理流程

上述业务流程描述了企业过程中活动间的数据流，提供了一种简便直观的方法来描述企业过程而不拘泥于计算机系统的各项细节，业务人员能够较容易地理解并能指出错误或者忽略的地方。

（3）销售系统中的订单流程

销售订单是购销双方共同签署的、具有合法地位的文件，是确认购销活动的标志。销售订单是企业经营业务的驱动器，直接决定着企业整个系统的工作，其产生的信息传递涉及系统的各个相关子系统。销售订单是企业进行生产的基础，是企业进行一系列生产计划安排的根本，也是企业进行物料采购的依据。另外，在销售订单输入的时候也可以进一步了解客户的资料，方便完成客户的信用记录，流程如图 5-4 所示。

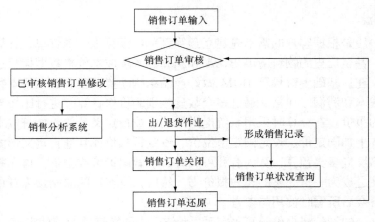

图 5-4　销售订单流程

2．销售管理系统功能分析

销售所产生的销售信息通过订单录入处理后，系统自动与主生产计划、库存、制造、财务等直接集成，并随时跟踪销售、制造、发货、发票、应收款等全部业务，又允许那些不同的业务部门（机构）访问销售信息。随着销售业务的不断运作，系统所有储存的销售信息也在不断地自动刷新。

（1）客户报价

客户报价又称预算，是指销售人员为了满足客户的需求而通过迅速准确的预算向客户提供需求报价信息。当今，每个企业的销售人员都知道，现在的营销已扩展到针对每一客户个性化的需要来提供无限的服务。从市场角度来看，企业以往通常是通过产品产量最优、产品价格最低、产品交货期最快、产品售后服务最及时等来达到竞争优势的。但真正赢得竞争的关键还在于如何把握住"价格"这个经济杠杆。

报价，是对客户的需求项目提供报价，是获取订单的第一步。通过报价达到客户满意而赢得竞争，从而产生一笔订单。

面对商业上的生存竞争，企业除必须采取销售、市场和服务行动外，还必须运用报价，在客户的行为中采取主动的姿态。这将成为任何希望在市场与客户中占有一席之地的企业销售部门的销售人员所需具备的本领。

报价不只是一个简单的算式，而是一种程式。客户的需求报价既要达到合理现实的报价计算，又要在一个很短的时间里完成报价计算，向客户提供一份具有竞争力的报价书。

① 报价条件的建立

为满足客户的需求询价或报价。迅速做出反应，通常先建立产品结构物料清单 BOM 和各项成本要素。

a．产品结构物料清单。它是针对各种类型产品而建立的。而这种产品结构表 BOM 是采用装配制造来定义的，这样便于对不同需求的客户做出不同要求的产品结构配置。通常做法是将标准物料清单 BOM 拷贝过来，再根据客户提出的要求进行产品结构配置，指定为预算 BOM。

b. 各项成本。各项成本数据是为需求报价计算而事先定义制定的一项常规成本标准。它包括物料成本、准备成本、加工成本、工具成本（包括特种装备）制造成本间接成本或其他成本、总成本。

② 报价计算

报价计算一般是根据客户的需求先建立预算订单或预算工作令订单，计算处理时先将当前的或预算的，甚至历史的物料清单 BOM 和预算的各项成本价格数据拷贝过来，建立起预算订单。而后，在这基础上对预算 BOM 做好产品结构配置调整和各项成本数据比率增减调整，计算出总成本和利润。通常，通过多个数量级别的价格计算并进行比较与分析后，才选择具有竞争力的报价。在计算时采用系统提供的功能或自定义计算，如总成本或净价上调整比率、单位成本上加固定价、设定固定单位价、设定折扣价或其他自定义形式的价格。通过几种不同的价格反复多次预算，认为有利可图时，才做出询价或报价，再作有效期期限设定及文字说明，使之成为一份完整的客户报价书。然后，将客户的原始预算订单信息建立历史存档记录，以备今后所需时使用与参考。

客户所需产品的询价或报价计算确定后，系统生成预算订单的预估报表、成本预算报表、盈利报表等，帮助销售人员进行产品销售分析和预算订单的处理。

当客户所需产品报价书发出后，系统跟踪与分析在规定有效期限内的预算订单是否已变成实际的销售订单（客户订单），若预算订单尚未变成销售订单，则提醒销售人员进一步追踪客户、分析原因和处理预算订单。

（2）客户信息的建立与维护

市场是新的，客户有老客户，更有新客户和潜在的客户。

每一个企业必须充分认识到客户关系是企业最重要的资产。一旦获得客户的需要与喜好应采取快速的行动，这样才会得到客户的信赖。客户的新需求和客户的个性化特殊需求将决定着产品的命运和企业的命运。因此，客户管理是企业至关重要的日程议题。对每一客户的信息都要以文档形式即客户档案来进行管理。

客户是指所有与企业或公司有销售业务联系的客户或有业务合作的客户。

客户管理，也称客户主记录，又称客户维护。它是指将客户的企业/公司名称、客户的一般数据、销售业务数据、财务账务数据等基本数据建立保存起来，存放在客户主记录中，供销售部门和财务会计部门取用。这些客户信息是为销售部门业务处理、立账与收账、发运、通信联络、订单查询等保证与客户的有效联系服务的，供销售部门运用这些信息进行某种方式的销售分析与评估。因此，客户信息的建立与维护，也可把它称作为客户信息资料库，如此一次次循环往复，客户信息资料库将会成为越来越多越详细，越来越准确，越来越健全的客户信息资料库，使销售部门更好更有效地发展客户或引发客户的再次响应，为企业实现销售循环本质的价值。

• 客户的一般数据

每个客户一般常用到的基本数据有客户通讯日志，客户代码，客户名称即集团企业公司名称，客户通信地址（1）、（2），邮政编码，电话，传真，网址，E-mail 地址，联系人，国家代码，城市，省市/州、县、镇、行业地区代码，客户类型等。

（3）销售业务数据

每个客户的销售业务基本数据有客户订单号、销售渠道、产品组代码、装运、卸货（发货）地址、发票、开票地址、状态、说明、语言、历史信息等。

（4）财务账务数据

每个客户的财务账务数据有银行账号、付款方式、税码、外币和所选货币、汇率信贷能力（其中包括催账信，信贷限额、信用等）、付款提示、付款条件、付款历史、宽限期、发票日期、付款日期、折扣、类型等。

客户信息管理主记录，通常是为每个客户或业务合作伙伴建立一个客户主记录，有了新的客户再次建立客户主记录。但是，在日常销售业务中有的是一次性业务客户也有的是长期性业务客户，在客户管理主记录中可分客户、一次性客户两种方式处理。

为保证与客户的有效联系，用户可以自定义任意个地址、联系人、注释说明，以及各个地址的详细内容，也可定义建立客户等级关系（或称客户层次关系）。

客户信息管理主记录创建后，应用者可通过显示、增加、修改、删除、冻结或解冻，查询等功能找到指定的客户进行客户管理与维护，或者直接通过客户通讯日志、客户名称、用户自定义或日期排序等对客户信息维护。

（5）订单处理

客户订单在产生之前就是客户需求的询价或报价。一旦客户订单成立，就需要对客户订单进行管理与监制。

客户订单是按照客户实际需求的产品而产生的。客户订单有订单号、订货日期、客户名、客户联系人及客户通讯日志，订单内有产品号、数量、价格、发运和交货日期。发货运输方式，把订单处理中的批准、冻结、撤销和安全规则等有关信息作为客户订单的基本信息。

客户订单可定义一个物料品目，这样的订单通常称作常规的一般订单，一个订单上如果有多个物料品目，则把它称作为总订单（也称总括订单），而每个物料品目又可分成多个与数量、交货期相关的子部分。它们被称作细目。

一个订单的处理通常要经过订单确认、价格确认、信用审核、订单录入与批准、订单下达、发货、开票等周期行动，这些步骤可由用户选择性定义。

① 订单确认

a. 在线可供销售量确认。通过在线可供销售量了解与确认，是指对客户订单要求的产品数量和发货日期询问其可行性如何，即审查主生产计划 MPS 已确定的在线可供销售量 ATP 能否按时提供客户所需产品的数量。如果在这个时期所需要的产品数量不能满足，系统可显示最早的可行的供货日期提供选择。

b. 价格确认。系统按客户订单自动查阅价格清单、折扣和监控价格调整。

c. 信用审核。系统对客户订单自动地进行信用审核，如果违反信用规则，系统显示该客户的信誉——红色"X"，表示自动冻结订单。客户信用也可以定义客户信用分类档案。此外，也可定义付款条件（包括国际贸易）进行信用审核，防止销售订单的应收款受阻。

② 订单录入

每个订单由用户自定义最简便的快速录入或详细的全部明细录入。如果订单有更多的业务信息要求，则可在屏幕上修改或增加数据录入，也可把具有相似物料品目的订单组合在一起录入。订单录入方式，通常先定义参数（或称通过订单的工作流程路径），即定义订单是怎样工作的、订单录入是以客户订单号或客户所要求的产品物料号或借助产品编号录入订单；

也可定义一个样板订单或拷贝已有订单，利用预先定义的匹配数据传输。有的软件提供 EDI 电子数据交换接口，由电子传送方式录入客户订单；另一种是使用条码数据将客户订单号直接录入系统。

③ 批准和冻结

为了有效地控制订单顺序与时间，什么时候因需要而在订单处理流程中定义批准顺序或订单周期中定义多个批准行为，加定价和折扣的批准、订单在发运前的批准。

冻结是指通过冻结来停止一个订单、退货、信誉审查，或在订单周期中设置冻结。冻结可选择人工冻结或自动冻结方式。当需要修改冻结时，则应由系统中已设置的有权定义冻结和修改冻结者来处理。如果使用冻结失效日期，则系统会按日期自动取消冻结。反之，也可运用人工取消冻结。

（6）发货处理

发货是指客户已订货，且已有订单，并已将订单录入系统经计划与制造等过程后，根据订单计划、交货日期，系统生成发货发运计划、发货确认、发货等，由销售部门来确认的最终结果。如果客户订货后有可用库存、预留库存与分配，那么，这时只要在屏幕上授权发货、开票和发货，然后将发票和凭证自动传送到财务系统应收账款。

① 发运计划

发货是指根据每个客户订单要求，一个订单为一次发货或多次发货，如果有需要一起发货的订单，则组成系列组发货。一个发运计划是按订单交货日期倒推安排的，并考虑货物到达接受的时间、运输时间、装载时间、包装时间。这时系统根据发运计划会检查物料可用量，日期上的可用性，即对当前库存（计划内的、预留的）进行检查。如果物料不满足，发生短缺，这时需考虑到可用量和发运计划或分成多次发货等。

② 发货

一旦订单完成，则执行订单发货下达。系统生成发货文件即提货单，通常是按客户订单的订单号、订单日期、所订的物料、数量、交货日期等要求进行发货。如果销售部门需要采用人工操作执行发货，则系统同样可以接受人工处理发货。

订货发货状态是用来区分交货的物料是否需要部分提前发货或全部发货、几个订单组合起来一起发货以及检查是否允许发货等。

发货过程的另一个重要过程是装箱单生成，系统为每一订单的发货生成一份预发货装箱单。装箱单是一个详细记录本次发货运输给客户的物料、数量以及交货的物料存储的仓库等的明细表。这种装箱单通常是按客户订单的订单号、客户号、订单交货日期打印的，是交给发货部门即仓库执行发货交运的文件。

发运地址可以由用户定义或指定，包括联系人、电话和其他信息。为了便于发货信息的统计，系统将发货信息存储在一个发货批处理中，这样就能快速处理发货业务和查询发货状态。

发货运输的文件又叫运货单或交运单，是根据客户订单或装箱单系统自动生成的，或是人工生成的。交货后就开始装运活动，这时库存自动更新，减少了库存，而且把减少的价值由系统转入员会计账单中去。

对于不能按期交货的客户订单，系统会自动生成一份延期客户订单发货交运报告，列出所有延期的客户订单。

③ 发货冻结

发货过程中如果信用检查通不过，这时可以不执行发货下达，取消这个订单或冻结发货，直到该冻结被撤销为止。

（7）销售发票

发票是指为交货而开发票、系统支持交货开票、贷项通知单与借项通知单、发票记录传送到财务系统、应收账款取消等功能。

① 交货开票

交货开票，在事先对每一业务处理事务均由用户自定义开票，并设置在系统内自动生成标准发票、比例或固定数分开开票、特定日期开票、汇总开票、发票价格调整等。当要处理交货开票时，系统例行检查，也可由用户任意选择一种开票。有的系统在交货开票之前，先开一张所要等待开发票的清单报表，在这张报表上，把所有客户订单上未开发票的订单物料全部列出，这样便于销售人员事先掌握开发票状态。发票打印后，系统把记录传送到财务系统应收账。

② 贷项/借项通知单

开发票，通常是根据客户订单交货开发票。系统也可根据用户要求，允许用户创建贷项/借项通知单或称贷项/借项凭证单。

在交货开发票过程中，系统会把预付金额、运费和杂费等各项费用以及税金等储存在累计费用数据字段里，在发票过账时，必须先检查是否已把所有必需的费用全部加入到这个订单里，如果碰到要开发票的数量价格调整，这时在订单中更新价格的组成部分或再次定价。

3. ERP销售模块和其他子模块的关系

销售管理模块功能的实现，需要与其他相关功能模块进行信息的输入与输出。

销售管理子系统与库存、成本、应收账管理和生产等子系统有着密切的联系，销售管理子系统与其他子系统的关系如图 5-5 所示。

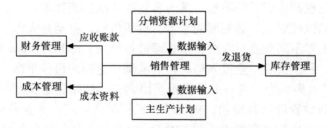

图 5-5 销售管理子系统与其他子系统的关系

概要地说，销售的产品从成品库中发出，销售成本及利润由成本会计核算，销售产品的应收账款由应收账管理来结算，销售订单（合同）为生产提供了各类产品的计划数据。

5.1.3 客户关系管理

1. 客户关系管理基础

（1）客户关系管理的起源

客户关系管理（Customer Relationship Management，CRM）的产生和发展源于 3 个方面的动力，即需求的拉动、信息技术的推动和管理理念的更新。在需求方面，20 世纪 80 年代中期开始的业务流程重组和 ERP 建设实现了对制造、库存、财务、物流等环节的流程优化和自动化，但销售、营销和服务领域的问题却没有得到相应的重视，其结果是企业难以对客户有全面的认识，也难以在统一信息的基础上面对客户。另外，挽留老客户和获得新客户对企业来说已经变得越来越重要，这就产生了现实和需求之间的矛盾。在信息技术和管理理念方，我国企业的办公自动化程度、员工计算机应用能力、企业信息化水平、企业管理水平都有了长足的进步。数据仓库、商业智能、知识发现等技术的发展，使收集、整理、加工和利用客户信息的质量得到大大提高；另一方面信息技术和互联网不仅为我们提供了新的手段，而且引发了企业组织架构、工作流程的重组以及整个社会管理思想的变革。在这种背景下，企业有必要而且有可能对面向客户的各项信息和活动进行集成，组建以客户为中心的企业，实现对客户活动的全面管理，这就是所谓的"客户关系管理"。在电子商务环境下，CRM 的内涵和外延涉及 B2B、B2C、B2G 等多个领域，并且已显得相当重要。

（2）CRM 的定义

客户关系管理是由 Gartner Group 正式提出的，至今已有十几年的发展历史。关于它的起源在理论界有两种观点，一种认为它起源于 1990 年前后的销售自动化系统（SFA），然后又发展了客户服务系统（CSS），并在 1995 年把 SFA 和 CSS 两个系统合并起来，再加上营销策划（Marketing）、现场服务（Field service），并在此基础上集成了 CPI（计算机电话集成技术），形成集销售（Sales）和服务（Service）于一体的呼叫中心（Call Center），在此基础上逐步形成了我们今天熟知的客户关系管理。另一种观点认为，客户关系管理起源于西方的市场营销理论。在工业时代，市场状况为卖方市场，总趋势是产品供不应求，企业以"产品"为中心进行营销活动。而随着生产力的极大发展，商品极大丰富并出现了过剩，这时企业需要不断的开发客户，后来随着客户选择权的扩大，逐渐形成了以"客户"为中心的营销理念。在这种背景下，客户关系管理理论就逐渐从市场营销中脱离出来并且不断被提升以及完善。

事实上，这两种观点并不矛盾，只不过，前者是从技术的角度来理解客户关系管理的起源，而后者则是从理论角度进行理解。

由于客户关系管理产生的时间不长，其内容还在不断发展和丰富中，因此，它并没有一个统一的、权威的共识或观点。各领域的学者、科研机构，甚至是大型企业都从经营管理、市场营销、信息技术等不同角度对客户关系管理进行释义。Robert Shaw 认为："客户关系管理是一个互动过程，用于实现企业投入与顾客需求满足之间的最佳平衡，从而使企业的利润最大化。"Imhoff 等人则认为"客户关系管理是协调公司战略、组织结构和文化以及顾客信息的技术，用以有效地管理顾客接触，实现顾客长期的满意度，为企业创造利润。"Gartner Group 作为全球比较权威的研究组织，对 CRM 给出的定义是：客户关系管理（CRM）是代表增进盈利、收入和客户满意度而设计的，企业范围的商业战略。

总结上述论述，我们可以总结出，客户关系管理是一种以客户为中心的企业客户战略、一种经营管理哲学。企业借助于客户关系管理先进的管理思想和相应的信息技术、数据分析技术，以充分地把握客户行为，并在此基础上针对不同的细分客户制定相应的销售、营销和服务策略，从而在满足顾客需求的前提下，使企业客户资源的价值最大化。总概起来客户关系管理具体应包括以下 4 个层面。

① CRM 是一种先进的管理思想理念。它的核心思想是将企业的客户作为最重要的企业资源，通过完善的客户服务和深入分析客户需求，向客户提供满意的产品和服务，达到客户满意的目的。这个过程也是企业与客户建立长期、稳定、相互信任关系的过程。

② CRM 是一种改善企业与客户之间关系的管理机制。它通过从市场营销到销售再到最后的服务和技术支持的交差立体管理，使企业能够协同建立和维护起一系列与客户之间卓有

成效的关系，从而使企业得以提供更快捷和周到的优质服务，提高客户满意度，吸引和保持更多的客户。

③ CRM 也是一种先进的客户信息管理技术。它将最佳的商业实践与 Internet 和电子商务等信息技术紧密结合在一起，为企业的销售、服务和决策支持等领域提供了一个业务自动化的解决方案，从根本上提升企业的核心竞争力；另一方面则通过信息共享和优化商业流程来有效地降低企业经营成本。

④ CRM 是一种企业商务战略。CRM 实现了客户和企业双赢，它把"双赢"作为关系存在和发展的基础，供方提供优良的服务、优质的产品，需方回报以合适的价格，供需双方形成长期稳定互惠互利的关系

通过上面定义，我们认为客户关系管理至少应该实现以下两个目标。

① 通过客户识别以及客户细分，寻求并保持市场机会和销售渠道，提高客户满意度以及忠诚度。

② 改善业务流程，提高各个环节的自动化程度，从而缩短销售周期、降低销售成本。

这两个目标从本质上看就是为了更好的提升企业利润，只不过前者是从增加销售，提高收入方面考虑，后者是从降低成本方面考虑。因此，提升企业利润就是客户关系管理的总目标。

（3）传统客户关系管理的局限性

客户关系管理可以创造企业竞争优势，但这种竞争优势迄今为止几乎没有在企业实际运营中产生作用。这是因为在传统环境下客户关系管理有着它不可避免的局限性。

① 客户概念过于狭隘。传统的客户关系管理常常是从传统的市场销售角度来理解，一般只对直接用户和终端用户进行分析和管理，而对于潜在的客户群、分销商、零售商客户以及企业内部客户则未给予足够的重视。

② 对客户关系的错误定义。传统的客户关系管理错误地把客户的购买行为以及与企业联系的行为定义为客户关系，它要求企业把注意力放到诸如客户购买产品的相关信息及对客户今后会购买其数据库中什么产品的预测上。因此，客户关系管理所管理的不是真正的客户关系而仅仅是客户的购买和联系行为。但真正意义上的客户关系是决定这些外在表现的内在驱动力，是无形的。因此，在一个企业了解真正驱动客户"忠诚"行为的客户关系以前，它是无法有效地管理其客户关系的。

③ 客户信息缺乏有效管理。传统的客户关系管理过于依赖销售人员个人或者局限于市场部门内部，这将导致客户关系受到影响。典型的问题就是，随着营销人员的流失而使客户关系及相关资料缺失，企业在制定市场竞争策略和新产品开发策略时也无法充分有效地利用客户关系信息来提供决策基础。企业内部各个系统之间是互相封闭的，不同部门所需信息常常难以及时地获得，客户信息的一致性也很差。

④ 由于缺乏整合性的考虑，市场销售部门与技术部门之间常常存在着不同程度的界面问题，使得在满足市场需求的过程中存在着反应缓慢、追求技术先进性而忽视用户需求等一系列问题，其最终结果是客户满意度和忠诚度的下降。

⑤ 顾客与企业之间的关系仅仅被视为短期的利益行为，而未能从长远的角度来考虑价值的共享问题。

综上所述，传统的客户关系管理具有很大的局限性，这种局限使得客户关系管理的实施以及应用效果非常不尽如人意。如何克服这些局限，建立一个真正的客户关系管理就成了理论界以及业界的焦点。

2．CRM体系的功能模块

客户关系管理功能模块主要是为了实现企业的基本商务活动的优化以及自动化，因此它主要涉及 3 个基本的业务流程，即市场的营销、销售的实现、客户服务与支持，如图 5-6 所示。基于这 3 个业务流程，客户关系管理体系中的功能模块主要包括营销自动化（Marketing Automation，MA）、销售自动化（Sales Automation，SA）和客户服务与支持（Customer Service & Support，CS&S）。

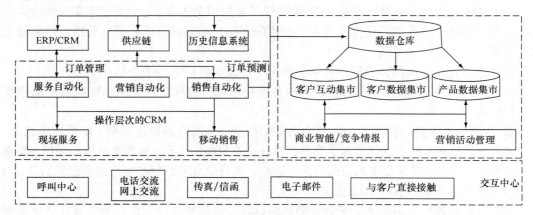

图 5-6　客户关系管理系统功能模块

（1）营销自动化（Marketing Automation，MA）

营销自动化也称技术辅助式营销，它是在电子商务环境下出现的 CRM 领域中比较新的功能。营销自动化并非自动化的营销，其着眼点在于在电子商务环境下通过设计、执行和评估市场营销行为（包括传统营销行为以及网络营销行为）和相关的活动的全面框架，赋予市场营销人员更强的工作能力，使其能够直接对市场营销活动的有效性加以计划、执行、监视和分析，并可以通过应用工作流技术，优化营销流程，使一些共同的任务和过程自动化。

① MA 的目标以及用户

MA 的目标简而言之就是使企业在电子商务环境下可以在活动、渠道和媒体间合理分配各种营销资源（包括传统的以及电子资源）以达到收入最大化和客户关系最优化效果。

MA 的用户主要为营销人员。营销人员包括参与电话直销、电子或传统邮件直销、Web营销、展销活动策划与实施、广告、公关以及媒体制作等营销活动的工作人员、组长或营销经理。当然，这些营销人员并不处于相同的地位，他们分工明确，在具体的应用上不同的用户具有不同的权限。

② MA 子功能模块

MA 模块作为电子商务环境下客户关系管理中负责营销的功能模块，它必须具有营销推广、执行评估以及分析等功能，为此在建立 MA 时主要应包括以下几个子模块（见图 5-7）。

a．活动管理系统（Campaign Management System，CMS）：此系统可以设计并执行单渠道或多渠道的营销推广活动（包括传统营销以及网络营销活动），可以追踪并细分客户对这些活动的效果反映；CMS 的功能还可以扩展到销售部门使用，即用以规划和执行部分销售活动。

b．营销内容管理系统（Marketing Content Management System，MCMS）：在营销内容管理系统中，可以检查营销活动的执行情况，评估营销活动受益，协调多种营销渠道，防止渠道间的营销策划发生冲突，例如通过对同一活动中的网络营销以及传统营销活动评价，协调两者关系。

c．营销分析系统（Marketing Analysis System，MAS）：分析营销的活动和方式方法，支持营销数据的整理、控制和筛选，就结果及特别问题及时做出报告和分析，确保产生的客户数据和相关的支持资料能够以各种有效的形式散发到各种销售渠道和决策部门，以便进一步改进营销策略。

（2）销售自动化（Sales Automation，SA）

销售自动化也称作技术辅助式销售，是客户关系管理中最基本的模块，也是客户关系管理最为关键的部分。客户关系管理就是在它和其他的应用系统的基础上发展起来的，但在电子商务环境下 SA 有了新的内涵。

① SA 的目标以及用户

顾名思义，销售自动化的目标就是运用相应的销售技术来达到提升销售和实现过程自动化的目的，这种销售技术在电子商务环境下有了新的扩展，很多传统企业开始建立网上商城，力图通过网络手段拓展企业销售渠道。

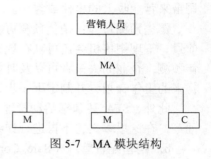

图 5-7　MA 模块结构

SA 的主要用户是销售人员和销售管理人员（包括传统以及网络人员）。这两种用户的主要区别在于数据权限以及所提供的管理方面的功能不同。

② SA 的功能模块

电子商务环境下的销售自动化并不是一个孤立的模块，它必须与营销以及客户服务集成，否则它不可能实现在电子商务环境下提高销售能力的目标。因此为了更好地实现目标，它应该包括以下两个方面的功能（见图 5-8）。

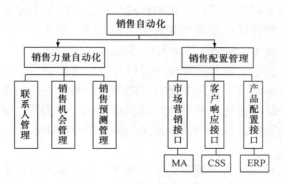

图 5-8　销售自动化模块

a．销售力量自动化（Sale Force Automation，SFA）。销售力量自动化是现在 CRM 系统中最受认可的一个功能模块，也是 CRM 最早的应用之一。早期的 SFA 只处理销售程序，在电子商务环境下，SFA 成为了一个集成度更高功能模块，它包含了更为广泛的销售功能，包括联系人管理、机会管理以及销售预测管理等。

联系人管理：电子商务环境下，企业进行销售的方式多种多样，包括传统的面对面销售、电话销售以及互联网中 WEB 中的网上商店销售等多种渠道。联系人管理就是把这些联系渠道进行整合，提供完善的客户接触资料的管理和使用。它与本文在客户联系管理模块中的客户信息系统有些类似，只不过它仅仅管理已经发生交易的客户。

销售机会管理：在企业销售过程中可能会出现很多机会，这些机会有的大，有的小，销售人员要根据机会的大小或者实现的可能程度等对它们采取不同的对策。否则很容易产生冲突或者忽视一个可以带来巨大收益的机遇，例如，著名相声表演艺术家姜昆在接受采访时说在他建立运行相声网站时，因为没有进行机会管理而没有及时进军网络彩铃业务，从而丢掉了一次绝佳机会。销售机会管理需要在整个公司层面进行，这里的机会是指潜在的、能为公司带来营业收入的事件或客户。

销售预测管理：销售预测可以帮助销售人员和部门跟踪客户、制定销售定额以及预测其前景，管理销售机会还可以在现有的销售基础上分析销售工作情况和预测未来收入。利用销售预测，企业的决策者可以及时地了解销售部门的定额完成情况，审核或预计每个销售经理将来的工作计划，并制定下一步的市场策略。

此外，SFA 还包括活动管理、报价管理、日历管理、报表管理、开支报销管理、佣金管理等，在这里本文将不再进行详细阐述。

b. 销售配置管理（Sale Configuration Management，SCM）。销售配置管理主要提供了 SFA 与其他模块的接口，CRM 正是依靠这些接口来改善企业的运作流程。

在 SCM 中，主要应该有以下几个接口管理。

市场营销接口管理：这是与营销系统的接口，这个接口能够使 SFA 及时的接受 MA 以及商业智能所做出的行业竞争、竞争对手分析以及竞争策略选择等，以便能够及时地做出相应反应。

客户响应接口管理：电子商务环境下，销售系统还应该支持客户要求，并且对服务进行跟踪，因而需要建立一个接口使相关部门（如呼叫中心）能够对交易的记录等进行很好的查询以及响应，这就是客户响应接口管理的作用。

产品配置接口管理：电子商务环境下 CRM 作用之一就是改善企业的工作流程，这个工作流程的改善很大程度上取决于前台营销销售对后台生产研发的指导。这就需要建立产品配置接口把前台销售的各种数据反馈到企业后台（如 ERP）中去。

（3）客户服务与支持（Customer Service& Support，CS&S）

企业不论在售前、售中还是售后都应该提供良好的客户服务，提高客户满意度，保持良好的客户关系。电子商务环境下客户关系管理的客户服务与支持模块正是起着这样的作用。本文根据所涉及的服务是有形还是无形作为根据将 CS&S 分为两个部分进行分析。一个是涉及有形物质产品的现场服务，另一个是涉及无形服务的呼叫中心。

① 现场服务

现场服务（Field Service，也可理解为上门服务）主要针对耐用消费品以及专业设备的服务，服务提供需要具备一定的专业知识。现在大多客户与企业不在同一地区，企业需要在不同地区设立实体的客户服务中心。尽管有些公司的服务已经外包，但不论外包还是自己设立客户服务中心，在进行现场服务时，他们都要根据总公司的客户资料以及公司业务知识进行服务，因此企业要建立现场服务模块对这部分的服务进行管理。

现场服务主要用户是现场服务人员，他们通过网络访问 CRM 的现场服务模块。内容包括直接与客户接触的，我们传统认为的一般公司应该具有的售前、售中以及售后服务功能，如服务请求管理、维修管理、质量管理、合同管理、订单和发票管理，此外还包括对客户们不可见的资产管理、技术人员管理、知识管理等。由于售前贯穿于企业的营销阶段、售后即是我们传统意义上的客户服务,因此在这两个阶段企业比较重视而且相对来说做得都比较好。但是却容易忽视售中服务例如合同管理,因此在建立服务模块时应特别注意对售中服务的管理,避免造成企业营销与销售之间的空隙,使客户满意度下降。

② 呼叫中心（Call Center，CC）

传统意义上的呼叫中心是指以电话接入为主,为客户提供各种电话响应服务的呼叫中心。企业引进电子商务后,传统的呼叫中心与 CTI 技术（计算机与通信集成）相结合,形成了新呼叫中心,我们可以称之为 E 呼叫中心,但为了称呼的方便我们仍称之为呼叫中心。CC 通过综合利用先进的通信及计算机技术,对信息和物资流程优化处理和管理,集中实现沟通、服务和生产指挥。它的概念已经扩展为可以通过电话、传真、互联网访问、Email、视频等多种媒体渠道进行的综合访问,同时提供主动外拨服务,应用业务种类非常丰富的客户综合服务及营销中心。

a. CC 的目标

电子商务环境下 CC 的目标主要有两点:一是成为客户关系管理的"客户接触点",为客户提供最快、最有效的呼叫服务,让客户得到及时准确的信息反馈;二是为企业获取客户信息提供途径。

b. CC 的结构

客户关系管理中的呼叫中心根据各个企业业务以及规模不同,它所涉及的组件可能不尽相同。但就一般而言,一般包括以下几个组件（见图 5-9）,各个组件之间通过网络进行通信,共享网络资源,向客户提供交互式服务。

- 自动呼叫分配子系统/排队机 ACD
- CTI 服务器
- 交互式语音应答 IVR
- 人工坐席子系统
- 系统管理子系统
- 数据库子系统

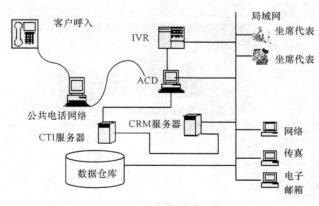

图 5-9　呼叫中心结构

c. 呼叫中心的功能

通过各个组件呼叫可以实现以下几个功能。

- 客户认定
- 电话交互活动效果的最大化
- 语音数据同步向外转移
- 智能化顾客信息分析

通过呼叫中心的结构以及功能，我们可以看出呼叫中心可以有效收集客户资料、了解客户需求，并且可以快速的响应客户的抱怨、协助解决客户的难题让客户感受贴心的服务，从而增进客户的满意度和忠诚度，促使顾客回头购买更多的产品或服务。此外，呼叫中心可以根据客户资料向其推荐适用的产品，满足客户的个性化需求，增加销售额。可以说，现在的呼叫中心已经由原来的成本中心变成利润中心，成为了电子商务环境下企业客户关系管理不可缺少的重要组成。

③ 典型客户服务——网络自助服务

自助服务在日常生活中并不罕见，像银行的 ATM、无人售货机等。由于不用麻烦别人，时间、地点也相对于传统服务更为便利，因此，它受到了广大消费者的一致好评。由于电子商务的发展以及互联网的应用，企业现在逐步将自助服务搬到了网络上，形成了"网络自助"。网络自助是企业在电子商务环境下利用互联网技术为客户提供的一个全天候的"自己动手"（DIY）的服务形式，它应用于企业的业务领域，贯穿于企业的售前、售中和售后服务。

网络自助是在电子商务环境下客户关系管理特有的客户服务形式，它比起传统的客户服务形式有很大的优点，它可以使服务时间以及地点都不受到限制，只要有互联网的地方，客户在任何时间都可以享受到服务。例如，中国电信网上客户服务中心（见图 5-10），你可以在这里进行话费查询、业务受理、区号查询，此外这里还有咨询与建议、营业厅导航等。

图 5-10　中国电信网上客户服务中心

3．CRM的实施

（1）CRM 的实施规则

CRM 的实施必须将全流程先进管理理念与一体化的客户关系管理结合起来，从业务流程开始并且要站在战略的观点上进行实施。因此，我们要制定一定的规则来指导实施的进行，在这里我们将客户关系管理实施规则总结为"1+5"规则（见图 5-11）。

图 5-11　"1+5"规则

"1"是指一个中心，即以客户为中心。以客户为中心是 CRM 的核心理念，因此在实施过程中企业要以"客户"观点来进行每一步的操作。"5"是指 5 种重要方法，即战略重视、长期规划、开放运作、系统集成和全程推广。

① 战略重视：电子商务环境下 CRM 的实施是一项极为复杂的系统工程，它涉及业务流程重构和组织再造、企业资源配置等多方面的问题，因此实施 CRM 时企业要站在战略的高度进行重视。

② 长期规划：实施 CRM 是一个长期的过程。设计可操作的、阶段性的远景规划非常重要。企业必须从一些可行或需求迫切的领域着手，稳定推进。

③ 开放运作：任何公司都不是全能的。企业应该随时向专业公司咨询以及寻求帮助。这样成功的可能性才会大大增加。

④ 系统集成：只有进行系统集成，才能将企业的各个运作过程有效地联结起来，实现客户关系管理改进业务流程的目标。

⑤ 全程推广：在实施客户关系管理过程中，不仅要做到业务的全程推广，还要做到 CRM 管理理念以及方法的全程推广。要注意 CRM 的不断改进，加强员工的培训和对最终用户的支持。

（2）CRM 的实施步骤

CRM 不仅是一种管理技术更是一种管理思想。因此，CRM 的实施不仅涉及技术层面的实施还要涉及管理层面的实施。从管理层面来看，企业需要运用 CRM 中所体现的思想来推行管理机制、管理模式和业务流程的变革；从技术层面来看，企业部署 CRM 应用来实现新的管理模式和管理方法。这两个层面相辅相成，互为作用。在企业实际运作中我们所强调的一般是技术层面实施，很少有企业对管理层面实施有所提及。而管理层面的实施却往往是成功实施 CRM 的关键，许多企业实施 CRM 失败就是因为对管理层面实施不够重视造成的。下面本文将分别从管理层面以及技术层面来介绍 CRM 实施的一般步骤。

① 管理层面实施

a. 制定以客户为中心的商业策略。制定以客户为中心的商业策略是由客户关系管理的核心理念决定的。它的目标是找到可以和客户双赢的机会，加强与客户关系。从本质上说就是站在客户角度进行观察，从而发现他们想要获得什么，甚至是预测他们现在不想获得什么，但是将来却想要获得。如果企业确实做到从客户角度出发，那它就可以为它和它的客户识别最好的共有机会，然后企业可以为那些机会区分优先次序，选择最合适的进行。

b. 重新设计功能性活动。制定完商业策略之后，并不是立即转入企业技术层面的实施。因为实施新的以客户为中心的策略往往要求企业同时改变进行商业活动的方式，从而重新设计功能性的活动。进行功能性活动设计时，企业应该仔细评定所有与客户相互影响的部门的角色，然后确定如何改造企业以便使企业做的每一件事都是计划帮助客户的，而且所做的每一件事都不会增加不必要的成本。

c. 根据功能性活动设计工作流程。当企业改变部门的角色和职责后，企业不得不设计新的工作流程来适应这种改变。关于如何设计工作流程，一般企业有两个基本的选择，即通过设计来使工作流程的每一步执行都尽可能有效，或者通过设计使部分工作流程尽可能有效。如果 CRM 是按可预测的工作流程制造的，那企业就应该选择前者，因为前者更可能进行。但是企业的"客户"特别是电子商务时代个性化的"客户"是企业最不可预测的因素，他们常常拒绝合作，并且不会按企业的计划行事，在这种情况下企业不得不选择后一种。

作为一种管理理念，电子商务环境下 CRM 在实施过程中必须包括以下 3 个环节，只有保证这 3 个环节得到贯彻，技术层面的实施才有可能顺利进行。

② 技术层面实施步骤

企业在技术层面的实施步骤与传统企业项目实施步骤有着很大的共同之处。可以说在企业电子商务环境下，CRM 在技术层面的实施其实就是一个项目的实施。为此，本文遵循一般项目实施的科学方法并结合 CRM 体系，提出以下的实施"六阶段法"。

a. 确立实施目标。企业在考虑部署 CRM 前，首先确定具体实施目标。例如，提高客户满意度、缩短产品销售周期以及增加合同的成交率等，即企业应了解这项目的价值。

b. 建立 CRM 雇员队伍。为成功地实现 CRM 方案，管理者还需针对企业业务进行统筹考虑，建立一支有效的雇员队伍。例如，每一个准备使用这一方案的部门均选出一名掌握电子商务和客户关系管理相关技术和理论的代表加入该雇员队伍。

c. 评估销售、服务过程并明确实际需求。企业的营销、销售以及服务都发生了很大的改变，这些改变要求企业在制定 CRM 方案之前需多花费一些时间详细规划和分析自身具体业务流程。接下来从销售和服务人员的角度出发，确定其所需功能，并令最终使用者寻找出对其有益的及其所希望使用的功能。

d. 根据实际需求选择 CRM 体系中的模块，制定出最优 CRM 方案。需求明确之后即开始 CRM 方案的设计。在这里企业可以制定若干个方案，然后根据企业的具体情况选择其中最优方案。

e. 开发与部署。企业对 CRM 进行开发部署时，可以选择自己进行也可以选择与供应商共同努力完成。此外，为使最优方案得以迅速实现，企业可以先部署那些当前最为需要的功能，然后再分阶段不断向其中添加新功能。

f. 应用、维护、评估和改进。CRM 开发部署完成后即进行应用，在应用过程中企业需不断地进行维护、评估和改进以保证 CRM 的有效运行。

从上面看出，CRM 管理层面以及技术层面的实施是从两个不同纬度进行的。管理层面的实施是从"管理"纬度出发，体现了客户关系管理 "作为一种先进的管理理念"的观点；技术层面的实施是从"技术"纬度出发，体现了客户关系管理　"作为一种先进的客户管理技术"的观点。这里强调的是企业在管理层面的实施与在技术层面的实施并不是分离的，他们在整个实施过程中是同时进行的（见图 5-12），并且是相辅相成的。

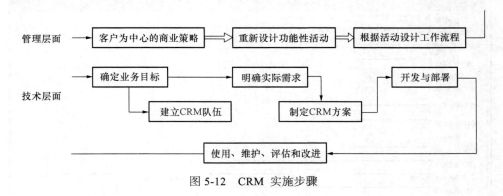

图 5-12　CRM 实施步骤

5.1.4　销售管理实训

【实训目的】

该模块的实训要求学生了解销售管理流程，以及销售合同的制定、销售订单的生成及客户的管理等内容。

【实训项目】

1. 客户信息录入
2. 业务合同
3. 报价单生成

【实训步骤】

1. 客户信息录入

（1）进入生产管理模块，找到功能列表，选择"表单管理"就能进行录入。操作人员进入表单管理界面进行操作，如图 5-13 所示。

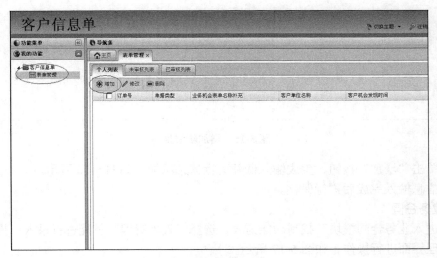

图 5-13　客户信息单

（2）单击"增加"按钮，进行新信息的录入，如图 5-14 所示。

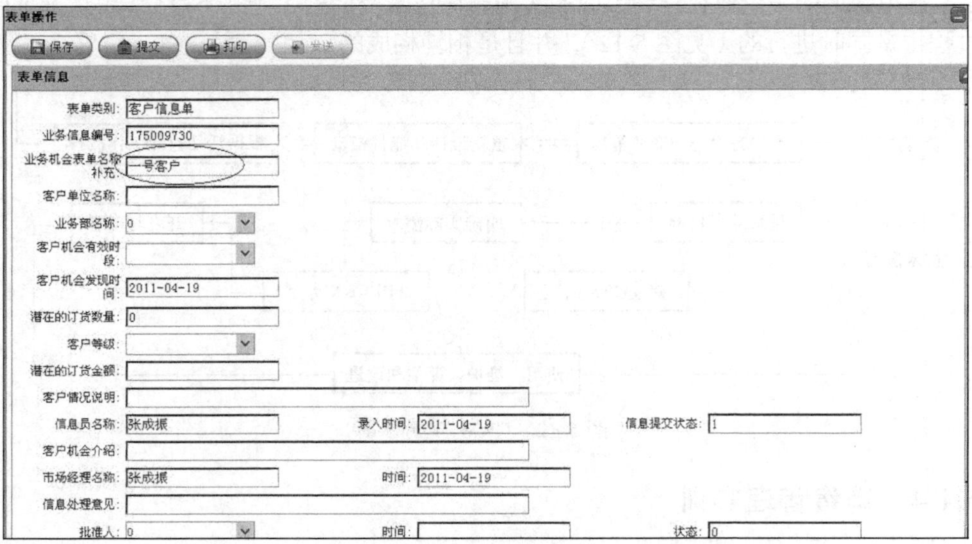

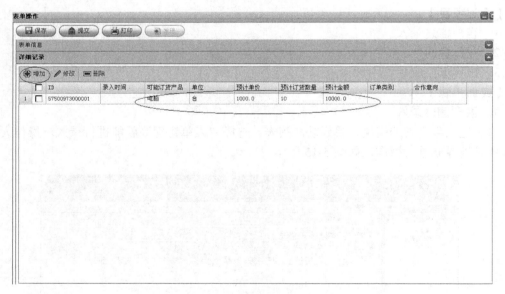

图 5-14　新信息录入

（3）单击详细信息，进行详细信息的添加，如图 5-15 所示。

图 5-15　增加新信息

（4）单击"增加"按钮，生成输入框并进行信息添加，如图 5-16 所示。

（5）信息输入完成后进行保存。

2．业务合同

（1）进入业务合同模块，找到功能列表，选择"表单管理"就能进行录入。操作人员进入表单管理界面进行操作，如图 5-17 所示。

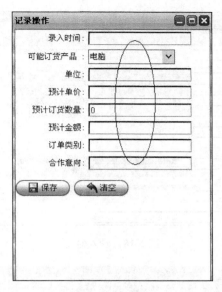

图 5-16　记录操作

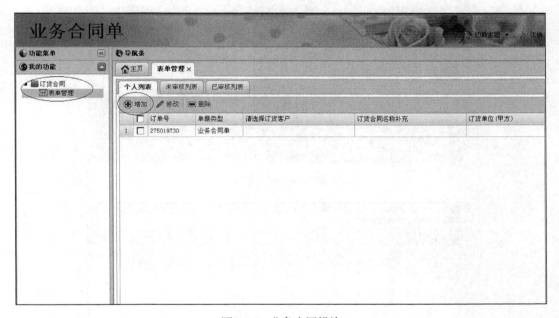

图 5-17　业务合同模块

（2）单击"增加"按钮进行信息的录入，如图 5-18 所示。

（3）在录入信息时注意要选择订货客户，确认无误后再进行保存并提交，如图 5-19 所示。

（4）提交成功后，单击下面的详细信息，可以看到信息会自动生成，无须填写，如图 5-20 所示。

3．**报价单**

（1）进入报价单模块，找到功能列表，选择"表单管理"就能进行录入。操作人员进入表单管理界面进行操作，如图 5-21 所示。

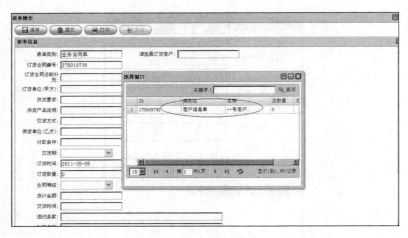

图 5-18　录入信息

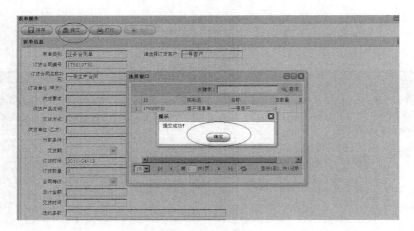

图 5-19　提交信息

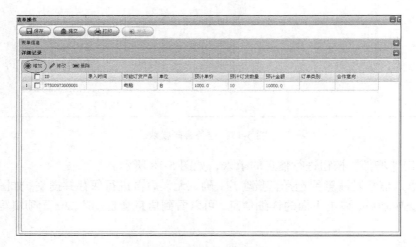

图 5-20　自动生成信息

（2）单击"增加"按钮进行信息的录入，如图 5-22 所示。

（3）单击详细记录，对详细信息进行录入，如图 5-23 所示。

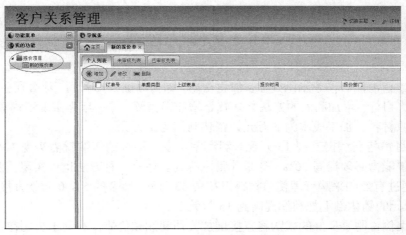

图 5-21　报价单界面

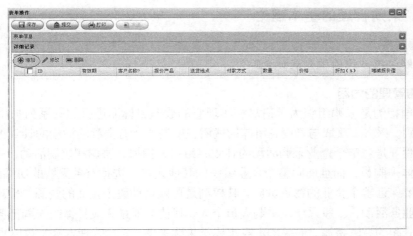

图 5-22　录入信息

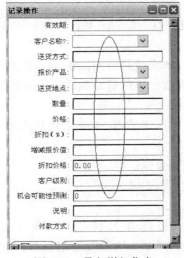

图 5-23　录入详细信息

5.2　采购管理

1996 年，蓝海洋公司才刚刚建立。创业初期，如何保证公司利润，让公司生存发展起来，是股东的最大目标。增加利润的方法之一就是增加销售额。那一年需实现销售额 11 万元，购进 5 万元的原材料，加工成本为 5 万元，销售利润为 1 万元。

而如果将销售利润提高到 15 万元，利润率不变，那么销售额就需实现 165 万元。这意味着公司销售能力必须提高 50%，这是非常困难的。还有一种方法也可实现，假定加工成本不变，可以通过有效的采购管理使原材料只花费 45 万元，节余的 5 000 元就直接转化为利润，从而在 11 万元的销售额上把利润提高到 15 万元。

上面的案例说明了良好的采购将直接增加公司利润和价值，有利于公司在市场竞争中赢得优势。

5.2.1　采购管理的基本理论

> **课堂思考**
> 企业采购管理系统的核心是什么？

1.　采购管理的内涵

采购管理指的是采购组织为了追求和实现它的战略目标而进行的一系列与生产和库存紧密相连的识别、采办、获取与管理它所需的或潜在所需的所有资源的活动的计划组织、协调与控制。采购管理是对整个企业采购活动的计划、组织、指挥、协调和控制活动，是管理活动，不但面向全体采购员，而且面向整个企业组织的其他人员（进行有关采购的协调配合工作）。其使命就是要保证整个企业的物资供应，其权利是可以调动整个企业的资源。相对来说，采购只是具体的业务活动，一般只涉及采购人员个人，其使命就是完成具体的采购任务，其权利只能调动上级分配的有限资源。但采购本身也属于采购管理。采购管理本身又可以直接管到具体采购业务的每一个步骤、环节和采购员企业采购管理的基本任务：一是要保证企业所需的各种物资的供应；二是要从资源市场获取各种信息，为企业物资采购和生产决策提供信息支持；三是要与资源市场供应商建立起友好且有效的关系，为企业营造一个宽松有效的资源环境。

2.　采购管理的过程

（1）采购管理的系统功能：本系统是针对采购工作有关的规划、请购、锁定、审核、收料追踪、历史记录、结转应付账款、采购订单关闭等作业的管理，协助采购部门有效地掌握各采购活动的信息。

① 采购订单的规划方式：由产销排程 MPS 或物料需求计划系统 MRP 自动生成，或由使用者自行输入。

② 已审核请购单可自动转为采购订单。

③ 供应商的历史交易往来资料记录。

④ 物料采购的询价资料记录。

⑤ 采购订单输入时，系统可以自动带出料品的询价或历史交易单价。

⑥ 采购订单请购/规划/锁定/审核/收料/验收/结转应付账款/关闭等状态追踪管理。

⑦ 采购订单逾期未交货物料资料追踪。

⑧ 请款作业处理：验退、验收单价查核、请款明细资料打印。

⑨ 采购项目：可分为库存品、非库存品（代/暂收费用之记录）。

⑩ 采购订单输入功能设定：供应商地址、收货厂商、收货厂商地址、允收上/下限、付款条件、币别、税别、预定交货日、预定验货日、验收仓库、原因码等。

（2）采购管理的作业流程，如图 5-24 所示。

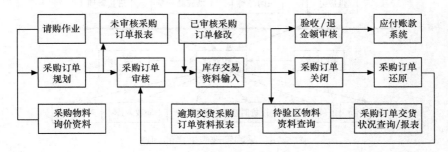

图 5-24　采购管理的作业流程

3. 采购管理的基本内容

为了实现采购管理的基本职能，采购管理需要有一系列的业务内容和模式。采购管理的基本内容和模式如图 5-25 所示。

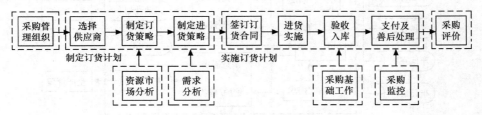

图 5-25　采购管理的基本内容和模式

（1）采购管理组织：是采购管理最基本的组成部分，为了做好企业复杂繁多的采购管理工作，需要有一个合理的管理机制、精悍的管理组织机构和一些能干的管理人员。

（2）需求分析：作为全企业的物资采购供应部门，应当掌握全企业的物资需求情况，制定物料需求计划，为制定出科学合理的采购订货计划做准备。

（3）资源市场分析：是根据企业所需求的物资品种分析资源市场的情况，包括资源分布情况、供应商情况、品种质量、价格情况、交通运输情况等。资源市场分析的重点是供应商分析和品种分析。

（4）制定采购计划：是根据需求品种情况和供应商的情况，制定出切实可行的采购订货计划，包括选择供应商、供应品种、具体的订货策略、运输进货策略以及具体的实施进度计划等，为整个采购订货构画了一个蓝图。

（5）采购计划实施：是把上面制定的采购订货计划分配落实到个人，根据既定的进度实施。具体包括联系指定的供应商、进行贸易谈判、签订订货合同、运输进货、到货验收入库、支付货款以及善后处理等。

（6）采购评价：是在一次采购完成以后对这次采购的评估，或月末、季末、年末对一定时期内采购活动的总结评估。主要在于评估采购活动的效果、总结经验教训、找出问题、提出改进方法等。

（7）采购监控：是指对采购的有关人员、采购资金、采购事物活动的监控。

（8）采购基础工作：是指建立科学、有效的采购系统，需要建立的一些基础建设工作，包括管理基础工作、软件基础工作和硬件基础工作。

从以上的讨论可以看出采购管理应考虑的问题，如图 5-26 所示。

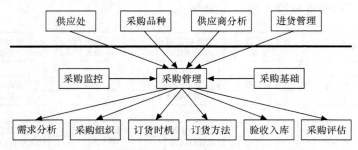

图 5-26　采购管理应考虑的问题

4. ERP采购管理系统与其他模块之间的关系

采购管理系统与 ERP 其他子模块之间的关系如图 5-27～图 5-29 所示。

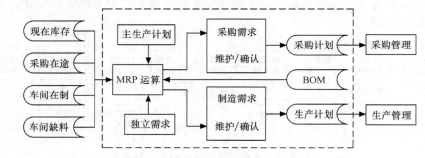

图 5-27　采购与 ERP 其他模块间关系 1

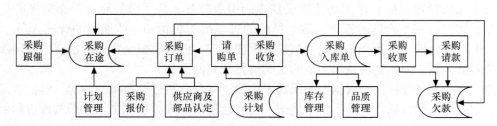

图 5-28　采购与 ERP 其他模块间关系 2

5.2.2　采购管理系统设计

1. 采购流程模型设计

流程规范是采购管理的根本，是采购职能充分发挥、采购任务圆满完成的关键。在对采购部门进行业务流程重组的过程中，应着重理顺和优化业务流程，强调流程中每一个环节上的活动尽可能实现最大化增值，尽可能地减少无效的或不增值的活动。

对采购流程进行分析后，采购流程的关键步骤可以概括为以下 9 步：第一步，接收采购申请，提出需求；第二步，描述需求，及对所需的物料、服务的特点和数量进行确认；第三步，管理、选择、评估供应商及合作伙伴；第四步，确定价格和采购条件；第五步，发出采购订单或外包订单；第六步，对订单进行跟踪并催货；第七步，验收货物，保证货物质量控制；第八步，结清发票并支付货款；第九步，维护记录。

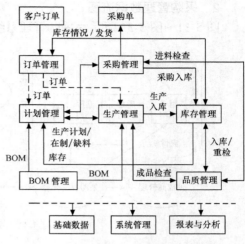

图 5-29　采购模块与其他模块间关系 3

采购流程及跨越采购部门、仓库、质量部门、财务部门等相关部门和外部供应商时发生的系列选择、认证、接收等活动的分析与设计如图 5-30 所示。在图中可以看出，首先要进行需求和市场分析，根据供需对比情况选择供应商和采购方式。对于拟发展成为战略合作伙伴的供应商，进行合作试运行，根据试运行结果选定最终的合作伙伴，签订长期合作协议，正式合作。双方开始正式合作后，采购就在合作协议的框架下进行，无需每次都签订采购订货合同。采购部门根据采购计划向供应商发出采购订单，供应商确认后，订单开始执行。最后是采购评价与供应商评价，采购部门要及时地组织相关部门对采购合作情况进行评价，并将评价结果反馈给供应商，以便供应商进一步改进，同时根据评价结果，对供应商进行相应的激励。

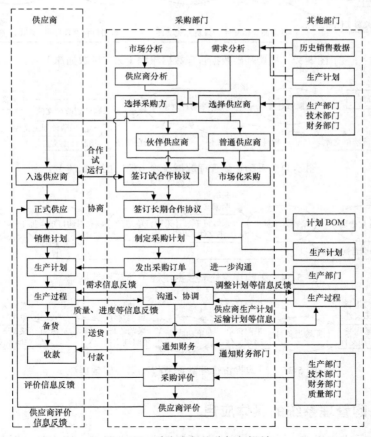

图 5-30　采购流程的分析与设计

2. 采购管理数据流图

图 5-31～图 5-35 所示为采购管理系统数据流程图，绘到第二层数据流结构。

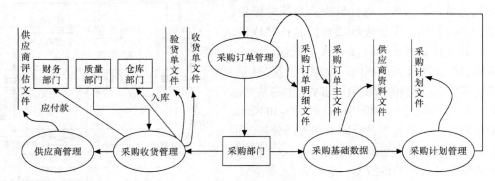

图 5-31　采购管理系统数据流程

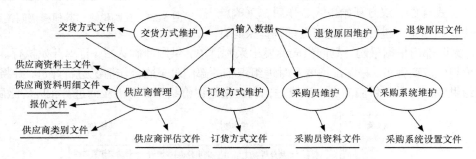

图 5-32　采购基础数据管理数据流程（第二层数据流）

图 5-33　采购计划管理数据流程（第二层数据流）

图 5-34　采购订单处理数据流程（第二层数据流）

图 5-35　采购收货管理数据流程（第二层数据流）

5.2.3　采购管理系统的具体应用

国家电网公司成立以来，电网发展进入了以坚强智能电网为标志的新阶段，公司发展进入了以"三集五大"为特征的新时期，信息化是"五大"体系建设的重要支撑和保障，在实施"五大"体系建设的同时，需同步开展信息化支撑"五大"体系的建设工作，ERP 的信息化建设势在必行。

1. 采购管理与其他相关模块关系

Oracle Application 是一个集成的 ERP 系统。采购模块作为其中的一个重要组成部分，其与库存模块、应付模块、总账模块、项目模块、固定资产模块、人力资源模块、企业资产管理模块相互关联和数据往来关系。

2. 采购模块与其他模块业务关系说明

采购模块与应付模块：供应商开票后，在应付模块中录入发票并与采购订单、接收数量、发票数量进行匹配。

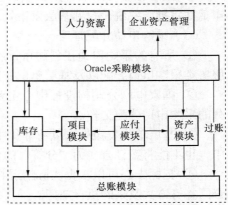

图 5-36　采购管理与其他模块关系

采购模块与库存模块：供应商货到后，在库存模块对该采购订单进行接收以及退货管理，在库存管理模块可以通过库存计划自动生成物料采购申请。

采购模块与总账模块：采购模块业务产生的相应会计科目，将自动过账到总账；采购与总账共享会计期间。

采购模块与人力资源管理模块关系：采购模块借助人力资源管理模块中的组织管理设定的部门及职位、职务来设定采购的审批层次及其审批权限。

采购模块与项目管理模块的关系：采购申请和采购订单可以直接输入项目信息，在费用类物料采购接收后费用直接计入项目支出。

采购模块与企业资产管理模块的关系：采购申请和采购订单中如果采购类型为外协服务，可以直接挂接企业资产管理模块中的工单信息，在采购接收后费用计入工单费用。企业资产管理模块中也可以直接把外协采购信息导入到采购申请中，生成外协服务申请单。

采购模块与固定资产模块的关系：固定资产的采购通过 ORACLE 采购管理模块进行采购，在采购时借方科目取中转会计科目，录入发票后匹配采购订单，数据自动传入固定资产管理模块。

3. 采购模块实施概述

采购模块业务范围为供应商管理、物资需求管理、采购计划管理、采购策略管理、采购执行管理等。

（1）物资采购需求计划管理

公司对物资需求实行统一汇总，由物资部门进行归口管理。物资计划包括物资需求计划、物资采购计划、物资招标计划、物资合同付款计划。要求各业务部门在第一时间将物资需求体现到系统中：

① 基建项目：初设审查后，由设计院按物资需求模板提供物资需求，由基建处确认后导入。

② 非基建项目：在年度综合计划下达后，由专业管理部门按模板整理后导入或录入。

（2）采购计划管理

① 所有物资需求由物资部门统一汇总，汇总后如需要利库就先进行利库，最终统一由物资部门生成批准状态的采购申请。非集中管理部分由基层物资部门提交基层发策处进

行采购分配；集中管理部分由网公司物资分公司统一上报网公司招投标管理中心进行采购分配。

a. 对非集中采购部分由基层单位的物资部门根据实际确定需要采购的物资数量生成审批状态的采购申请。

b. 对集中采购部分由网公司物资分公司根据实际确定需要采购的物资数量生成审批状态的采购申请。

② 基层服务类采购计划由项目专业管理部门、非项目需求部门在系统中直接录入采购申请并审批，并统一报到基层发策处。

（3）采购申请分配管理

① 所有的采购申请在创建审批后进入到采购分配。基层单位发策处主要负责基层单位服务类采购申请分配以及基层单位非集中部分的物资采购申请分配。

② 国家电网公司招投标中心主要负责网公司所有采购申请的分配以及基层单位集中部分的采购申请分配工作。

③ 基层单位发策处可以将非集中的采购申请修改为集中，但不可以将集中修改为非集中，也不能将签订方式为"分签"的修改为"统签"。

④ 招标中心可以根据实际情况将集中修改为非集中采购，并确定非集中的采购方式、合同签订方式及采购执行部门。

（4）组织采购

国家电网公司招投标管理中心及基层发策处负责组织采购，进行询报价、招投标等工作。

（5）采购执行管理

物资类采购合同签订及后续订单录入等工作由两级物资部门负责，基层物资部门录入自行采购以及统谈分签的订单，网公司物资公司录入统谈统签的采购订单。

基层物资部门负责对送货到基层单位仓库和现场的物资（包括自行采购、统谈分签以及统谈统签的合同）在系统中进行到货确认或直发现场并打印接收单入库单。

对于统谈统签的合同，基层物资公司需要每月定期（在基层单位库存月结完成后的几个工作日内）把当月所发生采购接收方验收单及接收单入库单等传递到网公司物资公司。统谈分签以及基层单位自行采购的合同的付款通知单由基层单位负责填写和提交；统谈统签到货基层单位的合同的付款通知单由网公司负责填写和提交。服务类合同签订及后续订单录入等工作由项目专业管理部门及非项目需求部门自行负责。

5.2.4 采购管理实训

【实训目的】

了解采购管理，理解采购与供应商之间的关系，了解采购管理是为了建立企业与供应商的长期信任关系，保证企业产品质量，降低成本，提高企业盈利能力。

【实训项目】

1. 供应商信息建立
2. 供应商评价
3. 供应商产品管理
4. 物料请购单

【实训步骤】

1．供应商信息建立

（1）进入新供应商选择模块，找到功能列表，如图 5-37 所示。

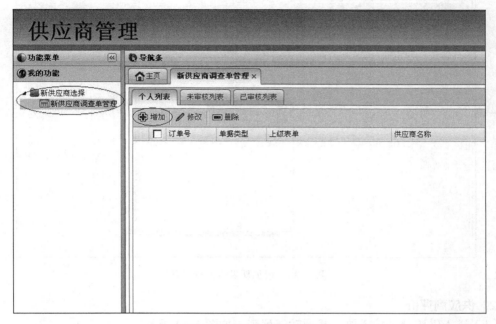

图 5-37　供应商选择模块

（2）单击"增加"按钮就能在新供应商选择模块进行下单操作，如图 5-38 所示。

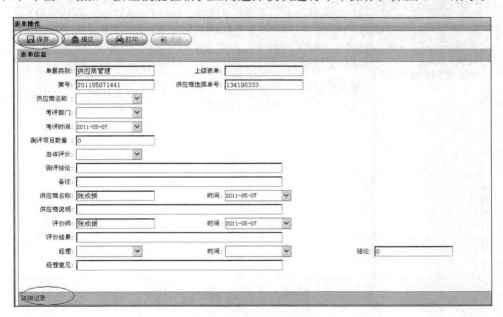

图 5-38　进行下单操作

（3）在详细记录操作栏里单击"增加"按钮就能增加新供应商选择单，如图 5-39 所示。

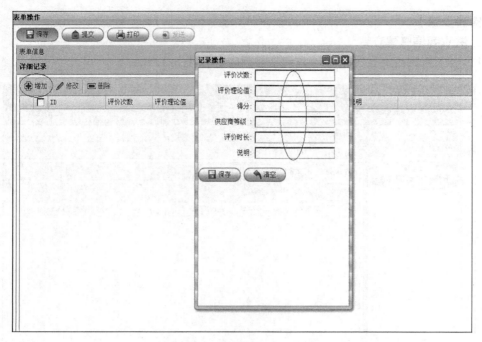

图 5-39　增加新供应商选择单

2．供应商评价

（1）进入供应商考核模块，找到功能列表，如图 5-40 所示。

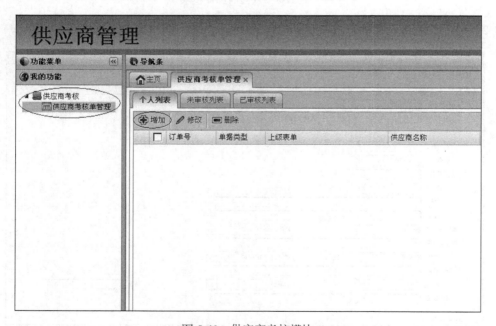

图 5-40　供应商考核模块

（2）单击"增加"按钮就能在供应商考核模块进行下单操作，如图 5-41 所示。

（3）在详细记录操作栏里单击"增加"按钮就能增加供应商考核单，如图 5-42 所示。

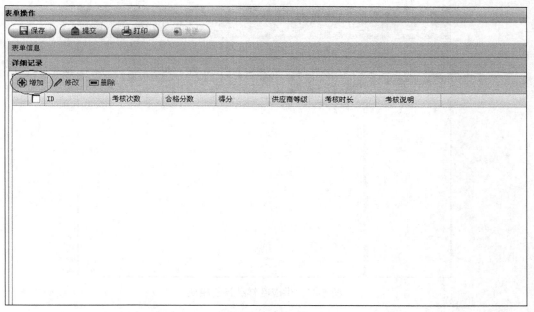

图 5-41　进行下单操作

图 5-42　增加供应商考核单

3. 供应商产品管理

（1）进入供应商样品评价模块，找到功能列表，如图 5-43 所示。

（2）单击"增加"按钮就能在新供应商样品选择模块进行下单操作，如图 5-44 所示。

（3）在详细记录操作栏里单击"增加"按钮就能增加供应商样品单，如图 5-45 所示。

4. 物料请购单

（1）进入物料请购单模块，找到功能列表，如图 5-46 所示。

（2）单击"增加"按钮就能在物料请购单模块进行下单操作，如图 5-47 所示。

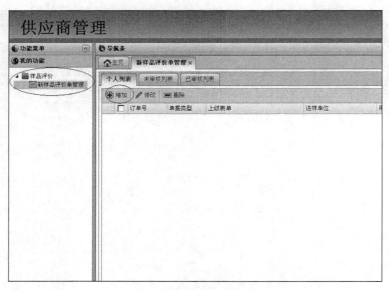

图 5-43　供应商样品评价模块

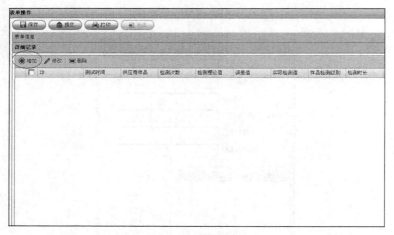

图 5-44　进行下单操作

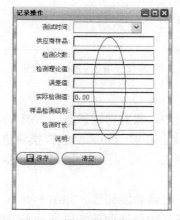

图 5-45　增加供应商样品单

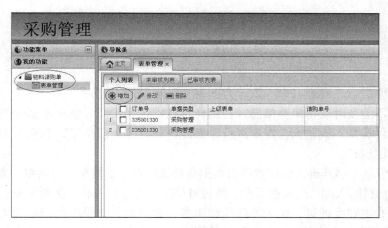

图 5-46　物料请购单模块

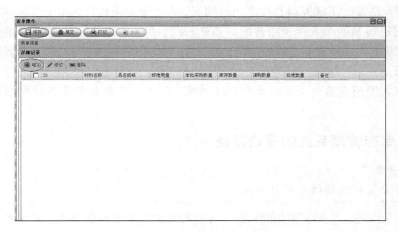

图 5-47　下单操作

（3）在详细记录操作栏里单击"增加"按钮就能增加物料请购单，如图 5-48 所示。

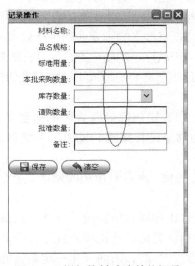

图 5-48　增加物料请购单的记录

5.3　库存管理

　　某企业年终盘点，发现在库存管理方面存在以下问题。

　　（1）车间不能及时获得库存信息。在运作过程中，无法获知各种零部件当前的库存量，但由于零部件种类多、数量大，需要进行仔细地核算，这不仅费时，而且易出错，从而影响公司快速有效地运转。

　　（2）库存信息不够准确。仓库管理员根据各种送货单、退货单、收料单、发料单、领料单和退料单进行物料的入库、出库搬运后，要随时修改库存信息和借、欠料信息，以便反映库存状况。工作中的主要问题是，由于零部件种类多、数量大，使得库存记录和实际库存时常不是严格一致的。因而需要通过盘点来纠正差错，这既耽误时间，工作量又大。

　　（3）仓库无法及时了解发料和生产用料情况。在工令单下达后，由于零部件与生产线的关系复杂，根据送料员的个人经验给各配料点送料时，常缺少发料、用料记录和相关信息，经常出现生产线缺料才知道需要送料的情况，导致生产和用料发生混乱，无法了解发料和生产用料的实际情况。

　　因此，有人提出完善公司物料库存管理系统，那么，应该如何完善公司物料库存管理系统呢？

5.3.1　库存管理系统的理论基础

> **课堂思考**
> 企业库存管理系统的核心是什么？

　　库存是联系供应、生产、销售的枢纽。库存管理的目的是在满足客户要求的前提下，力求尽可能地降低库存水平，减少资金积压，提高整个系统的效率，增强企业的竞争力，企业应保持最低限度的库存水平。其主要功能是建立供需之间的缓冲区，达到缓和用户需求与企业生产能力、最终装配需求与零件配套、生产厂家需求与原材料供应商的供需矛盾。另一方面，用户服务水平的高低又同库存有直接的联系，因此平衡库存投资与服务水平之间的关系就成为库存管理的中心。库存管理水平的高低直接影响到企业的生产效率和服务水平。有效地选择库存管理方法不仅会促进销售、改善生产秩序、均衡生产，而且会降低库存占用资金，最终使企业获得好的经济效益。所以，在满足生产需要的情况下，应尽量使库存保持在最低水平。

1. 库存管理的概念

　　库存管理是指企业为了生产、销售等经营管理的需要而对计划存储、流通的有关物品进行相应的管理，如对存储的物品进行接收、发放、存储保管等一系列的管理活动。

2. 库存管理的作用

　　随着 ERP 管理系统的广泛应用，库存对市场的发展、企业的正常运作与发展起到了非常重要的作用。

　　（1）维持销售产品的稳定。销售预测型企业（MTS）对最终销售产品必须保持一定数量的库存，其目的是应付市场的销售变化。在这种方式下，企业并不预先知道市场真正需要什么，只是按对市场需求的预测进行生产，因而产生一定数量的库存是必需的。

　　（2）维持生产的稳定。企业按销售订单与销售预测安排计划生产，并制定采购计划，下达采购订单。由于采购的物品需要一定的提前期，这个提前期是根据统计数据或者是在供应商生产稳定的前提下指定的，但存在一定的风险，有可能会拖后而延迟交货，最终影响企业的正常生产，造成生产的不稳定。为了降低这种风险，企业就会增加材料的库存量。

（3）平衡企业物流。在企业的采购材料、生产用料、在制品及销售品的物流环节中，库存起着重要的平衡作用。采购的材料会根据库存能力（资金占用等），协调来料收获入库。同时对生产部门的领料应考虑库存能力、生产线物流情况平衡物料发放，并协调在制品的库存管理。另外，对销售产品的物品库存也要视情况进行协调。

（4）平衡流通资金的占用。库存的材料、在制品及成品是企业流通资金的主要占用部分，因而库存量的控制实际上也是进行流通资金的平衡。例如，加大订货批量会降低企业的订货费用，保持一定量的在制品库存与材料会节省生产交换次数，提高工作效率，但都要寻找最佳控制点。

3. 库存管理与ERP系统的关系

库存管理就是对库存中的原材料、在制品和产成品进行有效的管理与控制，有效地发挥库存的功能可以使企业提高服务质量，降低库存成本，提高作业效率。此外，还可以加快资金周转，促进生产管理合理化。库存管理子系统与 ERP 其他管理子系统的关系如图 5-49 所示。

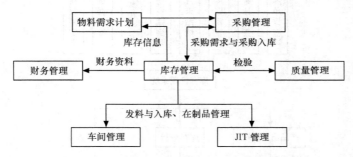

图 5-49　库存管理子系统与其他业务子系统的关系

5.3.2　ERP 库存系统的功能模块设计

1. ERP库存系统的功能模块设计

库存管理系统是在充分考虑并遵循可靠性、可伸缩性、跨平台互操作性、灵活性和易维护性等原则下设计的。

一般库存系统大概分为 6 个功能模块，分别是基础数据模块、日常业务模块、仓库盘点模块、仓库账查询模块、库存分析模块、产品出厂管理模块，其功能结构如图 5-50 所示。

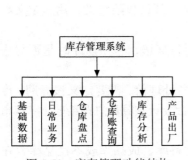

图 5-50　库存管理功能结构

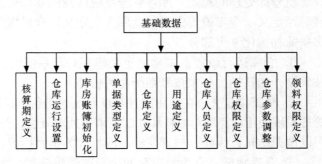

图 5-51　库存管理系统的功能结构

对系统的模块按照不同的业务实现不同的服务，即对各功能模块进行业务细分，以充分体现系统服务的灵活性，如图 5-52 所示。

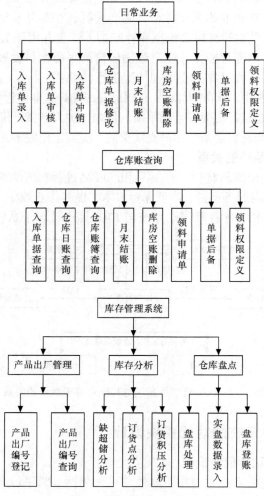

图 5-52　库存管理系统的功能结构

（1）基础数据。基础数据也称初始化。初始化是库存管理系统正确运行的基础，是进行计算机仓库处理的起点。库存管理系统涉及的初始化工作主要有单据类型定义、仓库定义、核算期定义、仓库设置定义、仓库人员定义、仓库权限定义、领料权限定义、用途定义和库房账簿初始化 9 个部分。

①　仓库运行设置。本功能定义库存管理系统的基础运行环境，包括盘库时是否封账，核算期开始日期，年末核算期所在月份等。

②　核算期定义。在使用库存管理系统来进行入出库事务处理前，需要定义核算期。库存管理系统使用核算期对物料和在制品事务处理分组，以此进行会计核算和总账结转。库存事务可以按月结转，因此，核算期号对应相应的年月标识。

③　仓库定义。仓库是库存的物理或逻辑分组，如原材料库、成品库或不良品库。在执行库存事务处理时，必须将每个物料移入、移出仓库或在仓库内进行移动。仓库的管理方式

可以选择按仓库、货区或货位 3 种管理方式。

按仓库管理：仓库内物料的管理无需定位至货区、货位。

按货区管理：可以使用货区来标识存储库存物料的实际区域，物料数量可以通过货区跟踪，物料也可以限制在特定货区范围内。

按货位管理：如果在特定仓库内实施货位控制，必须定义库存货位。货位标识出仓库中可储存物料的某个具体的物理区域，如货架/存料箱或通道/行/存料箱地点。如果启用货位控制，在执行库存事务处理时，每个物料的处理都附有仓库、货区和货位的组合信息。

④ 单据类型定义。库存事务处理活动是一种可更改物料的数量和（或）成本的预定义方法。由于入出库单据类型的定义指定了入出库事务的处理规则，因此系统在维护入出库单时会要求指定单据类型。每个单据类型决定影响或不影响库存的现有量、总现有量、生产成本等参数，系统在记账时会根据单据类型的属性决定如何处理系统的数据。

⑤ 仓库人员定义。本功能定义仓库使用人员，有效的仓库使用人员可以对库存管理系统进行事务处理。仓库使用人员可以是自然人，也可以是虚拟的逻辑概念。

⑥ 仓库人员权限。本功能为仓库人员针对指定仓库设置多种单据类型，不同的单据类型意味着不同的事务处理结果。有效的仓库人员权限设置决定了仓库人员对指定的仓库可以进行何种事务处理。

（2）日常业务。本模块执行与入出库事务处理相关的操作为先录入入出库单据，使用"入出库单修改"以查看和更新已录入且未记账的库存事务处理单据。若录入完成后，可使用"入出库单审核查看和复核"等待记账的库存事务处理单据。对于合格的库存事务处理单据，可以使用"记账处理"，生成有效的入出库单据，在完成记账处理之后，库存管理系统将依据单据类型和数量等相关信息来生成入出库流水账，更改库存信息。对于已经记账的入出库单据，如果发现记账错误，为了使库房账簿保持正确，要对这类单据进行冲销。具体的业务操作流程如图 5-53 所示。

① 入出库单录入：记录库存事务处理过程时使用此功能。

② 入出库单据修改：本功能对于人工输入或使用"读取"功能导入到库存管理系统的事务处理信息进行修改。如果单据尚未审核或记账时系统提示错误，它们仅是系统的临时数据，可以查看和更新这些来源于采购到货、销售发货或与车间任务关联的入出库信息，库存管理系统也允许删除这些单据。

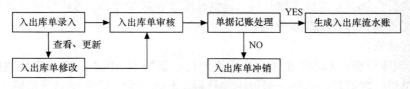

图 5-53　入出库业务操作流程

③ 入出库单据冲销：本功能对于已经记账的入出库单据，如果发现记账错误，为了使库房账簿保持正确，要对这类单据进行冲销，冲销类似于反过账，就是把库房的现有量、累计入、累计出等数量以及价格、金额等信息，调整为单据记账前的状态。该功能方便企业对于错误数据的处理，保持账物相符。

④ 入出库单据审核：本功能在审核事务处理之前，必须确保已输入该事务处理的所有要求信息正确。对于合格的库存事务处理单据，可以使用"入出库单审核窗口"审核通过，以便

稍后可以使用"记账处理"生成有效的入出库单据。在完成记账处理之后，库存管理系统将依据指定的单据类型和数量等相关信息来生成入出库流水账，更改库存信息。在完成记账处理之后，可以使用符号相反的单据冲销已记账的事务处理。

⑤ 入出库单据记账：本功能是完成将通过审核的入出库单据登记到仓库账簿的工作。本功能按照用户输入的仓库编码和截止日期，依据每张单据的单据类型所定义的对各种数量的影响关系（增加，减少，不变），将审核后的入/出库单据记入仓库账簿，主要影响的数据包括仓库现有量、仓库现有金额、总现有量、累计入（出）库量、累计入（出）库金额等，在记账的过程中，系统对记账的单据进行检查，在进行记账处理后，运行仓库账簿查询功能，以便查询仓库账簿的变化情况。

⑥ 月末结账：本功能在每一核算期末，将指定仓库的当前核算期的账簿转入历史账簿，同时自动打开下一核算期，并将当前核算期各物料的期末库存数量（金额）置为下一核算期的期初数量（金额），下一核算期的月累计入库量（额）、月累计出库量（额）等清零。如果当前核算期为年末，还要将下一核算期的年累计入库量（额）、年累计出库量（额）等清零。月结转处理后产生仓库历史账簿，可作为库存分析的依据。

⑦ 库房空账删除：本功能对于库房中的有些物料在使用了一段时间后，该物料的库房数量账和资金账都已经为零，并且确信以后再不会发生该物料的入出库业务。此时，该物料就没有必要在库房账里继续存在，为了清除这类冗余数据，可以进行库房空账删除操作。

⑧ 领料申请单：本功能用于录入各部门的领料申请，提交审批。需求申请包括"申请头信息"和"明细信息"。申请类型分为生产领用和非生产领用。目的是处理如办公用品、劳保用品等申请领用，以及在没有运行车间系统时处理生产物资的申请领用。

（3）仓库盘点。

① 仓库盘点处理：本功能主要是对需要进行盘点的物料设置盘点标记，并生成盘库号，生成盘库号是为了方便盘点工作的进行。当用户在仓库运行设置功能时，将盘库封账标记选中后，设置了盘点标记的物料将不能进行入出库单据维护。

② 实盘数据录入：使用本功能将实际盘点的数据输入到系统中，只录入与账面不符的实盘数量和金额，以便进行盘库登账和盘库分析。在实际盘库工作中发现账面数量（金额）与实际库存数量（金额）不符（盘盈、盘亏）情况后，使用此功能。

③ 盘库登账：本功能主要是将实际盘库数据记入仓库账簿，当出现盘盈、盘亏时，依据实际盘库数量（金额），完成调账处理，调整仓库现有量和金额，将调整量计入相应的账簿，产生盘库调账单据，并释放盘库标记。

（4）库存分析。

① 存货积压分析：本功能主要用于查询库房存货的积压情况，查询内容包括物料编码、物料名称、单价、现有量、金额、最近出库日期、积压天数、合理储备天数等信息。根据仓库编码、ABC 分类等条件进行积压查询。

② 订货点分析：本功能主要用于查询分析按订货点管理物料的存货情况，以便确定是否需要进行订货或组织生产。查询内容包括物料编码、物料名称、单价、现有量、金额、订货点、再订货量等信息，其中，订货点和再订货量是在定义物料属性时定义的。

③ 短缺超储分析：本功能主要用于查询库房存货的短缺或超储情况，查询内容包括物料编码、物料名称、单价、现有量、金额、最低储备、短缺数量、最高储备、超储数量等信息。可根据仓库编码、ACB 分类等条件进行短缺超储查询。

（5）产品出厂管理。

① 产品出厂编号登记：如果对产品进行质量跟踪和单机入出库管理，需要对每一个产品给定一个出厂编号，也可以记录构成该产品的关键件编码。

② 产品出厂编号查询：本功能依据输入的查询条件，查询产品出厂编号及其关键件编号的信息。

2. 库存管理业务与信息处理

企业库存管理业务主要有对物料的收发管理工作，根据物料的不同物理与化学属性，做好物料存储与防护工作，降低各种库存管理费用，分析并提供库存管理所需的各种数据报表。库存作业业务流程如图 5-54 所示。

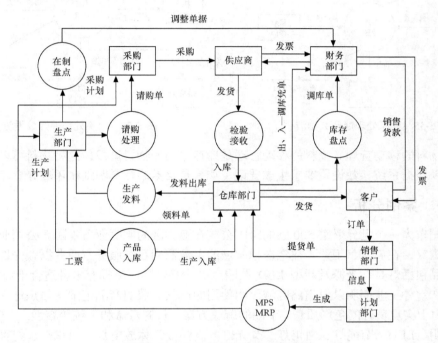

图 5-54　企业库存作业的业务流程

库存管理业务方式主要有物料的入库、物料的出库、物料的移动管理。下面将对这 3 个方面分别进行介绍。

（1）物料的入库。采购订单的来料入库根据采购订单来接受物料，办理入库手续，开收料入库单（收货单、入库单），分配材料库存货位，同时监督来料是否与订单相符。入库业务还包括生产完工入库、生产剩余物料入库以及销售退货入库。这几种入库在库存子系统中分别按不同的流程来处理，对各种入库方式都可以通过自定义来实现。完工的物品有半成品与成品。生产完工入库后进行生产成本的计算，数据转入财务子系统处理。销售退货有不同的处理方式，例如扣减货款、换货等处理，相关数据都转入财务子系统。销售退货有不同的处理方式，例如扣减货款、换货等处理，相关数据都转入财务子系统。入库处理展开数据流如图 5-55 所示。

（2）物料的出库。物料出库有生产领料、非生产领料与销售提货。生产计划的领料按车间订单与分工序用料，并可以根据物料清单（BOM）与工艺路线自动生成工序领料单。非生产领料有多种形式，系统都可以自由定义领料的类别。销售提货按销售订单或合同生成出货单据，并可自动生成销售订单与合同的出货单。生成的销售出货单可以追溯相应的用料，如单据、订单、生产加工单与原材料信息，从而实现质量体系的管理要求。出库处理展开数据流如图 5-56 所示。

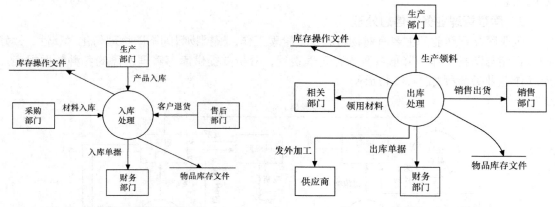

图 5-55　入库处理展开数据流　　　　图 5-56　出库处理展开数据流

（3）物料的移动管理。物料的移动管理是库存之间的物料调拨，这种物料可以不经过检验，也可以根据系统参数设置要求生成凭证（如果是财务的材料明细账还应分仓库核算）。

5.3.3　案例分析

G 公司作为一个世界财富 500 强的跨国公司在亚太区的照明业务集团。公司业务遍布亚太区各个国家，在商业、工业、住宅应用领域的主流照明系统服务方面占据领先地位。公司的主营产品包括灯具，光源及新型 LED 照明产品。其灯具产品拥有多种适合于商业/办公照明、室内和室外工业照明以及道路区域照明使用的产品。照明产品范围从白炽灯一直到特级产品，致力于实现良好的色彩质量、节能的解决方案、长的寿命和系统兼容性。 产品类别分为汽车照明、LED、节能灯、卤钨灯、荧光灯、高强度气体放电灯、白炽灯、特种光源、舞台灯等。

公司现有较成熟的供应链管理体系。亚太区的行政总部设在上海，同时设有两家生产制造工厂和一个进出口仓库。供应链分布其在亚太区 14 个国家和地区的分销仓库和销售中心。作为亚太区产品调拨中心的中心仓库（MDC）设在新加坡，负责协调区域整体计划协调，成品原材料全球采购管理中心。

公司现有资源计划管理系统为 QAD ERP 系统，集成从财务、生产采购、计划调拨、销售付款、订单服务所有供应链业务管理模块。

一、G公司库存管理存在问题

1. 销售预测精度低——供应链不确定性管理。

若预测销售量大幅高于实际销售量，如果按照预测进行库存准备，就会造成一定程度的库存积压。从商业角度来讲，由于 LED 照明产品业务行业前景普遍被乐观看好，而且销量逐年呈上升趋势，所以在销售预测环节，除了根据历史销量数据变化趋势，还加入了很多的乐观的人为判断因素。采购和制造部门为了更大限度地避免缺货的风险，在编制生产和采购计划过程中也偏向于把预估量放大，从而准备足够的库存给客户。

对于 MTS 现货生产产品，G 公司产品销售预测的具体流程为：首先，各个国家和地区的销售人员根据自己负责的客户渠道和产品线，加之自己的销售经验，收集相关产品的客户需求，把数据填入销售预测表格进行调整和校对，再将其提交给国家或地区中心供应链计划经理和产品经理。汇总后的预测数据经计划经理审核后发给亚太区计划经理，最后由亚太区计划经理对全部数据进行汇总，最终提交给生产采购调拨中心，进行生产采购计划制定和执行。

首先，从根本而言，各个国家销售人员不会花太多的精力去关心销售预测精度的问题，对自己上报的数据重视程度不够，根本原因在于没有相应的激励和考核机制，销售人员的收入和销售业绩和销售回款挂钩，和销售预测没有关系。其次，并不是每个国家都有专职的计划负责人，他们往往是由总经理或运营经理来兼职，销售预测计划不是他们岗位职责最重要的部分，因此缺少足够的对相关流程的关注度，在根本上带来销售预测执行的难度。

通常来说，各个国家供应链部门更多的是关心公司是否有足够的库存，是否可以按时按量交货给客户，但缺乏应对客户因市场波动而导致对公司产品产品需求出现波动的意识。所以为了不出现由于缺货而带来对销售任务的影响，各销售中心会主观的夸大客户需求量，以促使供应链部门为他们准备足够的库存。

销售人员在进行销售预测时，主观成分太大，缺乏科学的销售预测方法的指引，凭经验得到的预测准确性往往大打折扣。

在 G 公司，一个不容忽视的因素是对于 MTO 订单生产产品的预测。由于公司的业务特点和竞争战略考虑，七成左右的销售都是通过给客户提供照明产品整体解决方案来实现的，即基于项目的销售。项目销售的特点是具有不确定性，项目竞标有个过程，往往持续几个月或者是更长的时间，如何对项目涉及的产品进行销售预测对计划部门是个严峻的考验，也是 G 公司预测偏差大的一个主要原因。

2. 呆滞库存管理流程混乱——库存风险管理。

呆滞库存的产生并不是产品买多了或者生产多了那么简单，其成因随时间推移而变得极其复杂。一般来说，客户需求变化往往不断波动，而生产或者采购一般都有一定提前期，当在提前期间内客户需求发生大的波动后，已经准备好的存货就成了风险库存，处理的方法是企业可以主动寻找新需求或者相关需求，但这些都是不确定性因素，从而带来了库存风险。G 公司的业务特点也决定了其库存管理具有很大的风险性，七成以上的销售都是基于竞投项目的采购，项目风险采购是 G 公司产生呆滞库存的主要原因。

（1）销售预测环节

在 ERP 环境下，MRP 可以帮助企业做生产计划和采购计划，MRP 的主要数据输入是客户销售预测以及当前和在途库存数据。因此需求预测的准确性在极大的程度上影响了 MRP 结果的准确性。需求预测是一个复杂的流程，尤其是照明产品领域，以及 G 工业基于项目采购的流程特点，需求预测精度低是公司面对的一个最主要的困难和挑战。从而成为 G 公司呆滞库存形成的一个主要的因素。

（2）生产与采购环节（风险采购问题）

理论上来说，如果客户订单变化区间远远大于生产采购提前期的话，那么对库存管理来说是好事，不会有呆滞库存的产生。因此，企业总是想方设法缩短生产采购提前期和提高其灵活性，但零售企业和供应商谈判是一个互相平衡的过程，最佳提前期实际上是一个相对较好的区间，并不能保证企业可以完全克服库存管理的困难和问题。尤其是针对 G 公司的竞投项目，项目竞投区间有很大的不确定性，从而给生产采购管理以及库存管理带来极大的困难。而一旦项目竞投失败，势必会给库存带来风险，极易形成呆滞库存。

（3）库存数据的可见性和准确性（信息系统管理问题）

明确的了解仓储库存数量对控制库存数量来说至关重要。这个问题看似简单，但实际很难做到或者做好。库存数据准确性的标准针对不同行业和不用产品也有很大的差异性。企业供应链变得越来越复杂，各个节点往往独立运营，单独结算，作为调拨中心计划部门，需要一个实时准确的库存数据来做总体调拨和采购计划。在现代库存管理过程中，实现这一个目标必须借助于 ERP 管理信息系统。

对于 G 公司来说，亚太区 14 个国家独立运行 14 个 ERP 系统，通过 BI 中心数据仓库来实现数据采集并做汇总分析。数据采集的过程存在很多问题，如数据的实时性，准确性和完整性。现有信息系统管理流程无法做好以上几点，无法给供应链计划部门提高准确的生产、采购、销售和库存数据。这也是公司呆滞库存形成的一个关键因素。

最后还有一个因素，看似和制造企业供应链管理关系不大，但也是呆滞库存产生的一个关键因素。在实际企业运作过程中，很多公司的财务部门和管理团队由于种种原因，主观上不愿意把已经出现的呆滞库存从账面上消掉。也会影响呆滞库存的及时发现和处理。从物料管理和库存管理的角度来说，及时发现和处理呆滞库存是至关重要的，因为随着时间越长，呆滞库存就变得越来越没有价值，越早处理越能最大限度地挽回损失。

3. ERP环境下库存管理相关措施缺失——信息技术管理问题。

首先，MRP 的管理和控制不到位。MRP 根据销售需求预测对企业现有资源进行优化和配置，然后生成建议采购和上产订单，如果管理不规范会造成不能反映真实市场需求的订单，就会产生呆滞库存。另外，MRP 实施过程，不是系统配置和数据录入就完成所有工作，日常操作要保持对数据进行不断的调整和监控，这样才能保证其结果的正确性。G公司现有 ERP 系统环境，但大部分国家尚没有启用 MRP，或者在启用 MRP 的几个国家中，相关流程管理也没有完善的措施，其结果是造成了大量呆滞库存的生成，整体库存成本增加。

其次，采购生产部门没有按 MRP 计划下单。ERP 系统技术上来讲是允许进行手工下单的，因为 MRP 计划订单只是系统建议订单，系统对公司总体资源进行优化而配置的。最终执行订单要由采购员和生产计划员来决定。在 G 公司现有的业务流程下，采购人员很少按照计划下拨订单，主要是考虑供应商交货提前期的问题。基于以上原因，经常会出现单词采购量过高的问题，供应商后续送来的库存无法进行消耗，久而久之，造成库存积压。

再次，非计划订单采购管理混乱。G 公司业务中有很大一部分是项目采购。对于大部分竞标还未完成的项目，项目经理为了保证项目后期可以顺利开展和按时交付，往往在项目还没有明确竞标成功的情况下就向供应链部门发出采购申请。而且在采购申请的环节缺少必要的审批流程，迫于销售的压力，供应链部门往往在采购过程中没有话语权，项目经理大多数时候只要通过电子邮件发送需求即可申请成功。对于这种情况的采购，如果后期项目竞标失败，风险采购来的产品无法找到相应的客户需求，也会形成呆滞库存。

最后，呆滞库存的处理缓慢。呆滞库存的处理需要高度的库存可见性和库存库龄准确性。而做到这一点，必须借助 ERP 系统和 BI 系统的支持，从而来帮助业务部门对呆滞库存进行相应的处理。在 G 公司现有的 ERP 环境下，没有相应的流程可以处理这一问题。

二、公司库存管理改善方案

1. 供应链不确定性管理改进方案

供应链不确定性即销售预测准确性管理是库存控制最直接和最关键的因素。销售预测是指估计未来一定时间内，整个产品或特定产品的需求量和需求金额。目的在于通过充分利用现在和过去的历史数据考虑未来各种影响因素，结合本企业的实际情况，采用合适的科学分析方法，提出切合实际的需求目标，从而定制订购需求计划，以此来指导原材料或商品订货、库存控制、必要设施的配合等企业物流工作的开展。

2. 库存采购风险管理改进方案

风险采购多发生于基于项目的订单生产产品，是指客户需求还没有完全确定的情况下，由项目经理或销售人员向供应链部门提前请购相关的产品来进行库存准备。从他们的角度来讲目的是为了缩短产品交付时间，一旦项目竞标成功便可以保证项目的顺利实施并兑现对客户承诺的交付日期。对库存管理来讲，风险在于这部分采购申请不是完全确认的客户需求，往往项目还没有确定中标，如存在这样的情况，项目最终中标可能性或为 30%、50%、80%，但即使可能性为 90%以上，还是会有意外失败的可能发生，一旦最终确定项目竞标失败，供应链部门必须为这部分库存寻找替代需求。经过长期的累计，就会形成库存积压，最终形成大量的呆滞库存。

在 G 公司现有的风险采购管理平台下，由于缺少管理的标准流程，往往是销售人员或产品经理在没有经过任何流程审批的情况下直接要求供应链部门进行预先采购。迫于项目时间紧张或市场竞争压力，供应链部门基本没有话语权，往往会直接按照申请者的意图进行计划采购。由于项目竞标结果具有很大的不确定性，如果频繁的项目竞标失败，带来的结果就是相关产品库存积压，无法找到匹配客户。G 公司最突出的呆滞库存管理问题的直接原因就在于此。因此，必须对现有流程进行优化和改进，这样才能解决库存管理中的突出问题。

3. ERP信息技术管理问题改进方案

基于 ERP 系统环境下的现代库存管理，最终将粗略的经验管理变为基于历史信息，利用科学的计算方法和模型计划优化而来的库存建议。借助于 MRP，企业可以实时计算滚动库存，进而预测中长期未来某个时段的库存需求，这对企业来说非常重要，它可以提前制订库存管理策略和执行方案。信息系统仍在不断地发展和完善中，它集成了越来越多的先进技术来帮助管理库存，是现代库存管理发展的方向。

（1）提高 ERP 系统集成度，从而可以提高对客户需求的反应速度，提高客户服务水平。改善方案的核心是建立一套完善 BI 商务智能系统，公司现有的 BI 系统主要提高财务，销售数据等基本信息，库存管理方面的报表比较少，为了增加全公司库存可见度，为分析决策提供可能，利用 BI 系统实现库存数据集成势在必行。首先，可以利用 BI 数据采集，把分公司QAD ERP 系统库存数据实时采集到中心仓库，然后利用 BI 设计一系列库存报表来财务部门，供应链部门进行库存管理和控制。

（2）MRP 功能的普及和完善。MRP 是 ERP 系统的核心模块，基于企业经营历史采购，销售数据和销售预测，MRP 可以对企业资源进行配置和优化，并生产合理的采购建议订单。G 公司要在公司范围内实施 MRP 功能，不要做好以下几个方面的工作。

① 提高销售预测精度。销售预测是 MRP 的基础输入数据，必须保证销售预测的及时性和准确性才能部署 MRP 并得到期望的结果输出。

② MRP 系统配置优化和完善。MRP 需要基于一系列的计划参数设置才能完准确的计算，如安全库存水平、计划提前期等。IT 部门需要和供应链和财务部门共同完成每一个计划参数的讨论和确定，并录入到 ERP 系统。系统维护工作不是一次性完成就一劳永逸，在日后的操作中，要一直进行必要的调整和优化，才能保证结果输出的准确性。

（3）加强 ERP 系统用户培训。由于 G 公司 ERP 系统实施年代久远，加之基层系统操作人员，如采购员，仓管员，生产计划员等员工所受到的 ERP 系统原理和操作的培训较少，以及有人员变动频繁等原因，基层系统操作人员业务能力薄弱，这些因素会给库存管理带来困难。因此有必要加强 ERP 系统培训。具体执行方法如下：由部门经理推荐成立亚太区高级系统用户组，对一些部门主要负责人和业务比较熟练的员工进行深度而全面的业务操作流程和 ERP 系统培训。然后由"高级用户"对其下属的基层用户进行二次培训，这样做一方面可以提高系统培训的效率；另一方面也可以和业务部门建立更紧密的联系，从而形成一套高效而且有持续性的系统培训机制。

5.3.4 库存管理系统实训

【实训目的】

了解库存管理的主要功能，其中包括记录入库、出库、盘点等库存详细信息。帮助用户清楚地统一管理库存的每一次出库入库及盘点情况，提高库存管理效率。

【实训项目】

1. 材料入仓单
2. 发料单
3. 半成品/成品入仓单
4. 成品出仓单

【实训步骤】

1. **材料入仓单**

（1）进入材料入仓单模块，找到功能列表，如图 5-57 所示。

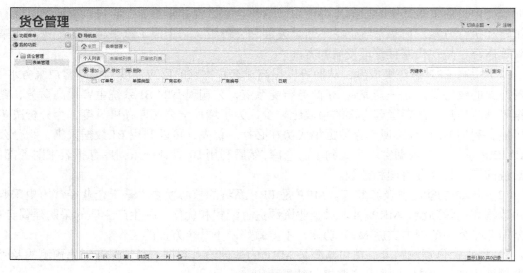

图 5-57　功能列表

（2）单击"增加"就能在材料入仓单模块进行下单操作，如图 5-58 所示。

（3）在详细记录操作栏里单击"增加"按钮就能增加材料入仓单的记录，如图 5-59 所示。

图 5-58　进行下单操作

图 5-59　增加材料入仓单的记录

2. 发料单

（1）进入发料单模块，找到功能列表，如图 5-60 所示。

（2）单击"增加"按钮就能在发料单模块进行下单操作，如图 5-61 所示。

（3）在详细记录操作栏里单击"增加"按钮就能增加发料单的记录，如图 5-62 所示。

图 5-60　功能列表

图 5-61　进行下单操作

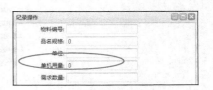
图 5-62　增加发料单的记录

3. 半成品/成品入仓单

（1）进入半成品/成品入仓单模块，找到功能列表，如图 5-63 所示。

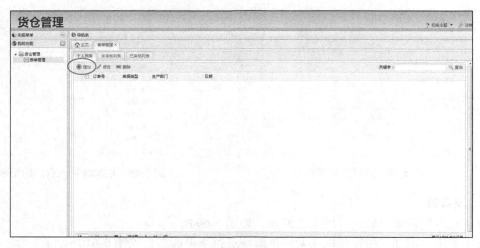

图 5-63　功能列表

（2）单击"增加"按钮就能在半成品/成品入仓单模块进行下单操作，如图 5-64 所示。

图 5-64　进行下单操作

（3）在详细记录操作栏里单击"增加"按钮就能增加半成品/成品入仓单的记录，如图 5-65 所示。

图 5-65　增加半成品/产品入仓单记录

4. 成品出仓单

（1）进入成品出仓单模块，找到功能列表，如图 5-66 所示。

（2）单击"增加"按钮就能在成品出仓单模块进行下单操作，如图 5-67 所示。

（3）在详细记录操作栏里单击"增加"按钮就能增加成品出仓单的记录，如图 5-68 所示。

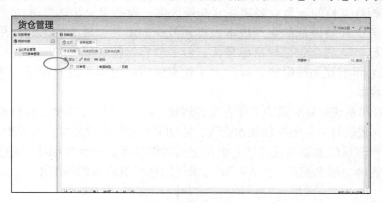

图 5-66　功能列表

图 5-67　进行下单操作

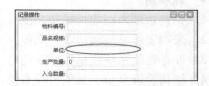

图 5-68　增加成品出仓单的记录

本章小结

1. 内容结构

本章内容构如图 5-69 所示。

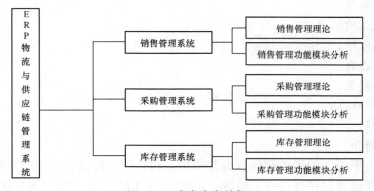

图 5-69　本章内容结构

2．内容提要

（1）在传统企业中，采购、销售和库存管理是一系列分散的独立活动，它们分属于不同的职能部门，彼此之间缺乏协调。各部门各自制定政策，采取措施以求达到本部门的目标，但相互之间往往会存在一些消极的影响，从而导致企业整体利益受损，实际上这 3 者是相互关联、相互支持的。企业要实现利润最大化，就必须设法达到 4 个目标——向客户提供最好的服务、耗费最低的生产成本、占用最少的库存、最少的采购费用。要实现这些经营管理的目标，达到企业总体目标最优，就必须将销售、采购和库存有机地集成在一个模块中，彼此之间相互关联影响，就产生了物流供应链管理模块，包括销售、供应商采购和库存 3 个子模块。

（2）采购管理系统是针对采购工作有关的规划、请购、锁定、审核、收料追踪、历史记录、结转应付账款、采购订单关闭等作业的管理，协助采购部门有效地掌握各采购活动的信息。

（3）库存管理系统主要功能是建立供需之间的缓冲区，达到缓和用户需求与企业生产能力、最终装配需求与零件配套、生产厂家需求与原材料供应商的供需矛盾。

单元训练

- **主要概念**

销售管理　采购管理　库存管理

- **理解题**

1．销售管理系统包括哪些功能？

2．采购管理系统包括哪些功能？

3．库存管理系统包括哪些功能？

4．销售管理系统、采购管理系统、库存管理系统 3 者之间存在怎样的联系？

- **实训题**

借鉴一操作系统，完成以下单据的生成。

1．生成销售机会单。

2．生成销售合同。

3．生成销售发票。

4．生成采购合同。

5．生成入库单。

6．生成入库检验单。

7．生成出库单。

8．生成盘点表。

9．生成退料单。

10．生成补料单。

- **案例分析**

一、案例简介

安徽中鼎（股份）集团公司的前身是宁国密封件厂。经过二十年的发展壮大，中鼎公司创下了国内橡胶密封件行业的"装备最先进""技术最全面""管理最先进""生产能力最大""经济效益最好"的 5 项之最。其产品主要是为国内、外一些著名汽车制造企业提供配套密封件。

中鼎公司的生产类型为混合型制造模式。属典型的多品种、小批量生产类型。产品主要是按订单制造，即按客户订单驱动，以销定产。

由于主机厂的激烈竞争，使得作为配件厂的中鼎公司面临着更加严峻的竞争考验。根据市场情况，公司领导认为：企业现有自行开发的管理应用系统无法实现信息的集成与共享，不能适应多样化市场的竞争需要。为此，决定引进 ERP——企业资源计划管理系统。通过制定有效的实施计划，开展充分的准备工作，以及全公司员工的参与，该企业成功实施了 ERP系统，为公司带来了更高额的利润和更全面的发展。

二、案例分析

（一）该企业实施 ERP 前存在的问题

1．采购管理方面

（1）管理分散。由于中鼎公司的生产类型属于混合型制造模式，前期的流程行业特点和后期的离散行业特点给企业的管理造成了很大程度的影响。其次，在部门职责管理上，产品销售由公司负责，而生产计划和能力平衡，采购计划和库存管理又由各事业部门自行负责，造成了公司管理的分散，不利于计划的统一制定和实施，无法实现企业的集成化管理。

（2）信息不集成。市场需求的波动性以及以销定产的生产模式给采购部门造成了影响。订货的多样性免不了造成重复采购的失误、采购成本和采购资金比例上升，影响企业的经济效益。

（3）库存资源不共享。由于采购上管理的混乱，使得各事业部与车间之间的供货与领料管理会出现重复或者断点。

2．销售管理方面

在此方面，主要的瓶颈问题就是订单能力审核。企业的生产能力不仅受设备能力的制约，而且还受到自制模具能力的制约，即生产能力随当前的产品可用冲压机台数和产品配套模具套数的变化而变化，这使得订单能力审核十分困难。订单能力无法明确审核，势必对之后的采购和生产带来一系列的麻烦，造成管理上的不良影响。

3．库存管理方面

企业实行"在途库"的管理模式，而该企业拥有多家配件厂，在途库的管理就相对复杂，由于各种原因造成库存管理数据不准、账物不符、物料短缺与积压并存等混乱现象。

4．在市场竞争方面，企业需要面临不断更新产品，在价格战形势下降低生产成本，保持产品质量稳定，及时供货等问题，急需对企业的管理进行改善，以适应多样化市场的竞争需求。

（二）ERP 实施措施

为了解决上述问题，企业主要做了以下工作。

（1）企业要提高管理水平，就必须运行 ERP 系统。要解决上述问题，就必须要明确，企业需要解决什么问题，企业需要达到什么样的目标。

（2）充分调研，明确任务。中鼎企业在经过严密细致的企业需求调研和分析之后，制订出 ERP 系统设计方案，对系统目标、功能需求、流程整合、实施计划、应用环境等都作出了严格的定义，还对实施条件和必要准备都作了具体要求，并将其作为项目实施、用户化修改和项目验收的重要依据，同时也把它作为企业进行可行性研究、投资效益分析、项目决策、选择软件的重要依据。

在系统的目标制定方面，则根据企业的个性化特点展开。解决企业本身存在的各种问题，做到企业制造和经营计划管理的信息集成等。

这样，在明确了企业的需求之后再严格按照各种需求制定系统目标，就可以实现两者的统一，使得系统实施顺利开展。

（3）选择最适合自己企业的软件系统。

（4）建立高效的实施团队。企业建立了以一把手为核心，各相关部门的共同参与的实施团队。

（5）充分做好数据准备及数据管理制度的设计。数据是 ERP 系统运行的基础，是实现信息集成的首要条件，同时，数据准备的进度和质量决定了 ERP 系统的实施进度和质量。

数据准备主要是静态数据的收集、整理、录入和编码的制定。静态数据准备最大的难度是各种定额和期量标准的制定。中鼎企业在进行数据准备时，采取了"分步实施，先易后难"的方针，并结合企业自身的工作习惯和特点加以制定，做到了新编码在短时间内完成准备和推广使用。

数据管理制度的制定，需要按照企业的特点和需求有针对性地制定。要明确基础数据建立和维护的责任单位，做好数据管理的工作流程的规范，并建立相应的激励制度，以保证数据的正确性。

通过上述工作，中鼎企业在 ERP 的实施过程中取得了良好的效果，是上述存在的问题得到了很好的解决。

通过对上述案例的阅读，你从中学到了什么？

第 6 章

ERP 的人力资源管理系统

学习目标

理论目标：学习和把握人力资源的相关术语，了解人力资源的功能与作用，并能用其指导企业的相关生产活动。

实务目标：能运用人力资源的相关常识，规范人力资源的相关技能活动。

案例目标：能运用所学人力资源的知识研究相关案例，培养和提高学生在特定业务情境中分析问题与解决问题的能力。

引导案例

一天，一家中西部保险公司的首席执行官（CEO）冲进 HR 总监的办公室，询问他公司的福利管理策略是怎样形成的。没等 HR 总监回答，这位首席执行官就声称公司的福利管理策略的制定应该外包，以降低公司内部为实现这些策略而花在新技术上的成本。另外，他还希望 HR 总监能和一些咨询公司联系，期望他们能帮助制定公司的福利管理策略。这就要求这位 HR 总监必需是一个头脑清醒的人，否则他就无法正确地判断哪家咨询公司的福利管理策略才真正适合于公司，而如时间、成本等其他因素则更加无暇顾及。

这是一个真实的战斗故事，由人力资源信息系统（下面简称 HRIS）战场上富有经验的 HR 专家匿名提供。不知大家是否听起来很熟悉，如果不是，请等待一段时间，HRIS 在许多公司还处在幼年阶段，随着它的发展，这些 HR 的专家们很快就会遇到面临的境遇。

大概在十年前，有远见的公司才开始专门为 HR 信息、报表以及进行决策支持设计系统，而也仅仅在五年前，才有数量可观的大公司期望能通过 HRIS 来进行 HR 相关业务处理的重新设计。

人力资源信息系统不仅仅是基于人力资源问题，还是建立在对经营战略（S）、组织结构

（O）、文化价值观（C）等的系统研究分析之上。

高度集成化的 HRIS 总是需要实现一些基本的 HR 任务，即福利管理、培训管理和招聘、人员基本信息、轮班计划、岗位管理、能力评估和一些常规的报表。而更加智能的 HRIS 应该支持员工自助服务、互动的语音服务（IVR）、自动邮件系统和简单的报表设计。

6.1　人力资源管理信息化概述

课堂思考
ERP 系统中人力资源管理模块与哪个模块具有相关关系？

6.1.1　相关概念

1．人力资源管理的概念

人力资源管理（HRM）所处理的是组织中正式系统的设计，这一设计应确保能正确和有效地运用人的才能实现组织的目标。在实际工作中，人力资源管理不仅包括招聘、挑选、使用人，还包括培训开发人；不仅要对人的绩效进行评估，还要制定合理的薪酬，处理好劳资关系等。

（1）人力资源管理的 4 个层次。

通常，我们可以把企业人力资源管理分为以下 4 个层次。

① 规章制度与业务流程。这是人力资源管理的基础性工作，主要是建立企业人力资源运作的基础平台。这个平台首先要包括一套完善的人力资源管理规章制度，这是人力资源部门一切管理活动的企业内部"法律依据"，是人力资源管理迈向实务的重要保障。如果没有标准化的操作流程作支撑，管理的规章制度在具体操作上或多或少就会存在因人而异的混乱现象。对人力资源管理者而言，如果解决不了操作层面的问题，人力资源管理就会陷于纸上谈兵。因此，建立一套有效的人力资源运作体系，是人力资源管理迈向实务的重要保障。这套体系类似于高速公路的建造，基础打得越好，未来的运作效率就越高。

② 基于标准化业务流程的操作。这是人力资源管理的例行性工作，是在规章制度与标准操作流程这一基础平台上进行的，主要包括人力资源规划、员工招聘、档案、合同、考勤、考核、培训、薪资、福利、离职等管理内容。例行性工作中的大部分工作都是基于经验的重复劳动，琐碎繁杂，缺乏创造性，占用了人力资源管理人员大量的时间，但又是人力资源管理中不可回避的基本事务。由于这部分工作不能从本质上对企业的核心价值产生影响，将它们外包给社会上的专业服务公司或顾问人员已经逐渐成为一种趋势。

③ 人力资源战略。这是人力资源管理的战略性工作，是人力资源管理者站在企业发展战略的高度主动分析、诊断人力资源现状（如人力资源配置状况、能力评价等），为企业决策者准确、及时地提供各种有价值的人力资源信息，使得企业在战略目标的形成过程中得以充分考虑人力资源这一重要的经营要素，并为战略目标的实现制定具体的人力资源行动计划（如通过招聘来优化人力资源配置、通过培训提升人力资源的能力等）。人力资源战略是企业人力资源部门一切工作的指导方针。

④ 战略人力资源管理。这是人力资源管理的开拓性工作，强调人力资源管理要为企业提供增值服务，为直接创造价值的部门提供达到目标的条件。人力资源管理部门的价值是通过提升员工和企业的绩效来实现的，而提升员工与企业绩效的手段，就是要结合企业战略与

人力资源战略，重点思考如何创建良好的企业文化、个性化的员工职业生涯规划、符合企业实际情况的薪酬体系与激励制度，并且要特别关注企业人力资源的深入开发。实际上，对人才的引进、使用、保持以及培养等工作的成败，关键不在于日常的管理工作是否到位，而在于是否营造了一个适于人才工作与发展的环境。这个环境的创造需要人力资源管理者在开拓性工作上花更多的时间与精力。

（2）人力资源管理的 3 个发展阶段。

与人力资源管理的 4 个层次相对应，从 20 世纪 50 年代至今，企业人力资源管理经历了 3 个发展阶段。

第一阶段：人事管理。这个阶段，人事管理更多地关注于"事"的管理，并不关注员工绩效，员工在企业中不被看作为待开发的资源，而是简单地以人事档案的形式存在。

第二阶段：人力资源管理。这个阶段，专门的人力资源部门在企业出现，能够将其他部门视为 HR 部门的客户来提供诸如招聘、培训、考核等人力资源服务，并开始关注员工个人绩效的管理，是企业战略规划的忠实执行者。但在企业战略形成过程中，往往把人力资源的因素排除在外。这个阶段，企业虽然意识到人力也是一种资源，但并不认为是重要的战略性资源。

第三阶段：人力资源开发与经营。这个阶段，人力资源作为企业重要的战略性资源，开始被企业高层充分考虑到企业的战略规划之中。企业不再只是对人力资源进行浅层次的管理，也不只是为其他部门提供例行性服务，而是将人力资源视为一种可增值的资源，进行深度的开发与经营。这个阶段，企业需要建立起由企业高管人员、直线经理以及专业 HR 管理团队共同组成的人力资源经营主体，实施系统化、全面化的人力资源管理理念，而不再认为人力资源工作应由 HR 部门独立处理，从而进入了全面人力资源管理阶段。

人力资源管理的概念在我国的发展，是因外资企业的大量涌入而开始的，至今才不过短短 10 余年的时间。应该说，由于企业管理者观念上的差异，加上国内人力资源管理学科的不健全，导致经过专业培训的人力资源管理人员匮乏，使得我国绝大部分企业在人力资源的管理与开发上还处于比较基础的阶段，与发达国家相比还有很大差距。

企业间的竞争尤其是直接的人才竞争，必然导致人力资源地位的提升。我国目前已经成为人才争夺的核心地带，企业对于人力资源的重视程度也快速提高，但同时很多企业又在人力资源问题上缺少切实可行的操作办法。企业急需提升自身的人力资源管理与开发水平，使得人力资源培训、咨询以及信息化服务成为了一个非常有潜力的市场。

如前所述，人力资源管理本身具有不同的层次划分，不同的服务能够从不同层面解决人力资源管理的问题。信息技术在人力资源管理中的应用，将有助于定义与优化人力资源管理的业务流程，提高工作效率，改善服务质量，通过建立起信息化、职业化的人力资源管理平台，将 HR 人员从基础操作事务中解放出来，使其有更多的时间投入到人力资源管理的战略性工作和开拓性工作中。

2．人力资源管理信息化的基本概念

人力资源管理信息化（electronic-Human Resource，e-HR）是以先进的信息技术为手段，以软件系统为平台，实现低成本、高效率、全员共同参与的管理过程，是实现人力资源战略地位的全面提升和开放式的人力资源管理新模式。它通过人力资源管理信息化使人力资源管理人员摆脱传统的行政性、事务性工作的束缚，有更多的时间进行战略性和开拓性的工作，并通过信息化人力资源管理整合内外资源、全员参与管理实现人力资源管理理念向全面人力资源管理理念的变革。

作为人力资源管理信息化的全面解决方案，e-HR 基本上由面向人力资源部门的业务管理系统（HRMS）与面向企业不同角色（高管人员、直线经理、普通员工、HR 专业管理者）的网络自助服务系统（Self-Service）两大部分组成，是对传统 HRMS 在技术上（建立在 Internet/Intranet 技术基础之上）与理念上（建立在全面人力资源管理观之上，强调全员的共同参与）的延伸。与传统人力资源管理系统不同，e-HR 是从"全面人力资源管理"的角度出发，利用 Internet/Intranet 技术为人力资源管理搭建一个标准化、规范化、网络化的工作平台，在满足人力资源部门业务管理需求的基础上，还能将人力资源管理生态链上不同的角色联系起来，使得 e-HR 成为企业实行"全面人力资源管理"的纽带。

人力资源管理信息化基于高速度、大容量的计算机网络硬件和先进的 IT 软件，通过集中式的信息库、自动处理信息、员工自助服务、外协以及服务共享，达到降低成本、提高效率、改进员工服务模式的目的。它通过与企业现有的网络技术相联系，保证人力资源与日新月异的技术环境同步发展。随着因特网的发展、电子商务理念与实践的发展，我们目前所说的 e-HR 都是包含了电子商务、因特网、人力资源业务流程优化（BPR）、以客户为导向、全面人力资源管理等核心思想在内的新型人力资源管理模式；它利用各种 IT 手段和技术，如因特网、呼叫中心、考勤机、多媒体、各种终端设备等；它必须包括一些核心的人力资源管理业务功能，如招聘、薪酬管理、培训（或者说在线学习）、绩效管理等；它的使用者，除了一般的 HR 从业者外，普通员工、经理及总裁都将与 e-HR 的基础平台发生相应权限的互动关系。综合来讲，它代表了人力资源管理的未来发展方向。

一般来说，我们可以分 4 个部分来理解人力资源管理信息化。一是提供更好的服务。e-HR 系统可以迅速、有效地收集各种信息，加强内部的信息沟通。各种用户可以直接从系统中获得自己所需的各种信息，并根据相关的信息做出决策和相应的行动方案。二是降低成本。e-HR 通过减少人力资源管理工作的操作成本、降低员工流动率、减少通信费用等达到降低企业运作成本的目的。有关统计资料显示，美国企业实施信息化人力资源管理系统，平均每位员工投入的成本是 35 美元，但在第一年就收到可观的回报，员工的电话询问也减少了 75%，戴尔公司 2000 年上半年通过因特网处理了 300 万美元的人力资源管理操作业务。三是革新管理理念。人力资源管理信息化的最终目的是实现革新企业的管理理念，而不仅是改进管理方式，达到 1:1 关系管理，实现人力资源管理的优化。当人力资源管理从单一的、自上而下的单方主动管理，向多方位、全面、专业化的互动管理（即 1:1 关系管理）发展时，人力资源的管理理念逐步提升，人力资源部门也逐渐成为企业的核心部门。人力资源管理信息化的实施不但使人力资源向人力资本转变成为可能，使人力资源部门创造的价值得到认可，更促进了人力资源管理向全员参与管理模式的转变，使每一位员工都可以参与人力资源部门的工作，使员工在管理过程中不再处于被动地位，形成新的互动管理的局面。四是通过信息技术的运用，实现人力资源管理人员角色和目标的改变。在传统的人力资源管理中，管理人员的几乎全部精力都耗费在基础性和例行性事务的处理上，而作为企业管理层的参谋角色，应该承担的咨询和策略制定工作则相对缺乏。在人力资源管理信息化中，管理人员可以将绝大部分精力放在为管理层提供咨询、建议上，而在行政事务上的工作可以由信息化系统完成，只需占用管理人员极少的精力和时间。因此，先进技术应用于人力资源管理不仅是为了提高常规性人力资源工作的效率，更重要的是，通过做对于企业来讲具有增值意义的工作，通过成为管理层的决策支持者，为企业决策提供信息和解决方案。

3. 人力资源管理信息化中 e 的含义

人力资源管理信息化，英文缩写为 e-HR，其中的 e 包含了 3 种汉英释义，即它不仅可以释义为 electronic（电子化的），还可以是 efficiency（高效的）和 employees（全员共同参与的）。信息化人力资源管理不但大大提高了人力资源管理的效率，而且大大提高了人力资源管理工作的质量，实现了人力资源管理工作效益的提升，使人力资源处于战略地位成为可能。

e-HR 中 e 的深刻意义具体体现在以下几个方面。

第一，基于因特网的人力资源管理流程化与自动化。e 把有关人力资源的分散信息集中化并进行分析，优化人力资源管理的流程，实现人力资源管理全面自动化，与企业内部的其他系统进行匹配。从这一意义上讲，e 不仅仅是 electronic，即电子化的人力资源管理，更重要的是 efficiency，即高效的人力资源管理，提高效率是 e-HR 的重要目的，而信息化则是实现这一目的的手段。第二，实现人力资源管理的 B2B（Business to Business），即企业对企业。企业的人力管理者能够有效利用外界的资源，并与之进行交易，如获得人才网站、高级人才调查公司、薪酬咨询公司、福利设计公司、劳动事务代理公司、人才评价公司、培训公司等人力资源服务商的电子商务服务。第三，实现人力资源管理的 B2C（Business to Customers），即企业对客户，让员工和部门经理参与企业的人力资源管理，体现人力资源管理部门视员工为内部顾客的思想，建立员工自助服务平台，开辟全新的沟通渠道，充分实现互动和人文管理。全球最大的人力资源咨询公司美国惠悦咨询公司（Hewitt Associates）形象地将人力资源称为 B2E（Business to Employee），即企业对员工，是非常贴切的。从后两个方面上讲，e-HR 又是一种全员共同参与的人力资源管理。

6.1.2　企业人力资源管理信息化的发展历程

人力资源管理信息化（e-HR）的出现极大程度地提高了人力资源管理的效率，促进了人力资源管理理论的发展，为人力资源管理实践开辟了新的领域。在近 40 年的发展过程中，人力资源管理信息化的理论不断完善，应用领域越来越广阔，系统的功能日臻强大。其发展经历了 4 个阶段。

1. 薪资计算系统时代

人力资源管理信息化的发展历史可以追溯到 20 世纪 60 年代末。由于当时计算机技术已经进入实用阶段，同时企业的规模也越来越大，为了及时、准确的进行薪资发放，人力资源专业人士必须及时掌握组织内部人员变动、时间、绩效等与薪资发放相关的情况，并提供与组织的发展相适应的薪资政策和激励策略。这对于规模较大的组织来说，工作量比较大，用手工来计算和发放薪资既费时费力，又非常容易出差错。为了解决这个问题，第一代的人力资源管理系统，其实就是薪资管理系统应运而生的。与任何其他的应用系统一样，最初的人力资源信息化也是针对人力资源管理工作中最复杂、最繁重的部分进行的，对于当时的人力资源管理来说，这部分就是薪资的计算。当时由于技术条件和需求的限制，用户非常少，而且那种系统充其量也只不过是一种自动计算薪资的工具。

2. 薪资/人事管理系统时代

第二代的人力资源管理系统出现于 20 世纪 70 年代末。随着计算机技术的飞速发展，无论是计算机的普及性，还是计算机系统工具和数据库技术的发展，都为第二代系统的出现创造了条件。第二代薪资管理系统在解决了薪资计算问题的基础上，开始记录员工的其他基本信息，包括薪资的历史数据。此外，它的报表生成和薪资数据分析功能也都有了较大的改善。这个时代的管理系统以薪资处理为主，并兼具了一部分人事信息管理的功能。另外，与薪资管理密切相关的财务管理的标准化也对薪资信息化的发展起到了重要的推动作用。在这个阶段，计算技术仍是整个人力资源信息化的关键技术，另外电子表格技术的发展，也是当时人力资源信息化的重要技术基础。

3. 人力资源信息系统/人力资源管理系统（HRIS/HRMS）时代

人力资源管理系统的第一次革命性变革出现在 20 世纪 90 年代初。由于企业管理理论，特别是人力资源理论的发展，使人们认识到人力资源在企业发展和企业竞争优势中的关键性作用。另外，随着信息技术的发展，把一些人力资源管理理念和理论应用到企业管理中也变为可能。这一阶段企业最关注的是员工的绩效考评、管理系统以及培训管理系统。第三代人力资源管理系统的特点是从人力资源管理的角度出发，用集中的数据库将几乎所有与人力资源相关的数据（如薪资福利、招聘、个人职业生涯的设计、培训、职位管理、绩效管理、岗位描述、个人信息和历史资料）统一管理起来，形成了集成的信息源，并通过规范和完善人力资源的业务流程，实现人力资源流程的自动化协同工作。友好的用户界面，强有力的报表生成工具、分析工具和信息的共享，使得人力资源管理人员得以摆脱繁重的日常工作，集中精力从战略的角度来考虑企业人力资源规划和政策。

好的人力资源管理系统，既是人力资源管理的信息处理工具，更应是规范人力资源管理的方法论。如果人力资源管理系统只是作为简单的信息处理工具，其更适合的定义应该是人力资源信息系统（Human Resource Information System，HRIS），所以从这一意义上讲，本阶段又应该划分为两个阶段，即人力资源信息系统阶段与人力资源管理系统阶段。信息技术本身只是一种工具和手段，只有当信息技术与管理技术实现了完美的结合，才能发挥其巨大的威力。人力资源管理系统（Human Resource Management System，HRMS）作为真正意义上的人力资源业务管理系统，是对信息技术与人力资源管理技术完美结合的最佳诠释。

4. 人力资源管理信息化时代

HRMS 仅是面向企业人力资源部门的业务管理系统，用户对象主要为企业人力资源管理者。随着 Internet/Intranet 技术的出现，企业内外部的信息流变得更加快捷通畅，信息流对企业管理体系的影响也变得越来越深远。对于人力资源管理而言，Internet/Intranet 技术将使得人力资源管理体系随着信息流的延伸或改变而突破封闭的模式，延伸到企业内外的各个角落，使得企业各级管理者及普通员工也能参与到人力资源的管理活动中来，并与企业外部建立起各种联系（最典型的莫过于网络招聘）。这就是所谓的网络自助服务（Self-Service）概念。网络自助服务是建立在 HRMS 基础之上的，是对 HRMS 功能的扩展。HRMS 与网络自助服务（Self-Service）一起，就形成了企业完整的人力资源管理信息化解决方案。

人力资源管理的此次革命性变革出现在 20 世纪 90 年代末和 21 世纪初。e-HR 强调员工的自助服务和与管理者的零距离接触。以人为本的人力资源管理理念的普及，促使管理者认同和强调员工的自我意识，而自我服务、自助服务的出现成为必然。学习与发展成为企业与员工个人永远的主题，而信息技术为这一主题给出的答案就是在线学习（e-Learning）。为了快速响应企业内部和外部的各种要求与变化，网页（Web）使人力资源部门与企业的内部员工和外部世界之间的距离成为零，这就是人力资源管理系统的信息化。人力资源管理信息化系统除了具有人力资源管理系统（HRMS）的所有特征外，还可以实现员工或潜在员工和企业人力资源管理者互动和零距离交流。

从现在各人力资源管理信息化系统供应商所提供的产品和服务来看，有的属于第二个时代，大多数属于第三个时代，也有很少一部分开始进入人力资源管理系统的第四代产品。各个厂商产品的价格差异性也很大。所以，企业在进行人力资源管理信息化建设前，必须自己或委托专业公司建立自己的评估系统。

6.1.3　企业人力资源管理信息化的发展趋势

惠悦咨询公司（Hewitt Associates）在 2002 年度的人力资源管理信息化（e-HR）调研报告中，发布了他们判断的 e-HR 的趋势：企业将围绕控制成本而实施人力资源管理信息化，这也就是说更多的企业将优化他们的 e-HR 投资，以便能获得更大的回报。惠悦预测的未来人力资源管理信息化发展趋势如下所述。

1.　强化人力资源门户和人力资源局域网建设

因为企业门户已经发展到成为提高员工生产效率的工具，人力资源网络将更多地得益于新的在线解决方案，包括 Health 工具、定制的健康关怀方案、薪酬系统和绩效管理工具。其他人性化的方案通过由网络为组织和员工提供所需数据而得到扩展。

2.　为更多的员工提供更多的利用技术的机会

企业将会继续在人力资源管理系统方面进行创新，以便使更多的员工与网络连接，使他们无论是在家里还是在旅途，都能有更多的机会更容易地进入企业信息系统和人力资源管理信息平台。

3.　优化现有的人力资源管理信息化系统

敏感性是企业进行现有系统优化和集成的主要因素。优化的趋势将包括改善现有的系统，并且使孤立的各个系统连接起来。这种优化侧重于完善现有的人力资源系统，更趋理智地寻求完善的整合方案。

4.　提高虚拟办公（职场）的利用率

在线会议、项目团队工作空间、网络会议、录像会议等虚拟办公方式将继续盛行，以对企业当前的生产力保持密切的关注，例如，这些虚拟办公方式也会由于对办公成本进行严格控制而带来收益，同时也会产生员工安全和时间管理方面的收益。

5.　充分利用决策支持工具

人力资源部门将开始使用分析工具来测量人力资源管理实践的成效，并且用来预测结果。

6.　重视系统的集成性和协同性

人力资源管理部门将会仔细、认真地选择人力资源管理信息化系统所运用的技术，以便能够满足企业的各种需求，并将认真检查系统供应商提供的服务是否可以与其他解决方案进行捆绑。所以，供应商所提供的服务与其他解决方案集成的容易性成为选择 e-HR 系统的关键因素。人力资源部门为企业整体经营谨慎选择各项技术，并且考虑各供应商的服务能力。对供应商服务能力的评估及其技术与其他方案的兼容性是关键因素。

总之，人力资源管理信息化技术上的创新和应用仍然是最重要的趋势，但企业对此持谨慎的态度。在可预见的未来，对现有人力资源管理信息化的技术投资将优先于购买或使用新的技术和实施新的系统。

6.2　ERP 系统中人力资源管理

6.2.1　ERP 环境中人力资源管理的特点

ERP 系统是一门管理哲学、一种方法论和一种处理逻辑。企业用户是 ERP 系统的最终用户，要想使 ERP 系统具有更高的效益需要对人力资源、生产、技术、财务、库存和采购等各个环节加强管理。

（1）ERP 系统要求企业必须从传统的人事管理向现代的人力资源管理变革，要求企业建立人才战略，对员工的聘用和成长带有尊重，这样才能将企业管理水平提高到新的高度。

（2）ERP 系统的实施要求企业人力资源工作要与企业生产、销售等其他部门相配合，根据企业发展对人员结构做出战略调整，合理划分岗位职责，对不同工作进行分析，并实行绩效考核。人力资源管理部门作为企业发展和改革主要参与者直接决定了 ERP 系统的应用效果。

（3）为更好地适应业务要求和岗位职责，能够顺利地适应 ERP 系统的业绩考评体系，企业的业绩效评体系应该随着企业人力资源节结构、业务流程和组织架构的变化而做出相应调整，这也是对人力资源管理部门的主要考验。

（4）ERP 系统可以实现人力资源管理的价值和职能，优化组织和员工个人，从而提高组织和员工的工作效率是人力资源管理工作的主要任务，这样可使劳动生产率大大提高，提升企业价值。ERP 系统的实施使得人力资源管理工作起到 1 加 1 大于 2 的效果。人力资源 ERP 系统同生产、销售、财务等部门都是以对企业的贡献大小为出发点。

（5）人力资源管理工作不单单是成立相应的部门，还要将以人为本的战略思想贯穿于工作始终。人是企业提升竞争力的根本，在 ERP 环境下，人力资源管理工作不单单是本部门工作人员的事，而是整个企业管理者的事，每个管理者都应该承担相应的责任。各企业应充分重视人力资源管理工作，充分重视人力资源 ERP 系统的充分运用。

6.2.2　人力资源管理系统的构成

1. 系统构成

一个典型的人力资源系统由以下几个部分组成。

（1）组织结构构造模块（e-Organizer）。实现组织结构建立、重组，职务、职称体系的建立和调整等。

（2）人事管理模块（e-Staff）。实现员工的基本信息管理，档案、合同、奖惩等信息的录入、统计，人员流动管理等。该模块从科学的人力资源管理角度出发，从企业的人力资源规划开始，记录招聘、岗位描述、技能、个人信息、职位升迁等与员工个人相关的信息，并以容易访问和可检取的方式储存到集中的数据库中，将企业内员工的信息统一地管理起来；同时完整地关联到员工从面试开始到离职整个周期的薪资、福利、岗位变迁、绩效等历史信息。

（3）薪资福利模块（e-Payroll）。实现各类薪资福利项目的设置、薪资计算、薪资发放及变动、各种薪资福利数据的查询和统计等。该模块通常可用于管理企业薪资和福利计算的全过程，其中包括企业的薪资和福利政策设定、自动计算个人所得税、自动计算社会保险等代扣代缴项目。通常，这些程序还可以根据公司的政策设置并计算由于年假、事假、病假、婚假、丧假等带薪假期以及迟到、早退、旷工等形成的对薪资和福利的扣减，能够设定企业的成本中心，并按成本中心将薪资和总账连接起来，直接生成总账凭证，还能存储完整的历史信息供查询和生成报表。这类系统也可处理部分简单的人事信息。

（4）招聘模块（e-Recruiting）。实现招聘网站和人力资源管理系统有机的结合，实现在线招聘录入，并对外部人才库进行有效的管理。

（5）培训模块（e-Learning）。该模块通过对培训资源进行整合和管理，实现从培训需求调查、培训需求统计、预算控制、培训结果在线评估和反馈，到培训结果记载的整个培训流程。同时能对培训教师选择、培训课程设置或者培训时间安排等进行有效的管理，实现培训管理的科学化，并且能和人事档案信息有机地联系起来，为企业人力资源的配备和员工的升迁提供科学的依据。

（6）人力资源规划和分析模块（e-Analyser）。实现对企业的人事、薪资、考勤、培训、机构等基础数据的分析，能快捷、方便地获得各种统计分析结果报表或统计图，为企业的战略目标的实现提供人力资源要素的决策支持。

（7）360 度反馈评价模块（e-Feedback）。为企业员工提供了一个科学、系统的绩效考核评价反馈系统，使企业获得对所有员工综合素质、能力的评价，为企业评价员工工作效果、规划员工职业发展方向和员工自我管理职业发展道路做出理论依据。此模块一般是为公司的特定情况而量身订做的。它可以定义关键绩效考核指标，并设定目标进行目标管理：通过平衡计分卡等技术来保证任务按要求完成。绩效考核按公司的规定，与薪资和福利的计算挂钩。

（8）员工满意度调查和分析模块（e-Employee Satisfaction Survey and Analysis System）。提供员工在线满意度调查，并对调查结果进行分析。这为企业了解员工，改善管理提供科学的依据。

（9）考勤管理模块。为了有效地记载员工的出勤情况，很多企业购置了打卡机、考勤机、一卡通门禁等设备。考勤管理程序一般都与这些设备相接，根据事先编排的班次信息过滤掉错误数据，生成较为清晰的员工出勤报告，并可转入薪资和福利模块中，使考勤数据与薪资计算直接挂钩。其生成的文档还可作为历史信息保存，用于分析、统计和查询。

2. 人力资源管理系统功能层次

从系统中数据的功能层次上来看，一套典型的 e-HR 系统从功能结构上可以分为 3 个层面，即基础数据层、业务处理层和决策支持层。

（1）基础数据层。基础数据层包含的是变动很小的静态数据，主要有两大类。一类是员工个人属性数据，如姓名、性别、学历等；另一类是企业数据，如企业组织结构、职位设置、工资级别、管理制度等。基础数据在 HR 系统初始化的时候要用到，是整个系统正常运转的基础。

（2）业务处理层。业务处理层是指对应于人力资源管理具体业务流程的系统功能。这些功能将在日常管理工作中不断产生与积累新数据，如新员工数据、薪资数据、绩效考核数据、培训数据、考勤休假数据等。这些数据将成为企业掌握人力资源状况、提高人力资源管理水平以及提供决策支持的主要数据来源。

（3）决策支持层。决策支持层建立在基础数据与大量业务数据组成的 HR 数据库基础之上，通过对数据的统计和分析，就能快速获得所需信息，如工资状况、员工考核情况等。这不仅能提高人力资源的管理效率，而且便于企业高层从总体上把握人力资源情况。

3. 人力资源管理系统的3个应用层次

人力资源管理系统主要解决企业人力资源管理 3 个层次的问题。

（1）提高 HR 部门的工作效率，将更多行政性的重复性的工作交由人力资源管理系统来处理，以使得 HR 管理者能抽出更多时间，考虑对公司人力资源战略更有价值的问题。

（2）通过搭建基于标准化 HR 业务流程的工作平台，使得将不同管理者的个人管理习惯统一到更为规范的管理体系之中，而管理只有成为一种习惯，才能发挥其最佳功用。人力资源管理系统通过为 HR 管理搭建一个标准化、规范化的平台，可以帮助实现 HR 管理的一贯化。

（3）通过建立起一系列的人力资源管理指标（如人力资源状态指标与人力资源经营指标），来提升企业基于"以人为本""投资于人"理念的经营决策能力。

　　实行人力资源经营，就是要将人力资源作为一种特殊的资本来运营，而其结果是可以通过提取一些关键的人力资源投入产出经营指标以及人力资源状态指标来衡量的（当然，这些指标的建立不是一项简单的工作）。例如，过去 CEO 们都习惯于看销售额、利润、利润率、增长率等经营指标，却很少去分析人力资源状态指标与经营指标的内在联系，因而很难从根本上找到提升企业经营绩效的办法。但如果能够建立起不同部门（机构）、不同人群（如销售、研发、管理等）的经营指标与关键的人力资源状态指标（如总人数、学历结构、年龄结构、离职率、晋升率、人力成本等）之间的关系，就能比较直观地掌握企业经营指标受人力资源状态指标影响的规律，从而有针对性地通过人力资源管理、开发、经营手段来提升组织绩效。

　　人力资源管理指标监测系统之所以重要，是因为它是企业领导直接使用的模块，能调动起领导参与人力资源管理的积极性，有助于对人力资源计划与组织岗位设计进行科学的指导，这无疑是对企业人力资源工作的极大促进。但是，必须要指出的是，人力资源关键指标也分两类，即人力资源状态指标与人力资源经营指标。对前者而言，所有的数据都来源于人力资源管理系统，相对容易实现；但对后者而言，数据的来源可能会有财务系统、销售管理等业务系统，并且要求这些业务系统的基础数据的存储是集中且完备的。此外，指标的统计口径也是十分重要的考虑因素。因此，一般建议企业可以先上人力资源状态指标，这部分指标可以满足企业高管人员、直线经理、部门负责人对人力资源信息的查询需求。

6.2.3　人力资源管系统功能模块介绍

1．人力资源计划管理

　　（1）人力需求计划：根据公司战略发展规划制定相应的企业、部门的人力需求计划，支持挂接相关政策文档。

　　（2）根据岗位设置、人员编制、现有人员分布情况、岗位分析说明书中的任职资格等要求，自动形成人员需求计划表。

　　（3）历史需求计划：保留已有的人力需求计划，便于领导查询与规划预测。

　　（4）人力资源成本管理：根据公司实际情况灵活定义人力资源成本的计算方式，对公司现有人力资源成本进行不同程度的核算与分析，并能结合人力资源计划进行未来人力资源成本的预算。

2．组织机构管理

　　（1）对单位的组织机构进行设置，包括各业务部门、管理部门、生产部门、分支机构等。

　　（2）灵活定义与变更企业的组织结构，支持多层级的复杂的组织结构，并可输出组织结构图。

　　（3）岗位设置及人员编制的确定，现有人员分布情况。

　　（4）组织机构统计功能，包括机构数目、机构人数等。

3．人事管理

　　人事管理模块包括人员信息管理、劳动合同管理、考勤管理、离职管理、员工跟踪管理等。

　　（1）人员信息管理：主要是记录、呈现、统计和查询与员工个人相关的信息。

　　（2）劳动合同管理：管理员工的劳动合同，包括合同的统计查询及合同到期预警。

　　（3）考勤与休假管理：对单位员工的考勤与休假进行管理，包括日历类型、工作日历上班时间、考勤机数据、员工考勤管理等模块。

　　（4）员工奖惩管理：管理员工的奖惩信息，包括奖惩记录、工作业绩管理等模块。

（5）员工跟踪管理：跟踪管理员工从进入企业到离职全过程的历史记录，包含员工合同管理、转正管理、职位职级管理、奖惩管理和资源使用管理等各个部分。

（6）人事信息设置：对人事信息的各项基本规则进行设置，并配套文档。

（7）离职管理：管理员工离职的全过程。

4. 职位与任职资格管理

对人员的招聘与选拔、绩效考核等进行管理，包括岗位设置、岗位招聘条件、招聘人员情况、绩效考核管理等模块。

（1）对公司的所有职位进行动态而全面的管理，支持多层级的复杂的职位结构，可生成或输出详细的职位说明书。

（2）职位与人才库：存放在人才库中的人才的各项情况。支持企业按相同的标准查看（如按照专业、性别、学历、人才类型、职位、民族、城市、招聘方式等查询人才储备情况）。

（3）管理任职资格认证的全过程，包括申请、提交材料、初审、终审等。

5. 绩效考核管理

绩效考核管理流程如图 6-1 所示。

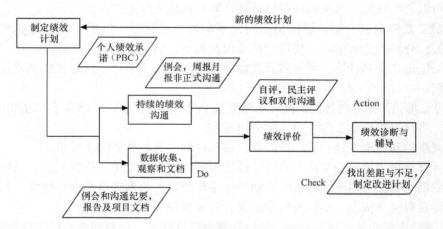

图 6-1　绩效考核管理流程

该系统模块提供的功能包括以下几个方面。

（1）考核计划：支持制定不同时间、部门、考核政策及人员的绩效评估计划。可按岗位设置不同的评估规则（可区分定性与定量），指定评估负责人与复核人。每一评估规则可适用于多个岗位，每个岗位每年可以多次考评。

（2）绩效合同模板：根据相同的职位、角色和职位等级提供相对应的绩效合同模板。

（3）考核实施：针对参加考核的部门（或岗位）及员工进行具体的绩效考核，对设定好的考核项目进行打分。评估结果与薪资、个人职业发展计划及培训计划相关联。

（4）历史考核信息：记录员工业绩评估的历史情况，为分析员工业绩的改善情况提供数据支持。可从各种不同角度对评估结果进行统计分析，例如，可查询每个员工历次考核结果，按部门和不同的考核计划查看考核的总体情况分布。

（5）考核设置：设置公司总的绩效评估政策及企业本身的考核等级、标准、分数、与薪资挂钩的系数等，也支持不同岗位、不同部门设定不同的考核制度（不同的考核内容及相应的分值等）。

（6）培训计划制定：根据绩效考核的结果制定相应的培训计划，确定员工绩效考核标准。

（7）系统对月份、季度、年度考核进行统计分析，与薪酬体系、奖惩体系等进行数据连接，考核结果直接影响员工的工资和奖金。

6. 薪酬管理

薪资管理模块包含了企业工资计算的全过程，包括工资政策制定（工资发放比率及工资计算方法），系统自动计算全公司的薪资总额、各部门的薪资总额、各级别、各职务族的薪酬状况等。系统能及时形成薪资报表、薪资通知单等单据。

（1）用户可以自定义各种工资奖金的发放项目和计算公式，自动计算出工资，生成各类工资报表及台账、银行软盘文件等。

（2）单位调资管理：提供单位调资测算模型，对单位员工的调资进行管理，包括工资标准、调资测算、当前工资与中位线比例范围设定、评定等级管理模块。

（3）针对每一用户及每一工资项目定义对部分或全部员工工资数据的查看、校对，真正实现工资数据的权限管理及网络化操作。

（4）薪资福利制度设置：对不同类型员工可定义不同的薪资计算公式。各类薪资项目及其计算方式可以灵活设置，各类福利项目及其计算方式也可以进行灵活设置。

（5）员工薪资福利设置：设定员工的发薪类型，针对每一位员工可设定不同员工的福利计算方式，分摊的成本中心，稳定的薪资项及规则，员工发薪的账号等。

（6）员工信息福利计算：可分别计算每月工资表的每个项目；可分批计算或指定特定员工计算薪资。

（7）可根据员工出勤与休假情况自动调整员工的薪资与奖金，可计算员工的加班、轮班薪资与津贴，可计算每位员工的企业实际负担成本。

（8）薪资福利查询统计：可根据需要，按条件输出各种类型的工资单。

（9）计算结果可输出到文件，也可以通过加密电子邮件发送给相应员工。系统内的数据及指定发薪期的数据可输出至与银行自动转账系统相容的数据文件及银行报盘。方便地设计与建立各种薪资统计报表，提供政府规定格式的各种报表。

（10）提供完善的薪资统计分析功能，为制定薪资制度与调整薪资结构提供依据。

（11）薪资福利基本设置：可自定义上税方式及其相对应的计算公式，可将薪资、福利、奖金按不同比例分摊到不同的成本中心，可自定义本企业的薪资级别，可自定义其他与工资计算有关的参数。

（12）定义多个工资数据查询过滤，对工资及员工进行任意的排序和筛选。

（13）输出工资发放表，进行任意的分组、求和以及求平均统计。

（14）进行工资数据汇总统计查询，可输出多期工资统计表。

（15）工资数据输入及工资报表中可取得人事系统中任意的员工档案信息。

7. 招聘管理

用作公司的员工招聘管理，可为公司制定近期及远期的招聘计划，记录实际招聘情况及面试情况，并将数据连至人事管理系统，以便做新进人员的人事档案维护。

（1）进行招聘过程的管理，例如跟踪每个应聘者的招聘状态、管理应聘者的简历等。

（2）招聘计划：根据公司年度人力资源计划与部门人力资源需求计划，制定具体的招聘计划，包括招聘的职位、招聘的渠道和方式、费用、采取的测试方式、挂接试题的文档、具体的费用等。

（3）应聘登记：针对具体的招聘计划，登记应征者的所有详细信息，包括通过测试的文档留存。

（4）招聘处理：根据应聘人员在公司招聘进行过程中所处的不同阶段（分为应聘、测试、录用和未录用），分类建立人才库，提供查询检索功能。人员录用后，所有信息自动转入，未录用人员则转入人才库。对应聘人员可自动发送电子邮件或打印通知单，并及时通知应聘结果。

（5）招聘查询统计：可对招聘活动进行中及进行后的情况进行各类统计分析，如招聘费用、招聘渠道、各类职位等，生成相应的汇总报告。

（6）招聘设置：可以对招聘渠道和招聘机构进行详细的管理，并能分析每一种招聘方式的效果与成本，为将来招聘计划的制定提供参考依据，可以对公司所采用的各类测试题目设置题库。

8.　培训管理

从培训计划的拟订入手，对涉及培训的人、财、物、时间与空间等先进行全面的统筹规划，在资金投入、时间安排、课程设置等方面，适时控制各系统部门的培训力度，进而采集培训过程中的各种信息资料，逐步形成专业的课程资料库。在培训结束后，从教师、教材、时间安排、场地、培训方式、培训情景等方面进行综合评估，考查培训的效果，并收录入各种培训资料，提供培训老师和培训组织机构的信息。系统中对个人建立的培训档案直接记入个人档案。帮助公司制定教育培训计划、实施等流程所有记录，使之与 ISO9000 认证要求相符。

9.　政策法规管理

在政策法规管理方面，系统提供国家及公司相关政策法规的存档、发布、查询和咨询等功能。

10.　统计报表系统

（1）系统提供了从不同维度反映人力资源状况的信息报表和分析报表，基本数据直接来源于各基本操作模块。

（2）系统同时提供灵活的报表自定义功能，用户可以根据自己的特定需求定制符合个性化需要的报表。

系统可通过计算公式的预定义实现报表统计和自动生成功能计算公式，可以是简单的加减乘除，也可以是函数定义。

11.　领导查询系统

（1）将系统中的人力资源管理信息进行提炼和抽取，为各级领导展现综合性强、集成度高的关键信息。

（2）领导的待办事宜提醒，如会议、审批的请求等。

（3）信息发布——能自动将各地市和其他相关部门所需的信息进行发布，并保留所有的传送记录。

12.　决策支持系统

（1）系统根据用户需要，在数据库中抽取重要和综合性的人力资源指标进行灵活多样的展示，如按时间趋势、同期对比、计划与预算对比、部门横向比较等，并根据横纵向对比的结果实现告警显示、问题追踪溯源等功能。

（2）系统提供了标准报表，包括仪表盘、计分卡和协同分析报表，以及柱状图、线图、饼图等多种可视化的视图，将用户关心的数据及相关联的指标因素进行综合的展现，为领导决策提供充分的支持。

13. 远程管理

系统基于 B/S 结构，远程用户可以通过浏览器直接访问系统，并在一定的授权下进行数据的录入、编辑和上报。数据统一存储在公司服务器，各个组织机构共享。

14. 系统管理

系统管理包括基本信息设置、系统监控、操作日志管理。

（1）基本信息设置。

（2）系统提供了实时监视和控制模块。

在任意一点上，系统管理员都可以及时地监视系统的活动情况。

15. 安全管理

（1）登录账号管理。

① 登录账号维护：只有具有相应权限的管理员才有权对登录账号进行维护。

登录账号可以被具有相应权限的管理员进行增加，但是必须保证登录账号在系统中的唯一性，并且符合登录账号的编制办法；登录账号可以被具有相应权限的管理员进行修改，同时系统保存登录账号被修改的日志；登录账号一般不删除。如果登录账号资源紧张时，只有具有相应权限的管理员有权删除登录账号，同时系统必须保留登录账号被删除的日志。

② 登录账号密码维护：只有登录账号的所有者或具有相应权限的管理员可以修改登录账号密码，系统要提供登录账号密码修改的人机界面；系统应对登录账号密码设定进行管理，避免接受过于简单的登录账号密码，同时定期提示登录账号所有者，修改登录账号密码。

（2）权限管理。

系统提供两级权限管理，即系统管理员、使用人员。

任何使用人员每次进入系统，要求输入本人的用户账号和口令。系统应从多层次上进行权限管理，配置相关的权限参数；对系统、功能、选项和数据等分类配置基本使用权限参数，以供权限配置使用。

对于权限的管理包括以下两点。

① 安全验证：系统的使用者通过密码验证，通过使用者权限核实后，方可使用系统；对于重要系统，提供再次验证的功能；即使在计算机出错的情况下，非授权者也不能进入操作系统。

② 权限设置：对于不同种类使用者的登录账号，可设置不同的使用权限，各使用权限所能使用的模块可以按照要求自由组合，由系统管理员统一管理；权限管理采用分级的管理方式，上一级可以设置下一级的管理权限。

6.3　企业人力资源管理信息化建设案例分析

1. G公司人力资源管理信息化建设案例

G 公司是国内一家高速成长中的大型金融机构，近年来业务高速扩张，已在我国近 90 个大中城市设立了分支机构，营业网点达 2 000 多个。然而，随着金融体制改革的深化以及来自于外资银行的压力，G 公司越来越感到在人力资源管理方面力不从心，例如，人力资源部 80%的时间用于工资计算、劳动关系处理等行政事务，无暇顾及机构发展的需求，与业务明显脱节；无法准确把握人力资源分布的现状，总部对于分支机构的人员信息不甚了解；缺乏科学的招聘工具来筛选和识别合适的人员，常常是新招聘的人员不能胜任工作的需要；大多数员工的知识水平及技能水平还停留在较低的层次上，跟不上日新月异的业务创新需求，而仅有的少数优秀人才也面临着流失率较高的局面等。因此，公司迫切需要引入人力资源管理解决方案。

在对 G 公司的人力资源现状进行了仔细的审阅之后，外部咨询机构为其开出了"药方"——采用以能力素质模型为核心的人力资源管理信息化解决方案。能力素质是知识、技能以及职业素养的整合，与战略和组织核心竞争力有密切的关系。它可以通过行为进行观测和测量，并通过培训手段得以提高。能力素质模型则是对每项能力素质定义相关的关键行为指标，通过这些行为指标表现能力素质掌握的熟练程度，并且按照内容、角色或者岗位，将这些能力素质有机地组合在一起。

该解决方案贯彻了围绕能力素质模型建设 e-HR 系统，以提升企业竞争力及实现战略目标的思路。它内含的逻辑关系为第一层是公司战略，它指明了竞争制胜所需具备的组织核心竞争力，而组织的核心竞争力再分解到个人层面，则体现为个人能力素质模型。因而，能力素质模型的生成实际上是与核心竞争力及战略，密切相关的，那么，应如何搭建并运用能力素质模型呢？方案的最后是第四层提出了 e-HR 的概念，即建立以能力素质模型为核心的管理信息系统，从而保障了目标的实现。

依照该解决方案的总体思路及 G 公司面临的主要问题，G 公司设计并实施了一系列卓有成效的人力资源变革活动，主要包括以下几项。

（1）构建能力素质模型：鉴于 G 公司尚未建立能力素质模型，我们首先在明确企业战略和核心竞争力对人力资源要求的基础上确定了部门的核心和专业能力，进而建立了能力素质模型库。然后将部门能力依次分解为岗位所需的能力素质，例如，对研发岗位，强调相关人员应具备创新能力；而对营销岗位，则强调品牌管理和客户服务能力。最后，将每个岗位所需的能力素质及其等级在系统中记录下来，并在系统中建立了主技能库。

（2）人员招聘和配置管理：在系统中建立了以能力素质为基础的人员招聘和配置管理模块。当 G 公司面临职位空缺时，系统会自动提出招聘信号，人力资源部则根据该职位的能力需求安排合适的招聘活动。在招聘过程中，系统会帮助 G 公司记录和管理招聘相关的信息，并可发挥自动筛选功能，即根据预先设定的评估工具，衡量应聘者与岗位的能力素质要求匹配程度，对于明显不符合要求的应聘者资料进行剔除。同时，通过可定义的工作流来保证整个招聘流程的顺畅。在人员配置方面，人力资源部可通过系统搜索符合岗位能力要求的候选人名单，判断其现有能力素质是否能够胜任该岗位，最终决定是否有合适的人员能够安置到相应的岗位上。

（3）网上培训/知识管理：其搭建了网上培训及知识管理平台，运用信息技术实现了员工的自主学习和知识共享。首先根据员工目前及未来的工作、职位及组织对能力的要求同员工当前能力状况的比较来确定总体培训需求，开办相关的培训课程及提供相应的知识介绍。这样一来，G 公司的员工无论是在总部还是分散在各地，只要打开电脑轻轻一点，就可以根据自身技能需求在网上浏览最新的培训课程目录并申请参加。其次，在知识学习平台上设有专家解答、业务知识、行业信息、案例研究、BBS 讨论等频道，并伴有搜索引擎，员工可随时上网进行知识学习或下载资料。

（4）个人绩效管理：在科学设计 G 公司个人绩效指标的基础上，为其建立了相应的绩效管理系统。首先，将个人能力素质与员工岗位业绩完成情况结合考虑，设计员工的绩效指标，并制定相应的考核流程。其次，运用系统实现了考核流程电子化，每个人在网上填写自己的考评报告，并发送到经理处，经理根据该名员工的表现予以等级评定。考核结果还可以通过系统传送到薪酬管理模块，用于计算相应的绩效薪酬。

另外，G 公司还对薪酬体系、职业生涯发展进行了优化设计，进一步丰富和完善人力资源管理信息系统，如开设员工自助服务平台等。

通过上述的人力资源变革提升活动，G 公司从中获得的巨大收益正在逐步显现，给了 G 公司无比的信心，使其在朝着建设先进的人力资源开发体系的道路上大步迈进，从而为企业实现整体竞争能力的提升和持续性发展奠定了基础。

2. 经验与启示

由于人力资源管理系统管理的是所有与人相关的数据，信息量大，变化频繁，内部关联性较弱，数据的采集、确认、更新和检查都比较困难，而且其管理的信息与员工的切身利益密切相关，特别是工资计算不能有任何错误，因此，实施工作尤为繁琐和困难，其难度和工作量远远大于一般人的预计。根据实施经验，为了最大限度地提高企业的人力资源管理水平，成功地实施人力资源管理系统，需要特别注意以下 7 点。

（1）主要领导的理解和全力支持。人力资源管理系统的实施不只是人力资源管理部门或计算机部门的事。为了保证数据的完整、准确和及时，需要企业内各个部门和全体员工的积极配合。同时，采用人力资源管理软件，需要在充分回顾企业政策的基础上，根据先进的人力资源管理理念，从程序到操作进行全面的改进。所有这些工作，如没有企业决策层的参与是很难实现的。

（2）培训。要想使人力资源管理系统真正地发挥应有的效用，必须通过培训转变人们，特别是中高层领导的思维方式和行为方式。要让他们学会并习惯于通过系统来进行科学的管理，而不是决策凭感觉，分析凭经验。培训不光要使中高层领导明白采用人力资源管理系统的好处，更重要的是使他们了解系统的功能和运行方式，学习软件系统中蕴含的先进理念，主动、积极地反思现行的体系，探讨改进的方案。

（3）改进企业的相关制度和信息结构。由于历史的原因和条件的局限，我国很多企业现行的相关制度、人力资源相关信息的组成和报表不尽合理和科学，而实施人力资源管理系统正是一个非常好的契机，来回顾本企业不合理、不科学或不符合国家相关法律和规章的地方，重新合理地组织人事相关信息和报表，从而减少企业运行的潜在风险，将人力资源管理部门员工的工作放在刀刃上。因此，实施人力资源软件，不应只是单纯地将现行的制度和报表计算机化，而是应该充分地回顾本企业的相关政策和信息组成，去掉不合理的成分，将改进的建议报告给企业的决策领导，并争取付诸实施。

（4）明确项目的实施目标。在项目的初期，应该明确整个项目的实施计划和目标、需要采集的数据、需要保留的历史信息、现有数据如何规范化，以及项目实施的时间和进度安排等。

（5）组织精悍的项目实施小组。项目实施小组人员的组成应包括企业管理人员，人事、薪资、计算机专业人员，他们将负责整个项目的组织协调、进度控制、数据分析和数据有效性的检查，提供相关建议，培训其他人员，建立系统和检查各部门的运行程序。项目实施小组应明确每个小组成员的工作职责。他们也将是该企业运行人力资源管理系统的主要骨干和技术支持。

（6）测试软件功能。项目实施小组在明确实施目标和进度后，一项重要的任务就是根据实施目标全面测试购买的软件系统，争取在 3 个月内将软件系统 95% 的错误解决掉。由于人力资源管理系统需处理的信息关系非常复杂，各企业的需求也不尽相同，再加上软件的商品化程度远不如已经运行多年的成熟软件产品，存在的错误较多，如果不在项目实施的初期解决这些问题，随着问题的不断暴露，不仅会浪费大量的人力，更严重的是会使他人失去信心，严重影响工作的进展。

（7）建立科学的程序性文件。人力资源相关信息的特点是信息量大、变化频繁、采集和确认困难，而且无内联关系。采用计算机系统来管理人力资源信息，要求数据的采集、更新能够完整、准确和及时。这两者之间的矛盾会因为新系统的投入运行而变得越来越突出。新系统在运行后无疑会迫使一部分员工改变已经熟悉了的工作方法和习惯，学习包括计算机知识在内的新知识、新方法、新程序，一部分人的利益也许会受到影响。在系统的实施过程中，很多企业由于有关人员素质较低、工作责任心不强，加上某些管理人员的随意指挥，会造成系统的实施和运行事倍功半，而且降低了系统的功效。所以，除加强培训外，建立必要的科学的程序性文件，做到有章可循，减少和杜绝各种特例情形，这样才能为人力资源管理系统的实施和正常运行提供有效的保证。

6.4　人力资源管理实训

【实训目的】

人力资源管理是依据企业和个人发展的目标，对组织中的员工进行合适的能岗匹配、培训激励、科学管理等，通过本次实训可以进一步理解人力资源管理。

【实训项目】

1．求职简历
2．面试单
3．用工合同
4．考勤记录
5．薪资管理
6．计时工资
7．员工业绩记录

【实训步骤】

1．求职简历

（1）首先进入求职简历模块，找到功能列表，如图 6-2 所示。

图 6-2　求职简历模块

（2）单击"增加"按钮就能在求职简历模块进行下单操作，如图 6-3 所示。

图 6-3　进行下单操作

（3）在详细记录操作栏里单击"增加"按钮就能增加求职简历的记录，如图 6-4 所示。

图 6-4　增加求职简历的记录

2．面试单

（1）首先进入面试单模块，找到功能列表，如图 6-5 所示。

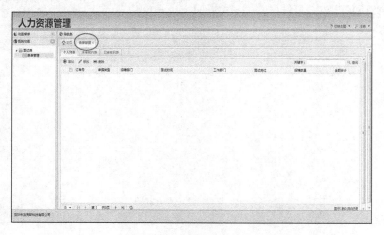

图 6-5　面试单模块

（2）单击"增加"按钮就能在面试单模块进行下单操作，如图 6-6 所示。

图 6-6　进行下单操作

（3）在详细记录操作栏里单击"增加"按钮就能增加面试单的记录，如图 6-7 所示。

图 6-7　增加面试单记录

3. 用工合同

（1）首先进入用工合同模块，找到功能列表，如图 6-8 所示。

图 6-8　用工合同模块

（2）单击"增加"按钮就能在用工合同模块进行下单操作，如图 6-9 所示。

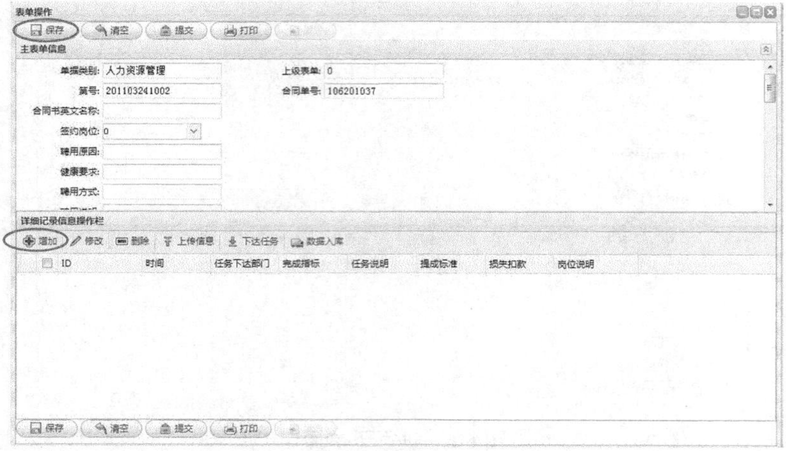

图 6-9　进行下单操作

（3）在详细记录操作栏里单击"增加"按钮就能增加用工合同的记录，如图 6-10 所示。

图 6-10　增加用工合同的记录

4. 考勤记录

（1）首先进入考勤记录模块，找到功能列表，如图 6-11 所示。

图 6-11　考勤记录模块

（2）单击"增加"按钮就能在考勤记录模块进行下单操作，如图 6-12 所示。

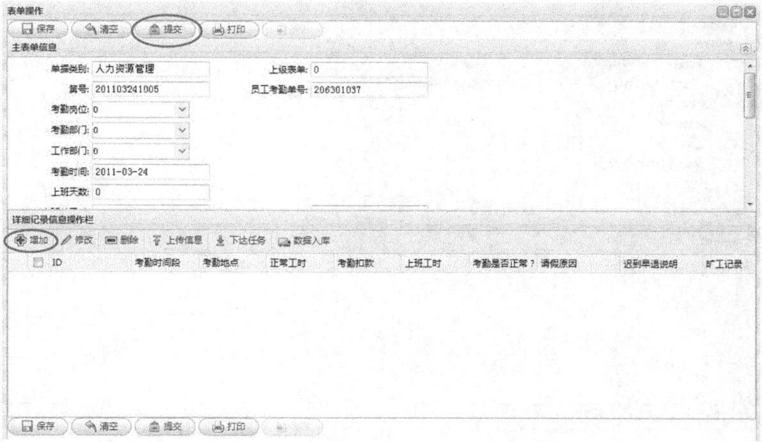

图 6-12　进行下单操作

（3）在详细记录操作栏里单击"增加"按钮就能增加考勤记录的记录，如图 6-13 所示。

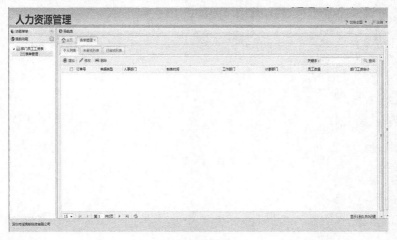

图 6-13　增加考勤记录

5．薪资管理

（1）首先进入薪资管理模块，找到功能列表，如图 6-14 所示。

图 6-14　薪资管理模块

（2）单击"增加"按钮就能在薪资管理模块进行下单操作，如图 6-15 所示。

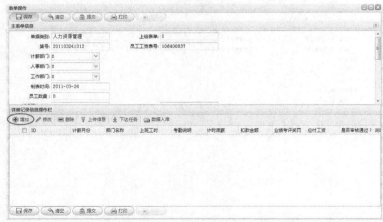

图 6-15　进行下单操作

（3）在详细记录操作栏里单击"增加"按钮就能增加薪资管理的记录，如图 6-16 所示。

图 6-16　增加薪资管理记录

6. 计时工资

（1）首先进入计时工资模块，找到功能列表，如图 6-17 所示。

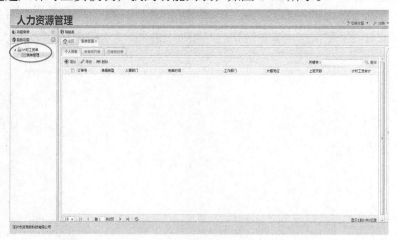

图 6-17　计时工资模块

（2）单击"增加"按钮就能在计时工资模块进行下单操作，如图 6-18 所示。

图 6-18　进行下单操作

（3）在详细记录操作栏里单击"增加"按钮就能增加计时工资的记录，如图 6-19 所示。

图 6-19　增加计时工资记录

7．员工业绩记录

（1）首先进入员工业绩记录模块，找到功能列表，如图 6-20 所示。

图 6-20　员工业绩记录模块

（2）单击"增加"按钮就能在业绩记录模块进行下单操作，如图 6-21 所示。

图 6-21　进行下单操作

（3）在详细记录操作栏里单击"增加"按钮就能增加业绩记录，如图 6-22 所示。

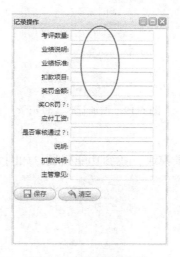

图 6-22　增加业绩记录

本章小结

1.　内容结构

本章内容结构如图 6-23 所示。

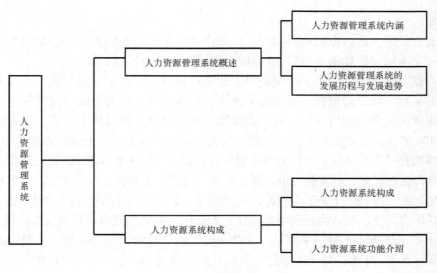

图 6-23　本章内容结构

2. 内容提要

通过本章的学习，使学生了解人力资源、人力资源管理与人力资源管理信息化的基本概念、发展历程及对企业的影响，熟悉人力资源管理系统的基本框架结构，会操作相关的人力资源管理系统基本模块。

单元训练

- **主要概念**

人力资源　　人力资源管理　　人力资源管理信息化

- **理解题**

1. 人力资源管理信息化的内涵是什么？
2. 人力资源管理的发展经历了哪几个阶段？
3. 人力资源管理系统的基本框架体系是怎样的？

- **实训题**

1. 发布一条招聘信息。
2. 草拟一份劳动管理合同。
3. 能看懂工资表的构成。
4. 能维护计时工资表和业绩考评表。
5. 能维护员工离职表。

- **案例分析题**

贾厂长的管理模式

贾炳灿同志新调任上海液压件三厂的厂长，他原是上海高压油泵厂的厂长，在任时治厂有方，使该厂连获"行业排头兵"与"优秀企业"称号，已是颇有名望的管理干部了。这次是他主动向局里请求，调到问题较多的液压件三厂来的。局里对他能迅速改变该厂的落后面貌寄予厚望。

贾厂长到任不久后，发现原有厂纪、厂规中确有不少不合理之处，需要改革。但他觉得先要找到一个能引起震动的突破口，将其改得公平合理，令人信服。

经过寻找，他终于选中了一个突破口。原来厂里规定，本厂干部和职工，凡上班迟到者一律扣当月奖金 1 元。他觉得这规定看似公平，其实不然，因为干部们觉得自己要迟到了，便先去局里或公司兜一圈再来厂，有个堂而皇之的因公晚来借口免于受罚，工人则无借口可依。厂里 400 来人，近半数是女工，有些已为人母，家务事多，早上还要送孩子上学或入园，有的甚至得抱孩子来厂入托。本厂未建家属宿舍，职工散住在全市各地，远的途中要换乘一两趟车，还有人住在浦东，要摆渡上班。碰上塞车、停渡，尤其雨、雪、大雾，尽管提前很早出门，仍难免迟到。他们想迁来工厂附近，无处可迁，要调往住处附近工厂，很难成功，女工更难办，综其所有，贾厂长认为迟到不能责怪工人自己，他认为应当从取消这条厂规下手改革。

有的干部提醒他，不要轻举妄动，此禁一开，纪律松弛，不可收拾。又说别的厂还没考勤钟，迟到一次扣 10 元，而且是累进式罚款，第二次罚 20 元，第三次罚 30 元。我厂只扣 1 元，算个啥？

但贾厂长斟酌再三，决定这条规定一定得改，因为 1 元钱虽少，但会令工人觉得不公、不服，气不顺，就会影响到工作积极性。于是在 3 月月末召开的全厂职工会上，他正式宣布，从 4 月 1 日起，工人迟到不再扣奖金，并说明了理由。这项政策的确引起了全厂的轰动，职工们报以热烈的掌声。

不过贾厂长又补充道："迟到不扣奖金，是因为常有客观原因。但早退则不可原谅，因为责任在于自己，理应重罚。所以凡未到点而提前洗手、洗澡、吃饭者，要扣半年奖金！"这可等于几个月的工资啊。贾厂长觉得这条补充规定跟前面取消原规定同样公平合理，但工人们却反应冷淡。

新厂规颁布不久，发现有 7 名女工提前 2~3 分钟去洗澡，人事科请示怎么办，贾厂长断然说道："依照厂规扣掉他们半年的奖金，这才能令行禁止。"于是处分的告示贴了出来。次日中午，贾厂长路过厂门口，遇上了受罚女工之一的小郭，问她道："罚了你，服气不？"小郭不理而疾走，老贾追上几步，又问，小郭悻悻然扭头道："有什么服不服？还不是你厂长说了算！"她一边离去一边喃喃地说："你厂长大人可曾上女澡堂去看过那像啥样子？"贾厂长默然。他想："我是男的，怎么会去过女澡堂？"但当天下午趁着澡堂还没开放，贾厂长跟总务科长老陈和工会主席老梁一块去看了一下女澡堂。原来这澡堂低矮狭小，破旧阴暗，一共才有 12 个淋浴喷头，其中还有 3 个不太好用。贾厂长想，全厂 194 名女工，分两班也每班有近百人，洗一次澡要排多久的队？下了小夜班洗完澡，到家就几点了？明早还有家务活要干呢。她们对早退受重罚不服，是有道理的。看来这条厂规制定时，对这些有关情况缺少调查了解……

下一步该怎么办？处分布告已经公布了，难道又收回不成？厂长新到任定下的厂规，马上又取消或更改，不就等于厂长公开认错，以后还有啥威信？若私下悄悄撤销对她们的处分，以后这一条厂规就此不了了之能行吗？

贾厂长皱起了眉头。

问题：

（1）贾厂长是以怎样的人性观来对待员工的？

（2）如果你是贾厂长，你准备怎样来对待员工？你想采用什么样的激励手段和管理方式？

第 7 章
ERP 的质量管理

学习目标

理论目标：学习和把握 ERP 质量管理的主要概念、观念和基本理论等陈述性知识，并能用其指导 ERP 质量管理的相关认知活动。

实务目标：能运用 ERP 质量管理的主要概念、观念、基本理论和"业务连接"知识，规范 ERP 质量管理的相关技能活动。

案例目标：能运用所学 ERP 质量管理的主要概念、观念、基本理论研究相关案例，培养和提高学生在特定业务情境中分析问题与解决问题的能力。

引导案例

某企业是一家传统制造企业。传统的质量信息管理是以纸质为载体，其传输方式是与传统的金字塔式管理体制相适应的纵向沟通方式。这种方式层次多，效率低，费用高，极易因信息交流沟通失误造成损失。之前，某企业一直采用传统的企业经营模式，以纸质单据为主要记录载体，记录难以保存；检验记录与生产和物流脱节；零部件的记录和维修档案不易查询和追溯；外排与质量事故分析缺少详细的生产环节数据支持，很难确定责任……诸如此类的问题络绎不绝，这些都严重制约着企业适应现今市场的灵活变化。为了解决上述矛盾，该企业决定在此次采用的 ERP 系统中，将质量管理系统作为一个重要的组成部分，目的是通过系统的信息化能力，加大质量管理的力度，实现检验过程记录电子化，建立全面的产品维修质量档案。并且利用系统的监测与追踪能力，解决产品在生产过程中质量数据难以掌控的问题。实现生产过程可追溯，确立较为完善健全的质量方针、质量目标和质量体系，建立一整套规范的质检处理流程和方法。

7.1 ERP质量管理理论基础

┃ 课堂思考 ┃

1. 企业的质量管理包括哪些方面？
2. 计算机实施质量管理主要针对什么内容进行管理？

7.1.1 全面质量管理理论基础

全面质量管理的定义

ERP 中的质量管理思想与全面质量管理是一致的。全面质量管理（Total Quality Management，TQM）是一种现代的质量管理方法。全面质量管理的概念和思想诞生于美国，费根鲍姆和朱兰为全面质量关的发展做出了杰出的贡献。1961 年，美国通用电气公司总裁费根鲍姆在他的著作《全面质量控制》中给全面质量管理下的定义是："全面质量管理是为了能在最经济的水平上，并考虑到充分满足用户要求的条件下进行市场研究、设计、生产和服务，把企业内各部门的研制质量、维持质量和提高质量的活动构成为一种有效的体系。"全面质量管理理论在美国取得了令世人瞩目的成就。在 ISO8402—1994 标准中对全面质量管理的定义是："一个组织以质量为中心，以全员参与为基础，目的在于通过让顾客满意和本组织所有成员及社会受益而达到长期成功的管理途径"。

综合上述两个定义来看，全面质量管理的内涵是全员通过有效的质量体系对质量形成的全过程和全范围进行管理和控制，并使顾客满意和社会受益的科学方法和途径，它具有先进的OA（Office Automation）系统管理的思想，并强调建立全面的有效的质量管理体系，以使顾客和社会受益。

7.1.2 全面质量管理特点

全面质量管理是从过去的事后检验，以"把关"为主，转变为以预防改进为主，强调找出影响质量的各种因素，抓住主要矛盾，发动各部门全员参加，运用科学管理方法和程序控制所有具体的生产经营活动。在工作中将过去的以分工为主转变为以协调为主，使企业成为一个紧密的有机整体。全面质量管理的特点可以归纳为 4 个方面，即全过程的质量管理、全面的质量管理、全员参与的质量管理和采用科学的、多种多样方法的质量管理。

（1）全过程的质量管理。全过程的质量管理是指决定产品质量的不仅是生产终端的检验把关，更重要的是对产品生产的整个过程的检验。全面质量管理的范围包括从市场调查开始，到产品设计、生产、销售等，直到产品使用寿命结束为止的全过程。全过程的管理充分体现了质量管理工作必须贯彻预防第一的客观要求，把管理的重点从单纯的事后检验转到事先控制上来，消除产生不合格的种种隐患，形成一个生产合格产品的生产经营系统。另外，还要对产品形成以后的过程以及使用过程进行质量管理，形成一个综合性的质量管理体系。

（2）全面的质量管理。全面的质量管理这一特点要求企业不能仅追求产品的最终质量，而是应该追求广义质量的提高。这种广义质量不仅包括产品的质量，还应包括过程质量、工作质量、服务质量；不仅要对产品性能进行管理，也要对产品的可靠性、安全性、经济性、时间性和适应性进行管理。总之，全面的质量管理是对各个方面的质量进行的分销管理。

（3）全员参与的质量管理。由于全面质量管理是对全过程和全面质量进行的质量管理，所以全面质量管理不仅是质量管理部门的事，也不仅涉及设计、生产、供应、销售、服务过程中有关的人员，而是企业中各个部门所有人员的事。产品的质量是企业各部门、各环节全部工作的综合反映，企业里任何个人或是任何一个环节的质量，都会对产品的质量造成不同程度的影响。因此，全员参与的质量管理要求企业全体人员都来参加，并在各自有关的工作中参与质量管理工作。

（4）采用科学的、多种多样方法的质量管理。随着科学技术的不断发展，对产品质量、服务质量提出越来越高的要求，影响产品质量的因素也越来越复杂。既有物质的因素，又有人的因素；既有管理因素，又有技术因素；既有企业内部因素，又有企业外部因素；既有人们的心理因素，又有自然环境因素。要把这一系列的因素系统地控制起来，全面地管理好，生产出高质量的产品，提供优质服务，光靠单一的管理方法是行不通的。这就要求任何活动都要遵循 PDCA（计划、实施控制分析）循环的工作程序，并且广泛地运用科学的、多种多样的方法，如专业技术、管理技术、数理统计、运筹学、电子技术基础等，按照客观规律办事，进行科学的管理，综合治理，才能真正取得实效，真正做好全面质量管理工作。

推行全面质量管理对于企业提高自身素质，增强竞争力意义深远，其主张全员参与，全面控制，预防为主，防检结合，用数据说话，并要求质量管理作业规范化和标准化。

7.1.3 全面质量管理在我国的应用现状

我国推行全面质量管理至今已有 30 年，并且取得显著成效：全民质量意识和质量管理理念已深入人心，全民质量管理知识普及培训不断深入，群众性质量小组活动如火如荼，质量认证数目屡创新高，产品质量日益提高，涌现出越来越多的质量效益型企业……全面质量管理在我国取得了丰硕成果，对提高我国产品质量和企业质量管理水平，促进我国经济发展都发挥了重要作用。

但是通过对部分企业的调查，发现我国实施全面质量管理还存在一些问题。

1. 理论应用滞后，理论和实践脱节

虽然全面质量管理在我国推行了 30 年，全面质量管理理论在我国得到了发展。但是，提倡者往往是花费大量时间、精力、资金研究原理理论，却并不注重结果的应用。结果是理论得到发展，却没有为生产力提高带来效益。而企业对全面质量管理理解较为肤浅，只注重全面质量管理的"形"，而没有深刻理解全面质量管理的"髓"。这导致在我国大多数企业，仍是以检验控制为主，只有少数企业成功实施了全面质量管理。

2. 重于企业自身管理，忽视了市场

全面质量管理在我国部分企业得到了实质的运用，企业生产、组织、管理的每个环节都严格遵守了质量管理的要求，但是最后仍以失败告终。其原因是企业遵循了全面质量管理在操作层面的要求，但是忽略了以用户满意为目标的要求。企业将管理重点放在组织攻关小组、培训和改进上，没有把提升客户满意作为这些努力的前台，因此失去了客户的支持，只能以失败告终。

3. 在执行上没有做到"上行下效"

全面质量管理要求全员参与，但是有时会出现"上有政策，下有对策"，以及上级并不关心下级工作的现象。在质量管理方面造成的结果就是：第一质量政策方针未能有效的执行，第二上级并不清楚质量管理的具体内容。这是我国全面质量管理未能有效实施的最主要原因。

ERP 质量管理的思想符合全面质量管理的理念，其优势体现在信息化全面质量管理的全过程，利用计算机技术使信息数字化、可视化。信息时代信息的重要性是毋庸置疑的，而信息的方便查询、快速反馈，企业内实现信息的共享，企业间的信息通信，都随着计算机技术、ERP 平台、网络技术的发展成为可能。

7.2　质量管理系统的设计

7.2.1　软件体系结构设计

1. ERP 系统体系结构

通过对某工企业生产过程的实地考察及对其生产经营管理模式的调研，各分企业 ERP 系统的体系结构如图 7-1 所示。

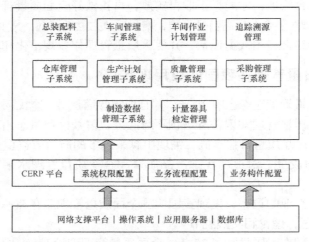

图 7-1　某企业 ERP 系统体系结构

该企业 ERP 系统的信息基础设施是高速网络与数据库系统。在信息基础设施支撑下，构建各种应用系统。ERP 系统面向企业的管理需求，提供较为宏观的管理，主要包括总装配料管理子系统、车间管理子系统、车间作业计划管理子系统、追踪溯源管理子系统、仓库管理子系统、生产计划管理子系统、质量管理子系统、采购管理子系统、制造数据管理子系统、计量器具检定管理子系统等，其目标是实现企业内部物流、信息流的集成，强化企业质量管理，提高企业竞争力。其中，质量管理覆盖企业生产运作的全过程，还为生产计划管理子系统、仓库管理子系统和追踪溯源管理子系统提供了基础数据，为企业生产质量的管理做了良好的铺垫。

传统的基于客户端/服务器(Client/Server)模式的应用系统已经难以适应业务发展的需要。考虑到信息技术发展趋势、软件今后升级维护的方便性，以及销售业务的分布性，决定本质量管理子系统在基于 JZEE 的 CERP 框架下实现。在企业环境之上是计算机硬件与计算机网络，它为计算机运行类似于质量管理的这种分布式的应用程序提供了信息交换的平台。在它之上是分布式数据库，数据库能够存储质量管理相关数据。在数据库层之上，是 CERP 框架，它为我们提供数据库访问、权限管理、基于 SSL 的数据保密性和数据完整性、统一风格界面等功能。CERP 框架的上面运行的是制造数据管理系统，制造数据管理系统是 CERP 中包括生产计划、车间作业、采购、库存、质量各系统的基础，一般在实施时，制造数据管理系统往往是作为第一个实施的系统。

2. 系统主要功能模块

一个典型的质量管理系统需要处理多项业务，具有多种功能。本系统最典型的功能包括质量计划管理、质量检验管理、质量统计管理、质量分析与预测、质量综合信息管理。

质量检验实施时，根据质量计划，生成相应物料所在的工序对应的检序的验台账、检验记录以及试验报告等。由相应的检验人员在完成了对物料的检验操作之后，根据检验的结果，如实地填写检验单据或者报告内容，由部门管理人员审核通过后，即形成正式的质量文件。根据质量管理系统的结构特点，主要功能模块结构如图 7-2 所示。

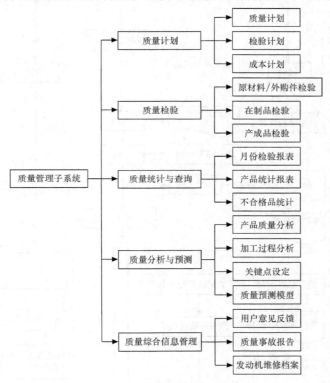

图 7-2　质量管理主要功能模块

7.2.2　系统体系结构设计

1. 系统流程设计

质量管理子系统是在财务会计、供应链管理、生产管理各子系统的基础上，采用 ISO9000 的先进质量管理思想，同时吸收精益生产的管理思想，为工业企业提供从供应商评估、采购检验、工序检验、产品检验、入库检验、发货检验、退货检验到样品管理及质量事故和客户投诉处理等全面的质量管理与控制的企业管理软件。是旨在帮助企业提高质量管理效率与生产效率，降低因来料问题、车间生产、库存物料质量管理等原因造成的质量事故，从而降低损耗与成本，提高产品质量与客户满意度。

质量管理子系统的核心业务流程如图 7-3 所示，它根据质量管理对象类别不同，包括采购、制造、成品质量管理 3 条主线，贯穿了编制质量计划、实施质量检验、进行质量统计分析和建立质量预测模型的 4 大质量管理活动。质量管理子系统整体的运行路线如图 7-3 所示。

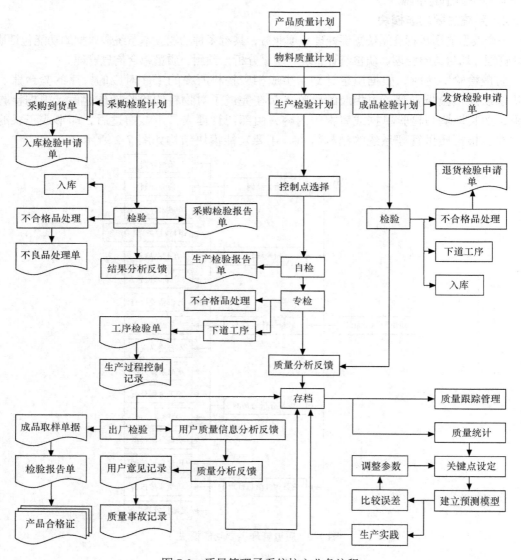

图 7-3　质量管理子系统核心业务流程

离散制造企业的质量管理系统的关键业务流程包括以下几项。

（1）采购到货质量检验流程。采购到货质量检验流程如图 7-4 所示。合同到货之后，需要对货物的数量进行检查，填写货单，质量检查员根据到货单与合同进行质量检查并填写质检单、入库。如果有不合格品或报废情况，应填写不合格品报告单，由采购系统根据情况生成退货单，并将不合格信息提交 ERP 系统，以免缺件延误生产。

（2）工序质量检验流程。工序质量检验流程如图 7-5 所示。

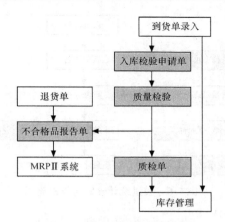

图 7-4　采购到货质量检验流程

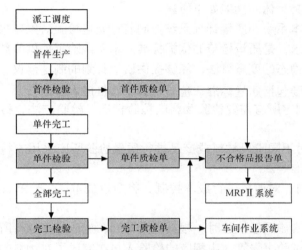

图 7-5　工序质量检验流程

在车间作业系统完成派工调度后，车间班组开始组织生产，在完成本批次的首件生产后，根据要求，质量检查处要进行首件检验，并将检验结果录入首件质检单中。对于要求每件必检的重要性产品，单件完工后，要进行单件检验并填写单件质检单。完成本次派工的生产任务后，应进行完工检验，并将检验结果填入完工质检单中，并将完工的质量情况传输给车间作业系统，进行转序或入库处理。在整个加工过程中，如果出现了不合格情况，应该录入不合格品报告单。不合格品报告单用来对企业质量情况进行诊断，并可作为 ERP 系统的一个反馈输入。通过反查可知物料具体的需求来源，并根据不合格数量，确定是否有新的净需求。

（3）质量统计分析与改进流程。质量统计分析与改进流程如图 7-6 所示。统计技术是质量管理中最重要的工具之一，质量统计的数据主要来源于质量检验。在质量统计的基础上利用质量分析技术，可以分析和说明产品和过程的稳定性、成本情况以及工序的生产能力等。在质量改进时，企业质量管理人员依据质量分析的结果，结合国家行业的标准及竞争对手的质量情况，制定新的质量计划。因此，质量统计分析技术可以为持续改进的决策提供依据。

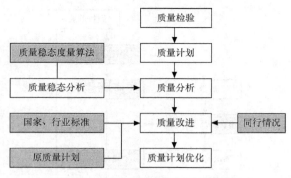

图 7-6 质量统计分析与改进流程

2. 系统功能设计

系统功能结构分为质量管理、质量检验、质量统计与查询、质量分析与预测、质量综合信息管理 5 个模块，其具体的功能如下所述。

（1）质量计划。本系统的质量计划系统控制着对质量检验对象在采购、生产、装配的不同时期各个指标的要求，是质量检验的依据标准。本系统除了提供传统的手工录入质量计划外，还提供基于质量稳态的度量算法，能够提供质量计划的制定建议。

质量计划管理主要包括质量标准、检验计划和质量成本计划。

① 质量标准：制定所有需要检验物料的检验标准、检验方法、检验手段、质量缺陷与质量问题等级定义等。

② 检验计划：对不同阶段材料或产品进行质量检验所应采用的特定程序、方法，诸如测量、试验、审核标准等。

③ 质量成本计划：对质量进行成本控制，将质量成本层层分解，根据具体情况，有针对性地实施控制措施。

（2）质量检验。实施质量检验时，根据质量计划，生成相应物料所在的工序对应的检验台账、检验记录以及试验报告等。由相应的检验人员在完成了对物料的检验工作之后，根据检验的结果如实地填写检验单据或者报告内容，由部门管理人员审核通过后，即形成正式的质量文件。本模块又可分为 3 个子模块，具体分工为：选择信誉良好、合作关系稳固的供应商，确保原材料和外购件的质量，防止不合格品流入生产加工过程，减少质量成本的损失；根据加工工序的不同要求和特点，采取不同的检验方法，防止不符合质量要求的产品进入下一道工序生产与使用；确保产成品在出企业之前的质量目标符合计划要求，得到用户的信赖，扩大生产市场，提高利润。对不合格产品进行检验，分析不合格品出现的原因，采取相应的处理措施，记入质量成本计划。

质量检验主要包括原材料、外购件/外协件质量检验、在制品工序质量检验、产成品质量检验以及不合格品处理。

① 原材料、外购件/外协件质量检验：基于对供应商的分析与评价，发展形成良好的、长期稳定的合作关系。通过抽样检验，防止不合格品流入生产加工过程，减少质量成本的损失。

② 在制品工序质量检验：采取不同的检验方法，防止不符合质量要求的产品进入下一道工序生产与使用。

③ 产成品质量检验、不合格品处理：产成品作为最终的企业产品在质量检验上和在制品的质量检验相比较实质上是一样的。不同的是，成品除了功能特性、外观两个方面的质量

检验项目之外，还包括包装方面的质量检验项目。

质量检验的记录形式主要有质量检验台账、质量检验记录和检验报告单。检验台账、检验记录、检验报告单都包括一些基本信息，如工程号、物料编码、物料名称、车间、工序、投产数量、完工数量、检验数量、操作者、检验者、检验时间等。质量检验部分根据生产系统提供的派工单及完工记录、零件所属的合同查找质量计划，获得该物料的检验要求，形成质量检验单据，并由质量检查员填写质量检验结果。质量检验流程如图 7-7 所示。

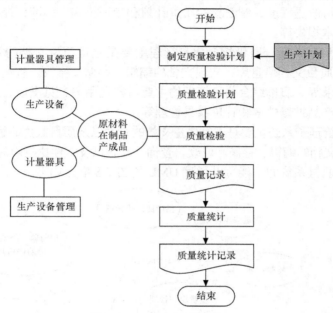

图 7-7　质量检验流程

（3）质量统计与查询。质量统计技术对于现代生产企业具有重要的增值作用。统计技术在质量体系中的作用在于通过收集、分析和解释质量数据和信息，控制并优化质量过程，促进质量体系的有效进行。

在本系统中，质量统计模块的功能相对其他模块较为简单。主要是对在质量检验过程中产生的大量检验数据进行收集、分类、存储、传递、查询和报表生成等基本功能。根据质量信息是否满足要求分别进行汇总和统计，同时对不符合要求的质量信息（如资源信息、物流信息等）进行分析诊断和处理，并将结果存储到相应的数据库中。一般来说，质量统计的过程大致分为 3 步，即质量检验数据记录、建立质量统计台账、编制质量统计报表。本企业质量统计报表主要有月份统计报表、产品统计报表、不合格品统计报表等。

质量统计与查询管理的主要任务是将收集到的质量数据，采用适当的方法进行统计分析，并给出统计分析结果，以便决策者对质量管理工作作出正确的决策。

（4）质量分析与预测。该部分分为质量分析与质量预测两个部分。

质量分析其实就是数据分析，利用质量管理过程形成的各种数据进行归纳、整理、加工与分析，从中获取产品质量或生产加工过程的状态信息，从而发现产品与生产过程的质量问题，最终达到改进产品的设计质量与加工工艺水平，对各种产生影响的因素加以控制，达到保证生产质量与提高产品质量的目的。本系统的质量分析模块除对加工过程、产品质量进行分析管理外，根据企业生产经验和分析结果，还为质量预测模型的建立拟定所需要的关键数据和关键工艺参数。

通过质量分析，在收集、分析大量生产、检验数据的基础上，利用一元回归分析进行质量预测，拟建了适合本企业生产情况的质量预测模型。确定影响产品性能的重要零部件的关键质量特性以及关键工序，输入原材料规格和关键工艺，对比历史工艺数据、测试数据、检验记录，预测出产品性能和质量情况。

质量预测模型是在收集大量工业数据的基础上，按生产加工过程进行建模，以提高预测精度，利用对关键工序的重要质量指标进行预测，通过反馈，实现对工艺参数的优化配置。

研究管理系统可改进程度，制定新的质量计划和管理措施、标准，提高生产效率，提高产品质量，减少成本损失等。

（5）质量综合信息管理。质量综合信息管理主要是进行质量文档的管理以及质量数据的管理，通过建立质量文档信息库，实现文档的编辑、存储、修改、查询、维护以及文件执行中的信息反馈记录等。质量综合信息管理的主要对象是用户意见反馈、质量事故报告等文档资料，其他还有产品维修档案和计量器具管理等。

质量综合信息管理子系统主要是进行质量文档的管理以及质量数据的管理，通过建立质量文档信息库，实现文档的编辑、存储、修改、查询、维护以及文件执行中的信息反馈记录等。

上面所叙述的质量系统的功能可以通过 UML 用图 7-8 描述如下。

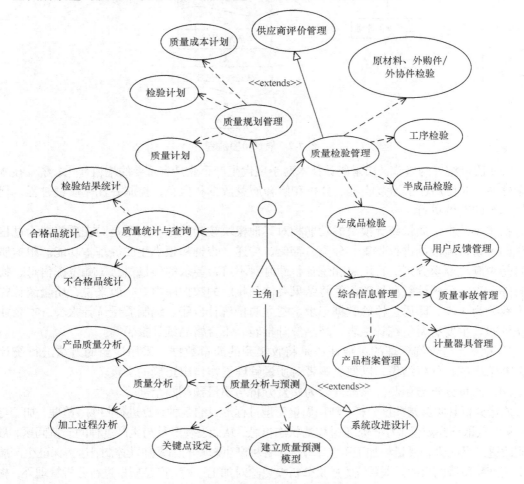

图 7-8　质量管理子系统功能示意图

7.2.3　系统接口功能模块设计

质量管理子系统集成物流和制造所有的车间业务处理和相关信息。它与该项目中的其他子系统之间互相交换、共享数据及信息。本系统与其他系统的集成图如图 7-9 所示。

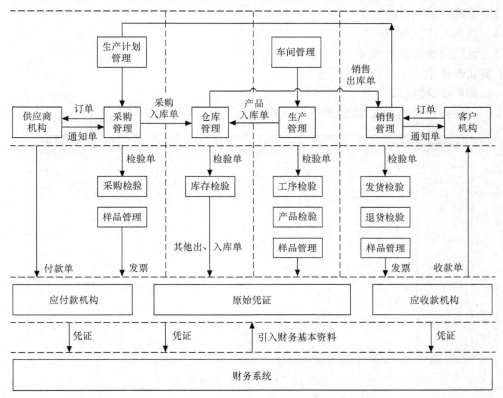

图 7-9　质量管理子系统与其他系统的集成图

（1）与采购管理子系统的接口：通过采购订单，产生外购入库检验申请单；通过外购入库检验申请单的执行和采购不良品处理单，控制外购入库品种和数量。

（2）与销售管理子系统的接口：根据销售订单，产生发货检验申请单和退货检验申请单。

（3）与仓库管理子系统的接口：通过外购入库检验申请单，进行外购入库；根据产品检验单进行产品入库。

（4）与生产计划管理子系统的接口：通过生产任务/生产任务汇报/重复生产计划，产生产品检验申请单；通过产品检验申请单的执行，控制产品入库品种和数量。

（5）与车间作业管理子系统的接口：通过工序计划或者工序汇报，产生工序检验单；通过工序检验单，控制工序转移品种和数量。

7.3　质量管理信息化实训

【实训目的】

通过实训要求学生掌握质量管理的流程与目的，其中包括来料检验、产品在流转环节的检验以及在生产等各个环节的质量把控。

【实训项目】

1. 物料 QC 检验单
2. 半成品 QC 检验单
3. 采购产品 QC 检验单
4. 成品入库验收单
5. 退货质量检验处理单

【实训步骤】

1. 物料QC检验单

（1）首先进入物料 QC 检验单模块，找到功能列表，如图 7-10 所示。

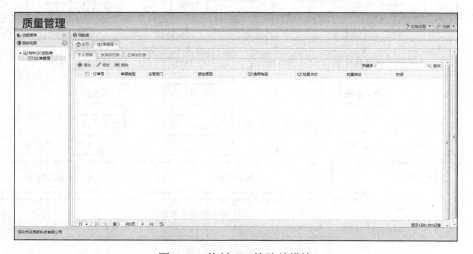

图 7-10　物料 QC 检验单模块

（2）单击"增加"按钮就能在物料 QC 检验单模块进行下单操作，如图 7-11 所示。

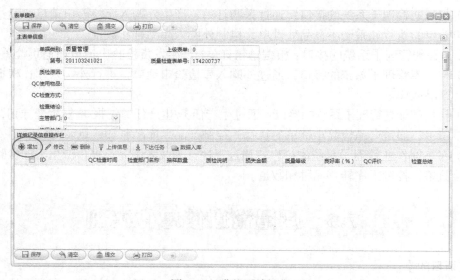

图 7-11　进行下单操作

（3）在详细记录操作栏里单击"增加"按钮就能增加物料 QC 检验单的记录，如图 7-12 所示。

图 7-12　增加物料 QC 检验单记录

2. 半成品QC检验单

（1）首先进入半成品 QC 检验单模块，找到功能列表，如图 7-13 所示。

图 7-13　半成品 QC 检验单模块

（2）单击"增加"按钮就能在半成品 QC 检验单模块进行下单操作，如图 7-14 所示。

图 7-14　进行下单操作

（3）在详细记录操作栏里单击"增加"按钮就能增加半成品 QC 检验单的记录，如图 7-15 所示。

图 7-15　增加半成品 QC 检验单记录

3. 采购产品QC检验单

（1）首先进入采购产品 QC 检验单模块，找到功能列表，如图 7-16 所示。

图 7-16　采购产品 QC 检验单模块

（2）单击"增加"按钮就能在采购产品 QC 检验单模块进行下单操作，如图 7-17 所示。

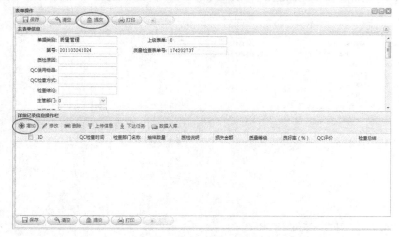

图 7-17　进行下单操作

（3）在详细记录操作栏里单击"增加"按钮，就能增加采购产品 QC 检验单的记录，如图 7-18 所示。

图 7-18　增加采购产品 QC 检验单记录

4．成品入库验收单

（1）首先进入成品入库验收单模块，找到功能列表，如图 7-19 所示。

图 7-19　成品入库验收单模块

（2）单击"增加"按钮就能在成品入库验收单模块进行下单操作，如图 7-20 所示。

图 7-20　进行下单操作

（3）在详细记录操作栏里单击"增加"按钮就能增加成品入库验收单的记录，如图 7-21 所示。

图 7-21　增加成品入库验收单的记录

5.　退货质量检验处理单

（1）首先进入退货质量检验处理单模块，找到功能列表，如图 7-22 所示。

图 7-22　退货质量检验处理单模块

（2）单击"增加"按钮就能在退货质量检验处理单模块进行下单操作，如图 7-23 所示。

图 7-23　进行下单操作

（3）在详细记录操作栏里单击"增加"按钮就能增加退货质量检验处理单的记录，如图 7-24 所示。

图 7-24　增加退货质量检验处理单的记录

本章小结

1．内容结构

本章内容结构如图 7-25 所示。

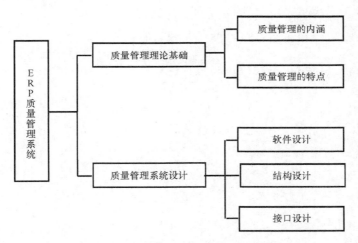

图 7-25　本章内容结构

2．内容提要

社会发展要求质量管理信息化。企业信息化是社会信息化的重要内容，质量管理信息化是企业信息化的核心部分，所以社会发展要求质量管理信息化。其次，质量管理的本质是通过有价值的质量信息的传递为生产和生活以及社会进步服务。从质量信息传输的角度讲，信息技术具有高效率和高效能，使信息技术与质量管理有机地结合起来，成为质量管理中不可或缺的"要素"。最后，信息技术是质量管理发展的必然趋势。以往质量管理工作大多采用传统的方式，与现代化科学管理方法相比存在明显的不足。而利用现代信息技术对质量结果进行分析、控制，并对结果进行处理，对质量状况进行公布和查询，为消费者提供变"事后处理"为"事先控制"的必要信息，防患于未然。因此，从社会的发展趋势来看，加强信息技术在质量管理中的应用已是势在必行。

单元训练

- **主要概念**

全面质量管理

- **理解题**

1. ERP 与质量管理的关系有哪些？
2. 质量管理系统的功能模块包括哪些？

- **实训题**

1. 会填制物料 QC 检验单。
2. 会填制半成品 QC 检验单。
3. 会填制采购产品 QC 检验单。
4. 会填制成品 QC 检验单。
5. 会填制退货、补货质量检验处理单。

第 8 章
企业信息化集成

 学习目标

理论目标： 学习和把握企业信息化集成相关术语，了解企业信息化集成的内涵，并能用其指导企业的相关生产活动。

实务目标： 能运用企业信息化集成中的相关常识，规范企业信息化集成的相关技能活动。

案例目标： 能运用所学的企业信息化集成知识研究相关案例，培养和提高学生在特定业务情境中分析问题与解决问题的能力。

引导案例

信息集成作为一种信息管理手段和方法，可以为企业信息化建设提供所需要的信息资源，而企业的信息化建设又可以带动企业信息集成由内部向外部拓展。通过信息集成，企业可以整体规划内外部业务流程，可以整合企业的内外资源，可以优化企业活动的各个环节，科学地设计系统整体和局部的功能，从而达到企业资源的高度共享，促进企业活动的物流、资金流、信息流、人员流在系统内的高效、有序流动，极大地提高企业的经济效益。企业开展信息集成是有效提高信息资源的利用率，最大限度地深层次开发、利用现有信息资源的有效解决手段和方法。

所以，现在许多专家学者都在致力于研究如何在企业的内部实现信息集成，将整个企业范围内不同部门、不同系统的信息流贯穿在一起，使得信息流保持通畅、准确、有效。同时研究如何集成整条供应链上与企业相关的信息，形成从战略级到战术级的整体规划，并能及时对多变的世界作出响应，为企业领导层的管理和决策提供应有的数据和信息。

8.1　企业信息集成概述

▌课堂思考▐

1. 企业信息化集成的核心思想是什么？
2. 系统集成之后，会给企业带来什么样的效益？

8.1.1　企业信息集成

信息集成是企业信息化的主要形式和方式，实现企业的信息化将极大地提升企业对信息的获取、加工处理和利用的能力和效率，有利于提高企业的决策水平和组织协调能力，实现精益生产过程，减少资金占用和产品库存，缩减生产周期，从而提高企业资源配置使用的优化程度，提高企业的核心竞争能力。

1.　信息集成内涵

一般意义上，集成就是将多种资源或者功能有机地结合在一起，形成一个整体。信息集成（Information Integration）是指企业各单元系统通过网络集成技术，实现系统间信息的无缝联结、交换和共享，使整个系统各个组成部分有机结合，使其总体效能达到最佳，最终实现企业信息流的集成。简单地说，就是指任何一项数据或者信息，由一个部门的一位员工录入到系统里去以后，立即存储在指定的数据库中，自动显示在所有相关的记录和报表上，不再需要第二个部门或者任何其他员工重复录入一次。这样可以减少重复劳动，提高效率，避免差错。人们很容易便可直接从数据库中调出数据使用。

简而言之，信息集成的原则为信息来源是唯一的，而不是多头的，也只有保证信息来源准确可靠，内容完整精细，发布传递及时，才能真正发挥数据的作用，才有助于作出正确地决策。举一个简单的信息集成的例子，企业销售部门产生的销售收入、应收账款等业务数据，财务部门无需再从销售系统调入数据，可以直接借助集成的手段，通过一个集成平台，根据权限调用查看相应的信息数据。同时企业不同部门之间可以通过这样一个基于统一的、实时的信息来源平台进行作业和决策。这样就可以将与整个企业相关的信息流贯穿在一起，使得信息流保持流畅、准确和有效，从而在需要的地方、需要的时间，得到有效、实用的信息。

2.　企业信息集成概述

企业作为国民经济的基本单元，其信息化程度是国家信息化建设的基础和关键。集成的思想是相对于越来越细的分工而言的，当分工割裂了系统的整体性，阻碍了总体经营目标实现的时候，需要在一定的平台上实现企业集成。企业利用现代信息技术，通过新资源的深入开发和广泛应用，实现企业生产过程自动化、管理方式网络化、决策支持的智能化和商务运营的电子化，不断提高生产、经营、管理、决策的效率和水平，进而提高企业经济效益和企业竞争力。企业信息化是一项集成技术，关键点在于企业各项资源的集成和共享，而企业集成的基础是实现企业的信息集成。

企业信息集成利用了通信技术、数据库技术、PDM 技术，在共享信息模型的支持下，实现不同应用系统之间的信息共享，实现"在正确的时间将正确的信息以正确的方式传递给正确的人（或者机器）"，从而作出正确的决策。它是借助信息技术将企业信息资源管理中的各种有关的信息资源、信息技术、各个部门、上游企业、下游企业、行政管理部门和用户集成起来的，进而提高信息的竞争能力、适应能力。从管理学的角度上来理解：企业信息集成管理是一种或是针对某个既定目标，或是面向某项特定的任务，对信息进行组织和管理的理念，也是一种使相关的多元信息有机融合并优化使用的理念。

从技术方面来讲，企业信息集成是将数据管理系统、内容管理系统、数据仓库和其他企业应用程序中的核心功能集成到一个通用平台中的一项技术。

3. 企业信息集成的划分

（1）按照集成度划分

① 单元技术。即单项应用，如 CAD、库存管理、工资管理等。

② 技术部门集成。即从 CAD 到 CAPP、CAM、PAD 设计制造一体化集成。

③ 企业内部集成。即将企业内部应用的各个方面，如 CAD、ERP 等进行集成。

④ 动态联盟集成，即将企业内部网络与外部供应商、客户、消费者、同行企业的集成，组成以本企业为中心的动态联盟。

（2）按照集成对象划分

① 数据集成。即实现信息化数据在全企业范围的集成、共享。

② 过程集成。即实现企业信息系统应用间的数据、资源共享和应用间协同工作，将一个个孤立的应用集成起来，形成一个协调的企业运行系统。

③ 知识集成。即将企业各部门、个人在工作中积累的知识整理成知识库，成为企业最有价值的资源，作为以后工作的指导。

4. 企业信息集成的内容

目前企业信息系统中管理的信息资源包括：办公自动化（OA）子系统中的邮件、办公文档、协同工作数据；知识管理（KM）子系统中共享经验知识；企业 ERP 中各类业务数据，如供应商以及客户的各类合同、客户动态、供应商动态等。这些数据信息都是企业信息集成的内容对象，此外相关组织部门的设置、人员的配置、各种软件工具等，也都是信息集成需要解决的内容。

面对如此庞大分散的信息系统以及复杂的组织环境，企业目前寻求的信息集成方案不应当只是一种简单的技术，或者一般业务解决方案，而应当能够帮助企业彻底改变落后的业务模式，将分散的信息系统集成为一个有机整体的有效方法和手段，它应当成为企业取得良好业绩的关键性源动力。

因此企业在信息集成工作开展过程中，需要通过一个成熟的信息集成解决方案来为整个组织提供一个通用的框架，能够帮助企业将分布在不同应用系统的业务流程、工作流和数据集成到一起，并通过综合的信息平台展现出来，企业信息集成的内容示意如图 8-1 所示。

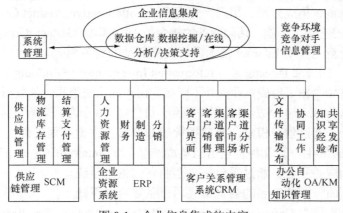

图 8-1　企业信息集成的内容

8.1.2　企业信息集成国外、国内研究现状及进展

1.　企业信息集成国外研究现状及进展

在信息资源管理（Information Resource Management，IRM）作为一门独立的学科而发展的短暂的几十年中，企业信息资源管理理论逐渐成为信息研究和组织资源管理的"热点"问题。在信息资源管理领域的诸多流派中，集成观是国内外较有影响的理论之一。

美国信息管理学者霍顿（Horton）认为："信息资源管理是一个集成的概念，它融不同的信息技术和领域为一体，这些职业和领域在 20 世纪六七十年代是相互隔离和分散的，但它们必定会重新聚合在一起。"

1973 年，美国学者约瑟夫·哈灵顿（Joseph Harrington）博士提出了以集成哲学为基础建立的计算机集成制造系统（Computer Integration Manufacture System，CIMS），首次提出了具有划时代意义的计算机集成制造系统的概念，从而揭开了大规模研究管理集成化的序幕。CIM 集成的核心技术是集成技术，集成的重点是信息集成。CIM 的提出，使集成、信息集成、集成管理、信息集成管理的研究进入了一个崭新的发展阶段。

20 世纪 80 年代初，麦卡锡企业咨询公司提出的 7-S 体系突出体现了将管理的思想、策略、组织、技术、方法、人员、价值观、行为方式等综合为一个有机系统，以发挥其整体功效的集成管理思想。1987 年，安德瑞森（Andreason）等人从产品、开发角度提出：优化产品开发过程是集成的、整体的、以人为中心的集成开发方法。保罗·基德（Paul Kidd）教授 1988 年提出了"以人为中心的集成制造系统"（Human Centered Integrated Manufacturing Systems，HCIMS）。

20 世纪 80 年代末，美国国防部提出发展起来的"计算机辅助采办与后勤保障"（Computer Aided Acquisition and Logistic Support，CALS）系统，把信息技术，特别是网络技术和多媒体技术应用于整个武器装备全寿命过程，并通过并行工程和企业集成等方法，各有关单位协同工作，遵循共同的标准和格式，将公共数据（包括技术数据和事务数据）都存放在数据库中，共享数据资源，使得企业能够分工合作，共同完成复杂产品的制造过程。CALS 的核心是数据信息的综合集成。

在企业内部信息化建设完成后，企业必然将目光转移到企业与供应商、经销商之间的供应链的协同应用上。供应链体现了一种集成管理的思想，企业间的信息集成围绕供应链、逆向供应链以及服务链进行研究和实施是一种比较好的解决方案。斯坦福大学的 CIFE 技术报告深入研究了基于 Web Services 的供应链信息集成，并给出了相应的原型系统。

在企业间信息系统集成方面，协同产品商务（Collaborative Product Commerce，CPC）思维模式的提出对此产生很大影响。协同商务的概念是 1999 年由 Gartner Group 公司提出的：协同商务是指一种全新的利用 Internet 技术进行交易活动的商务模式。

Nelson Mattos，DE and Director 在《Information Integration——Building astrategic information infrastructure》一文中给出了集成企业内外不同商业信息的系统架构，从数据（异类环境，信息集成）、网络（过程集成）、技术方案（用户交互，价值链）3 个方面来解决企业信息集成问题。

MetaMatrix Inc 通过信息模型、元数据管理和分布式查询过程三种技术来驱动企业信息的集成，并且已经研制生产了几种企业信息集成产品，如 MetaMatrix Server™ and MetaBase™ 知识库，提供了相应的平台，通过平台集成企业异构信息系统。

在实际应用方面，国外著名的信息集成项目主要有以下几个。

（1）ARANEUS 是由 Universit&diRomaTre 和 Universit&della Basilicata 的数据库研究小

组联合研制，其目的是为管理来自 WWW 所谓数据库开发所需的工具。

（2）TSIMM IS（The Stanford-IBM Manager of Multiple Information Sources）是由斯坦福大学与 IBM 联合开发的一个信息集成系统，其目的是为异构信息源的快速集成开发所需的工具。

（3）IM（Information Manifold）是开展于 AT&T 贝尔实验室的项目，IM 对信息源采用说明性描述，利用运算法则为给定查询去除一组信息源，生成可执行的查询规划。IM 已被应用于集成 100 多个不同的 WWW 信息源。

（4）Infosleuth 是 MCC（Microelectronics and Computer Technology Corporation）的一项科研项目，采用了多 Agent 的体系结构。

（5）Agent RAIDER（Agent for Retrieval and Analysis of Information in Distributed Environment）是德克萨斯技术大学正在进行的一项科研项目，旨在实现分布异构环境中信息的智能检索。

（6）SIMS（Services and Information Management for Design Systems）是由南加州大学信息科学研究所研制的一个信息集成系统，其特点是发展和应用了多种人工智能技术，为访问各类信息源构造了一个智能的和动态的接口。

此外还有 Carnot、SQUIRREL，WHIPS 等信息集成系统。

2. 企业信息集成国内研究现状及进展

霍国庆运用集成的观点，从信息功能集成、信息资源集成和信息处理集成 3 个方面，分析了信息资源集成管理的机理，将集成观引入了国内 IRM 领域。

孟广均等学者认为"信息资源管理一般被认为是一个集成领域，是由多种人类信息活动所整合而成的特殊形式的管理活动。"

李宝山、刘志伟指出：信息管理的对象主要包括信息资源和信息活动两个方面。只有各个层次和各个环节之间的信息资源集成和信息活动协同后，才能产生有效的信息管理。

建立在系统论、信息论、控制论、耗散结构理论、协同学与突变论基础之上的信息系统的优化问题一直是情报学（信息管理）理论探讨的一个热点问题，而集成管理的思想应用于企业信息系统的管理，则恰好达到了优化企业信息系统、增强企业竞争力的特殊功效。企业信息系统的集成管理成为各企业逐鹿市场、夺取商机的制胜法宝。

在信息集成技术方面，我国东南大学、国防科技大学、南京大学、上海交通大学、东北大学和中科院软件所等单位在基于 CORBA（Common Object Request Broker Architecture，公共对象请求代理结构）的集成模式及平台方面，进行了大量的研究和开发工作。其中东南大学自行研制的 ORB（Object Request Broker）系统是一套遵从 CORBA2.0 规范的企业层框架系统。

管理信息系统集成的研究——敏捷供应链与管理系统集成。建立敏捷供应链管理系统的技术基础可概括为：统一的企业建模和管理技术、分布式计算技术、软件系统的可重构技术、安全保证、决策优化等。相关项目成果如上海交大的"基于智能代理和可重构原理的敏捷供应链体系结构"，清华大学的"集成敏捷供应链原型支持系统"和采用代理软件设计平台 Agent Builder 构建的"基于 MAS（Military Agency for Standardization，军事防护勤务）的企业敏捷供应链多代理模型等。

范玉顺、黄双喜在充分分析研究了信息集成平台后，结合当今管理思想方法和信息技术，构造了支持协同产品商务的企业集成平台，并在飞机产品商务中得到应用。

3. 国内外企业信息集成比较

综上所述，国内外的学者在企业信息集成的几个方面进行了大量的相关研究，取得了一定的成果。但由于国内、国外的实际情况不同，所以在企业信息集成管理思想、信息集成技术以及取得的成果等方面有所不同。

在企业信息集成管理思想方面，都体现了系统论的思想，强调系统思想是集成管理的理论指导和哲学基础。国外学者的研究以实证、定量研究方法为主，研究成果中在提出企业信息集成管理思想的同时，大都提供了相应的模型，有一些进行了大量的实际调研，为他人进一步的研究提供了很大的参考价值。国外研究涉及的领域很多，有图书情报、企业、管理咨询等领域。而国内研究成果大部分侧重于理论方面，很少一部分结合了企业的生产实践，而且研究的成果大都局限于某个领域。

在企业信息集成技术方面，国外的成果由于强大的财力支持，更具有普遍性，一般都会形成自己的技术方法体系，如基于 CORBA 技术规范的企业信息集成（侧重于企业内部）、基于 Web Services 技术的企业间信息集成（侧重于企业外部）。国内方面一般是利用国外的技术体系，并结合国内企业的实际情况而提出一些和国内实际情况相符的企业信息集成技术成果，在整体创新性上仍有不足。

在企业信息集成系统项目和信息集成平台方面，国外和国内各有特色。国外取得的系统集成项目和集成平台比较多而且质量较高。在国内企业中，尤其是制造性企业中，CIMS 项目及集成平台的相关研究现在居于世界前列，这和国内的政策导向和各行各业工作人员的努力等实际情况相关。

在信息集成服务方面，国外学者从不同角度提出了一些实用的信息集成服务模式，并在实践中得到应用，领域涉及图书馆、企业等。国内学者也进行了大量研究，提出了信息集成服务的理论框架体系，但大部分集中在图书情报领域，企业领域涉及得较少。

4. 企业信息集成应用的现状

企业信息集成发展历程是一个循序渐进的步骤和过程，它随着市场环境的变化和技术的进步，由内向外、由低级阶段向高级阶段发展，即从最初的企业内部数据信息等基础的信息资料的整合开始，经历了数据资料电子化、数据通信的集成、信息功能交互的集成、信息共享的集成，发展到了目前企业系统应用的集成，如图 8-2 所示。

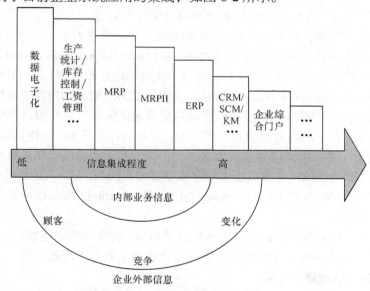

图 8-2　目前企业系统应用的集成

　　我国企业信息化建设已经走过了 20 多年的历程，并取得了一定的成效。然而，成功的比例却很低，原因有很多，其中一个很重要的原因就是企业往往只重视信息技术和信息系统的研究，而不重视信息资源的集成管理，没有从信息资源管理的战略、模式和方法上进行信息化的总体规划和研究。我国大多企业的信息系统都是在原来的企业管理模式上建立起来的，按照职能部门划分模块，可以说在某种程度上，各部门各自为政处理本部门的事务，系统之间形成一个个的"信息孤岛"，即使一些好的系统实现了信息共享，这种共享也是低层次的，还不具备集成化的特征，也没有达到系统集成的环境与条件，使各个子系统不能协调运行。随着网络经济的发展，企业越来越重视信息的及时传递和内外部信息的交流和整合。另外，随着企业各个系统的应用，企业的数据开始以几何级迅速增长，各种信息保存在各个部门的系统里，各有不同的操作界面，数据不能整合和共享，甚至涉及同一种产品的数据都存在不一致和不完整的情况。因此，利用先进的网络技术为企业提供决策支持的信息集成工作，已成为了企业信息化建设的重点。

8.2　企业内部信息集成系统架构

　　企业信息集成包括两个方面。首先是企业内部的信息集成，它要实现企业直接控制领域的信息集成，要实现企业内部供应链与外部供应链的供应商和客户管理部分的信息集成，形成企业内部信息集成化管理。企业内部信息集成是企业信息化的原始范畴，也是企业信息系统集成的核心所在。一般来说，只有企业内部信息管理系统真正实现了彼此的互联，企业与企业之间的集成才是有意义的，否则，企业内部的业务数据根本不可能流动起来，跨企业的事务也不可能被真正实施。从技术的角度来看，同样，先 EAI（Enterprise Application Integration，企业应用集成）后 B2B（Business to Business Integration，企业间集成）也是适合企业信息系统的发展路线的。因此，任何企业要实施信息集成，都必须从内部的信息集成开始做起。

8.2.1　Internet/Intranet 集成思想

　　企业进行信息集成首先得有通信网络，没有网络，没有通信协议，企业信息集成就缺乏必要的基础。Internet 在企业的应用以及与 Intranet 的集成，是不可避免的趋势。虽然因为目前基于 TCP/IP 和 WWW 规范的软件工具还不能完全满足管理信息系统范畴中的一些较为复杂的数据处理、信息统计、管理方法和分析模型的要求，导致暂时功能上还有较大差距。但目前基于 LAN（Local Area Network，本地网）和 C/S（Client/Service，客户服务器）的 MRP（Material Request Planning，物料需求计划）将迟早要被基于 TCP/IP 和 WWW 规范的 Internet/Intranet 集成模式所取代。如果将管理信息系统的部分功能移到 Internet 上，或者是基于 Internet/Intranet 技术和思路开发管理信息系统，则实现后的管理信息系统将与传统的管理信息系统在操作运行模式上有很大不同。

　　Internet 面对的是全球的用户，是企业走向全球市场的"桥梁"，而 Intranet 面向企业内部，是企业内部凝聚各个部门、每个职工的"蜘蛛网"。通过 Internet/Intranet 的集成，可以实现企业全球化的信息资源网络，提高企业网络的整体运行效率和管理效率，实现从传统管理信息系统向 Internet/Intranet 集成模式的转变，如图 8-3 所示。

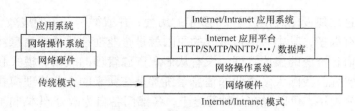

图 8-3　管理信息系统模式的转变

（1）基于 TCP/IP 和 WWW 规范，在技术上与 Internet 同源。

（2）主要功能是加强企业内/外部信息沟通，共享资源，协同信息处理能力。

（3）双向、全面，而且是不分地域、不限时间的信息沟通。

（4）对内可全面支持企业的经营管理决策和日常办公事务处理工作，对外可形成企业对信息发布和产品宣传以及营销策略的工具。

（5）超文本链接简化了信息查询和检索。

（6）无所不在的浏览器窗口。

8.2.2　企业内部信息集成系统架构实施准则

要实现企业内部应用的完整集成，一些基本的集成准则在实施的过程中必须要准确把握。

1．应用系统准则

（1）一次性数据输入，多应用系统共享。

（2）应用的跨系统重用，并在相互间弹性切换。

（3）多种实时消息机制，方便应用之间的交互。

（4）应用集成的完整性。

（5）应用组件的即插即用，快速调度。

2．事务处理准则

（1）事务的实时、自动响应。

（2）有效的事务提交或撤销机制，保障可靠性。

（3）事务安全（事务审记等）。

（4）可管理性。

3．业务流程准则

（1）流程以事务处理为焦点，遵循企业的组织与流程结构。

（2）业务流程集成的自动化。

（3）流程管理的集中化。

（4）集中化、跨系统的规则引擎或规则集成。

（5）集中监控与错误恢复。

（6）即时恢复。

（7）监控与异常处理。

（8）强调信息流、物流、资金流的统一，不使用仅局限于某一业务运作单元的信息系统，在规划时就尽可能地避免信息孤岛，实现管理控制的实时性。

8.2.3　金字塔型动态企业内部信息集成系统架构构建

许多大型企业有很多在地理位置和技术上都有比较分散的子机构和部门。在多数情况下，整个企业不会只使用一种类型的软硬件平台。企业要保留这些部门现有的信息技术基本结构，而不是要求进行代价高昂的系统转换来与上级部门及其他部门更好地整合。因此，在大中型企业中都必须支持多种系统，这些系统通常需要彼此间进行数据交换。

多年来企业在信息化上的大量投入，已经建起了许多业务应用系统，如 ERP、CRM、SCM 等。集成新的应用系统当前要横跨多种多样的硬件平台、操作系统、编程语言、软件技术、数据管理系统以及各种具体业务应用，不仅要进行复杂的业务处理，还要解决复杂的横向协调问题，也就是 EAI 问题。

在协同商务时代，更强调系统集成与灵活性，对信息系统的设计也就提出了更高的要求。同时综上所述，Internet/Intranet 技术体系为企业信息集成提供了先进的技术基础，所以结合企业动态可变信息及业务和相对静态不变的信息，构建企业内部信息集成系统架构，其中心思想是基于三层架构基础之上的可多层叠加的动态可重构的"金字塔"型企业内部信息集成系统架构。对相对不变的工业控制和生产调度，可以构成信息系统的底层（FA，Factory Automation，工厂自动控制系统）和中间层（MES，Manufacturing Execution System，生产执行系统），对经常变化的组织结构与业务流程，可以构成整个系统的第三层（MIS，管理信息系统；PDM，产品数管理系统；ERP 或 DSS，Decision Support Systems，决策支持系统）。在此基础上还可以建设 IDSS（Intelligence Decision Support Systems，智能决策支持系统）等成为第四层。如果还有更多的管理层次也可如此叠加。该系统架构很好地解决了系统中变与不变的辩证关系，适合企业信息变动的实际情况，其可多层叠加的结构设计具有良好的扩展性，可以适应企业业务和组织结构不断变化的需要。

如图 8-4 所示，整个企业主业的管理信息系统组织架构原则上可以按照 5 条线运作，即制造、研发、营销、财务和行政管理，从管理上实现高度集成；并进行各条线之间的单独核算。其中整个企业的副业可借用事业部形式成立单独的子公司，财务采用委派制。因此整个企业的信息集成系统架构层次的建设应该能满足整个企业统一运作、分层管理的需要。

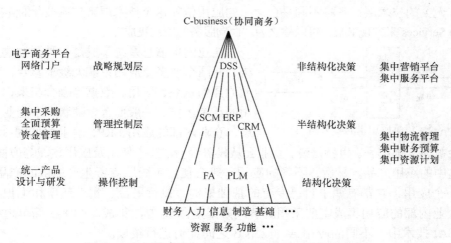

图 8-4　金字塔型动态企业内部信息集成系统整体架构

在企业建设办公自动化系统，增强部门之间、上级部门与下属部门之间的信息沟通和交换；建设电子商务交易平台、网络门户，拉近企业与市场、消费者之间的距离；建设物资采购平台系统和物流仓储配送系统，降低采购成本、仓储成本、库存成本、运输成本，充分有效地利用企业外部供应商资源，建设营销和售后服务信息系统，整合营销信息资源，发挥集中营销在品牌、市场策划和推进中的规模优势，增强企业与分销商以及消费者之间的关系，提高客户满意度，同时通过信息共享和优化业务流程来有效地降低企业经营成本；建设企业资源计划系统（ERP），实现全面预算、资金管理、集中财务核算、集中资源计划等功能，发挥企业投资中心作用和资本统一运作优势。

工厂层次的建设重点是提高生产执行和快速响应能力，降低制造成本。在生产工厂建设办公自动化系统，增强内部部门之间的信息交换和信息沟通，建设生产自动化子系统，通过各车间的中控和数据采集实现生产自动化，提高设备利用率，缩短产品制造周期，增强生产能力，提高生产效率和产品质量，建设生产指挥调度系统（MES）把工厂级和车间级的信息系统连接在一起，通过生产指挥调度系统，衔接上下层应用，指挥、控制、调度、管理、监视和监控整个生产过程，满足多变的市场要求，生产出低成本高质量的产品，建设企业资源计划系统，在工厂内部建立起全面的数据分析、决策支持体系，充分优化利用生产资源，实现市场、采购、物流和生产集成的业务运作，正确下达科学可行的生产计划。

8.2.4　企业内部信息集成系统架构的实现

1. 基于Web Services技术的企业内部信息系统集成、调用过程

目前，如何把企业的应用系统方便地、低代价地连接在一起，从而实现大范围跨企业实体的商务应用系统级别的互联，同时满足复杂多变的用户需求是摆在开发人员面前的一个大问题。而如何去面对语言差异、平台差异、协议差异、数据结构的差异所带来的复杂系统集成的挑战则是解决这个问题的关键。

从 1998 年开始发展的 XML 技术及相关技术被证明有可能解决这个问题，而近期开始蓬勃发展的 Web Services 技术则正是基于 XML 技术的、针对这一问题的最佳解决方案。Web Services 技术的主要目标就是在现有的各种异构平台的基础上，构筑一个通用的、与平台无关、语言无关的技术层，各种不同平台之上的应用依靠这个技术层来实施彼此的连接和集成。使用 Web Services 来实现 EAI，可以称之为"面向服务的应用集成"。

图 8-5　传统应用集成的实现

企业内部信息系统集成是一种通过建立底层结构，将两个或多个应用系统无缝地整合，使整个企业的异构系统、应用、数据等融合起来，实现多应用的正常运作。一般而言，随着一个企业业务的发展，企业内部的应用 ERP，企业之间的 SCM/CRM 等系统会被逐个地部署。也就是说，企业会从投资经费、技术使用及应用领域等方面作考虑，选择最适中的应用产品。显然，不同的应用一般会使用不同厂商所生产提供的产品。因此，对于每一个应用，它都有属于自己专有的基础架构、执行平台、实现环境和维护人员等。当前，企业内部的应用集成主要采用的解决方案是函数/方法集成。图 8-5 简单地描述了在传统的 EAI 技术中，不同的应用 A、应用 B 之间如何进行集成。

当情况复杂到 3 个应用存在时，则每个应用应该分别为另两个应用编写集成适配器。这给企业内部从事应用集成的技术人员带来了极大的负担。使用 Web Services 技术，通过松散的应用集成，一个企业可以仅实现 EAI 的一个子集，就能取得实效。下面看看应用 Web Services 技术实现企业内部应用系统集成的具体工作流程，如图 8-6 所示。

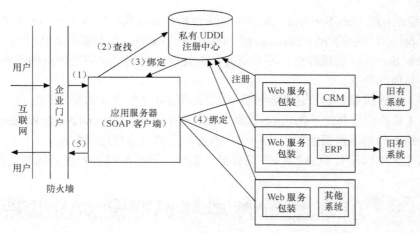

图 8-6 基于 Web Services 的企业内部信息集成系统实现方案

（1）用户登录企业门户，并发出请求信息，企业门户接着向后台的应用服务器转发用户请求。

（2）应用服务器接到用户请求后，立即到私有 UDDI 注册中心查询符合用户需求的 Web Service，定位服务，绑定用户请求。

（3）UDDI 注册中心向应用服务器返回 Web Services 的 Business Service 信息（其中的 Business Template 块中包含了 Web Service 的访问位置和 WSDL 绑定信息）。

（4）应用服务器根据得到的信息生成 Web Service 代理，绑定到相应的 Web Service 上。

（5）应用服务器调用 Web Service 实现用户请求，信息被格式化后，将处理结果返回给用户。

在该集成框架中，应用系统既可以是已有的系统，也可以是新开发的 Web Service 应用。如果是已有的应用系统，需要先将此应用系统封装成 Web Service 组件，其方法是：首先，生成描述该系统功能和调用方法的 WSDL 文件；然后生成服务器端基于 SOAP 的服务框架（Service Skeleton），在此基础上开发适用于已有系统的适配器，最后，将描述文件通过 UDDI API 发布到 UDDI 注册服务器中。

2. 企业内部信息集成系统架构的微观层次结构

如何将 Web Services 的实现和企业原有信息系统集成起来。图 8-7 解释了这个集成后的微观架构。

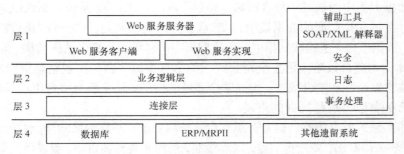

图 8-7 企业内部信息集成系统微观架构

（1）层 1 是 Web Services 层，Web Services 的服务器负责接收从服务请求者发来的 Web Services 请求，将它解析后，转给适当的 Web Services 实现完成。

Web Services 的客户端程序负责调用其他企业的 Web Services。

（2）层 2 是业务逻辑层，封装了有关供应链（网链）业务逻辑。当需要和其他企业发生联系，调用其他企业的 Web Services 的时候，业务逻辑层就会调用 Web Services 客户端程序。当其他企业要调用本企业的 Web Services 时，Web Services 的服务器将请求转发给 Web Services 实现后，Web Services 实现程序；不负责业务的处理，它调用业务逻辑层的组件完成，再把结果返回给其他的企业。

（3）层 3 是连接层，负责逻辑层和企业的原有信息系统之间的联系和对应　映射。

（4）层 4 是企业原有的系统，包括数据库、ERP/MRP Ⅱ（Manufacturing Resource Planning，制造资源计划）和其他遗留系统，它们和业务逻辑层通过连接层来实现。

（5）除此之外，还有 SOAP/XML 解释器、安全、日志和事务处理等辅助工具组件。

8.3　供电企业信息集成平台总体框架

信息系统已成为电力企业生存的重要支柱，SAP 系统、电力营销、生产系统、办公自动化系统等支撑着电力公司管理链的正常运作。

1. 信息集成的主要目标

（1）建立应用集成技术平台。建立一个统一的、标准化的企业级应用系统整合的技术平台，在技术上支撑实现企业内各应用系统间的集成。

（2）编制企业级的数据标准（公共信息、数据模型、数据编码标准），为实现企业内各应用系统间的数据交换提供标准。

（3）对系统进行技术改造，基于集成平台完成覆盖公司核心价值链和主要管理活动有关系统的数据集成。这些系统包括电网控制系统、SAP 系统、外围生产管理系统、营业系统、客户服务系统等。

（4）建立企业门户平台，统一应用系统入口，实现应用集成，形成一个统一的信息发布与协同工作平台。

2. 信息集成的基本策略

（1）以 SAP 系统为核心和基础的整合策略。以 SAP 系统存储的数据、实现的管理功能为核心和基础进行整合。

（2）以数据大集中为基础的整合策略。其包括两层含义：① 从公司系统纵向上，省公司、地市电力（业）局两个层面的数据集中；② 从公司系统横向上，中一位内部同一层面上在若干应用系统（数据平台）上的数据集中。在数据集中的基础上，简化系统结构，降低整合成本。

（3）一体化的整合策略。建立全企业统一的信息集成平台，实现信息资源的整合，降低整合系统的技术复杂性和整合成本，提高整合系统的性能，防止整合平台出现异构化、分散化而导致"整合的整合"混乱局面的出现。

（4）分步实施的整合策略。信息资源整合是一项复杂、艰巨的面向全企业的系统工程，受各种技术、管理条件制约，要分步实施，以点带面，最终实现整体目标。要以数据集成作为起步。

3. 信息集成平台总体框架

信息集成平台的技术体系结构宜采用网络层、数据层、应用层、表示层的多层体系结构，并选用满足技术标准的产品，使平台具有良好的开放性、可伸缩性，以解决异构系统间的连接和对业务的适应性。系统开发必须按照在企业统一 IP 网络的载体上实现数据采集管理与业务应用功能分离以实现全企业异构信息技术环境下的数据信息交换与共享支持业务协同工作，如图 8-8 所示。

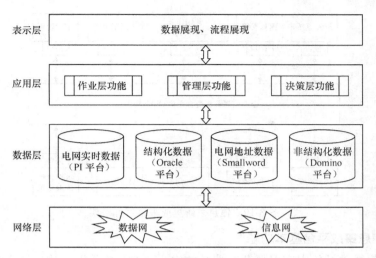

图 8-8　信息集成平台体系结构

（1）网络层。信息集成平台的网络层由信息基础设施构成，包括传输、交换及各种支撑网络为一体的高速信息传输平台，信息基础设施构架如图 8-9 所示。

信息基础设施主要由通信传输网络、数据网、信息网组成。通信传输网络为数据网、信息网承载

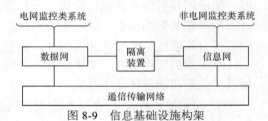

图 8-9　信息基础设施构架

平台，数据网、信息网是为内部服务的专用网络，数据网为电网监控系统的承载平台，信息网为非电网监控系统的承载平台。数据网与信息网在通信传输网上采用端口接入各自组网，在网络层各自独立。数据网、信息网两个网通过有限的接口进行互联，并安装安全隔离装置加以隔离。

（2）数据层。数据层以数据交换和数据抽取的接口规范为标准，对应用系统进行扩充，实现企业信息集成平台的互联。采用一体化、数据大集中和分步实施等策略，合理、有效地开展系统整合，实现对现有 4 种业务数据共享。

① 实时数据平台：选择 PI 为全公司统一的实时数据管理平台，处理和存储电力生产运行过程中的现场实时数据，以时间序列为主要特征。如输配电网运行数据、电力设备运行数据、电能质量数据等。

② 结构化数据平台：企业级大型数据处理选用 ORACLE 平台，处理和存储企业内的结构化数据，如电力企业在生产、营销、经营、后勤等管理运作中的业务数据。分为事务型、分析型。

③ 非结构化数据平台：统一选用 Damino 平台，处理和存储企业内的内文字类、图形类非量化数据，如政务文档数据、图纸、多媒体数据等。

④ 地理数据平台：输电网、配电网地理数据处理和存储统一选用 Small World 平台，处理和存储地理数据（如输电网、配电网地理特征数据）和网络拓扑结构数据。

（3）应用层和表示层。应用层和表示层主要由统一的应用集成平台（EAI）和企业门户平台（EIP）组成，统一的应用集成平台（EAI）由统一数据交换平台、企业应用集成平台组成，提供相应的集成服务。整合系统宜采用集中式的结构，使整合结构简化，信息系统集成平台的目标框架如图 8-10 所示。

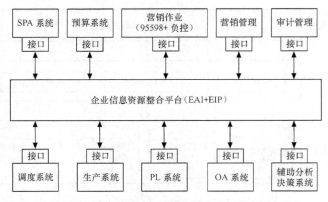

图 8-10　信息系统集成平台目标框架

4. 企业信息集成平台基本功能

企业信息集成包括的内容很复杂，涉及结构、硬件、软件以及流程等企业系统的各个层面，集成内容包括业务流程集成、应用集成、数据集成、集成的标准和平台集成。集成平台是应用系统构架的基础，通过集成平台，可将现有的所有系统有机地结合起来。一个集成平台应具有开放性、健壮性和可拓性。企业信息集成平台应具备以下主要功能。

（1）数据交换功能。实现生产、经营、管理等业务数据的快速交换，确保公司上下信息畅通，主要功能包括以下几点。

① 可根据业务需求，在符合数据标准和技术标准的前提下，灵活地定义交换内容和交换标准。

② 支持主流的数据交换格式和数据交换方式，如扩展标识语言 XML、Office 文件模板及 Web Service 标准、消息中间件、电子邮件加密传输等。

③ 具备数据点播服务能力，支持交换数据的自动抽取。

④ 数据交换过程既可由人工进行也可根据设置自动进行。

⑤ 提供对数据交换过程的安全认证、授权和日志管理。

（2）应用集成功能。实现业务应用系统的流程集成，满足业务需求，促进业务流程的优化整合，避免和消除信息孤岛，主要功能包括以下几点。

① 提供数据格式转换功能、同步或异步的通信机制。读取、解释并转换来自不同应用程序的数据，实现应用程序间的协同运作。

② 提供工作流服务，实现基于业务流程的系统整合。

③ 支持国际国内开放标准，如面向服务的应用架构 SOA、扩展标识语言 XML 等。

④ 提供多种接口服务，根据业务流程的需要，实现系统之间的灵活连接。

⑤ 提供面向业务分析人员的图形化流程建模工具，支持流程的实时图形化监控。

（3）企业门户功能。实现应用系统的统一入口和内容整合展现，为公司员工提供安全、统一的信息系统入口，体现公司整体形象，主要功能包括以下几点。

① 结合各级目录服务，建立统一认证功能，实现对各类应用系统的统一入口、统一身份验证。

② 实现各类应用系统有关的集成展现，提供内容管理功能，实现各种信息内容的整合和管理。

③ 提供个性化服务，根据用户权限，定制个性化的数据、应用、内容和访问方式，增强对用户工作的支持。

④ 提供协同办公工具，成为办公的有效助手和统一的信息入口。

⑤ 基于公司的 VI 设计企业门户的风格，体现公司整体形象。

5. 企业信息集成平台实现的方式

在浙江省电力公司"SG 186"建设中，省公司本部、地市局以企业信息集成平台为统一出入口，与上级单位和外单位的应用系统进行数据交换或者应用互联，实现的方式、原则如图 8-11 所示。

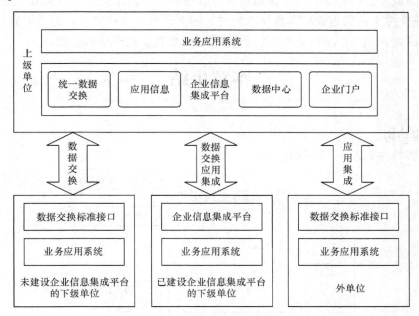

图 8-11　通过企业信息集成平台实现集成示意图

① 已经建设企业信息集成平台的下级单位，通过该平台实现与上级企业信息集成平台的互联。

② 未建设企业信息集成平台的下级单位，其应用系统可以先通过标准的数据交换规范和接口，实现与上级单位企业信息集成平台的互联，同时加快本单位企业信息集成平台的建设。

③ 通过标准数据交换规范和接口或企业信息集成平台，实现本单位和系统外单位的应用系统互联。

6. 企业信息集成平台技术政策

① 企业信息集成平台的建设应考虑技术先进、标准开放、架构安全、运行可靠、规模适中、可扩展性的原则。

② 企业信息集成平台要具有较高的运行效率和较强的可扩展性，具备负载均衡能力，能够随着业务的变化迅速调整与适应，能够满足 7×24 小时高可用性要求，持续、稳定地提供服务。

③ 企业信息集成平台要有统一的安全策略和完善的安全机制，具有较高的安全性，实行分等级保护制度。

④ 企业信息集成平台要有必要的监控功能，能够实时检测平台的运行状态、与相邻平台的互联状态及信息的流转情况。

⑤ 加强数据规划，制定统一的数据定义规范、编码规范和交换格式，制定统一的企业公共数据模型，理顺信息采集渠道，坚持统一标准、数据源唯一的原则，避免数出多门和多

头上报，保证数据的一致性和完整性。

⑥ 统一数据交换功能支持主流的数据交换方式及格式，应用集成功能支持同步或异步的流程处理。

⑦ 应用系统间的数据交换和应用集成应以企业信息集成平台为中心。新建应用系统要满足企业信息集成平台的标准，已建系统要逐步改造和完善满足企业信息集成平台的标准。

⑧ 系统支撑平台的建设应考虑技术先进、标准开放、架构安全、运行可靠、规模适中、可扩展性的原则，通用产品应选用符合国际国内标准的主流产品和技术。

本章小结

1．内容结构
本章内容结构如图 8-12 所示。

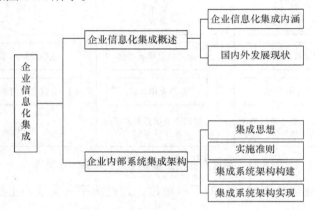

图 8-12　本章内容结构

2．内容提要
通过本章的学习，让学生了解企业信息化集成的重要性及国内外发展趋势，熟悉相关系统的集成要素，明确企业内部信息集成的内涵及技术应用，了解企业信息化过程中，我国信息化集成的现状及努力方向，熟悉企业信息化集成的主要内容。

单元训练

- **主要概念**

集成　　　信息集成　　　企业信息集成

- **理解题**

1. 企业信息化集成的内涵是什么？
2. 企业信息化集成的主要内容是什么？
3. 企业信息化集成的发展趋势。
4. 企业信息平台包括哪几个层次，它将完成哪些功能。

第 9 章

ERP 实施

学习目标

理论目标：学习和把握 ERP 实施的基本理论，了解 ERP 实施的内涵，掌握影响企业 ERP 实施的各种因素。

实务目标：能运用 ERP 实施的相关常识及步骤，指导企业 ERP 实施的过程。

案例目标：能运用所学的 ERP 实施知识研究相关案例，培养和提高学生在特定业务情境中分析问题与解决问题的能力。

引导案例

松下电器ERP实施案例：实际成效决定发言权

实际成效决定信息化发言权。温段平作为松下万宝（广州）压缩机有限公司及广州松下空调器有限公司情报系统中心负责人，率先在松下电器集团中国区实施 ERP。

从 1999 年 1 月实施业务改革项目开始，到 2000 年 5 月 ERP 成功上线，温段平始终追求以最低成本实现最大成效。目前公司压缩机产量与 1998 年相比翻了 5 倍，松下万宝（广州）压缩机有限公司也成为世界最大的压缩机生产基地之一。

1. 选型是成本的源头

松下万宝 ERP 项目耗时 15 个月，选型 8 个月，实施却只用了 7 个月。短时间上线而节约的大量实施经费，源于温段平对软件提供商的全面考察。1993 年，松下万宝公司在广州设生产线，同时进行信息化建设，并从日本总部引进 MRP II（Mapics），从而信息化促进公司快速成长。然而，1998 年产销量增长，经营结果却从盈利变为巨额亏损。1999 年 1 月，松下万宝总经理开展业务改革活动，改进企业信息系统，启动 ERP 项目，以扭转经营劣势。拥有实施 MRP Ⅱ 经验的温段平懂得"ERP 项目是企业长期投资的行为"这一道理。因此，为了避免企业陷入"IT 黑洞"，有效控制项目成本，选型就显得尤为重要。选型是一个了解过程，不仅要求项目负责人对公司业务情况和战略了如指掌，而且对软件提供商也要有足够的调查和分析。1999 年，该公司拟定全球化发展战略，希望通过 ERP 实现业务的流程优化，促进商业模式和组织架构的有效整合，以降低运营成本。根据公司战略，温段平把 20 多家管理软件分为三组，即国际顶级软件、国际中型软件、国内软件，然后分别对其进行考察分析。考察结果决定选定国际顶级软件"（原 MRP Ⅱ 属于国际中型管理软件，新系统需要向高端软件靠拢；国内 ERP 属于区域性产品，不足以支撑集团国际化经营；国际中型软件从功能和总体拥有成本上，不能满足公司长期发展的需求）。8 个月后，松下万宝公司最终选择了 SAP。"在全球化运营的战略下和品质经营的思路下，SAP 的持续运营能力及强大功能最终打动了公司，"温段平补充道，"SAP 与其他软件相比如同麦当劳和中国餐馆一样。麦当劳每种食品都有统一的质量标准，而中餐里佐料的分量是没准的。"

2．实施人力成本

企业有 5 种资源，即人、财、物、信息、时间。上帝的时间天平不会偏向任何一方，规模相当的企业，"你有什么物，我花相同的钱也有"，财和物基本相当；而人和信息最难控制，给定时间，"你能干什么，我能干什么"，相同信息能整合多少资源，这是人力成本问题。松下万宝 ERP 实施时间短于选型，主要是控制好了实施人力成本。温段平说："在实施中，公司把实施队伍分为两组。一组是项目策划小组，由公司 IT 人员、业务关键用户、咨询顾问组成，他们具有专职性质，工作任务是了解业务需求、策划项目、设置流程以及系统运用和维护；另一组是流程应用推进小组，由部门业务人员组成，兼职性质，每个部门领导作为组长，负责理解流程，并从上到下贯彻下去。"同时，人员间通力合作，实现知识转移，降低实施成本。公司通过制定各种方针、举行阶段性成绩报告会、完善系统文档，加速了知识转移速度，提高了团队工作能力。

此外，企业通过加强项目控制能力，降低了实施成本。项目控制可由公司自身、咨询公司和第 3 方监理完成，由于外人对公司了解不够，松下万宝决定由自己控制项目。而 ERP 实质是业务改革，这要求项目控制人员能对业务改革承担责任，了解公司经营战略，有项目管理掌控能力。

3．可观的成效

阿基米德曾说："如果给我一个支点，我就能撬起地球"，松下万宝正是以持续业务改革为支点撬起年产 800 多万台的压缩机生产基地。温段平说："对于季节性强的产业，以信息化实现材料和产品库存季节性管理，想要它多就多，少就少，这在以前是没办法实现的。"让温段平更高兴的是：以前每月 20 号进行系统结算，现在是每月的 3 号，甚至还可提前到 2 号，大幅缩短了工作日，实现了对供应商付款的精确计算。依据精准的决算和数据，分销部门可以获得更多机会，大大提高了业务效率。

9.1　ERP实施的基本理论

在引入 ERP 系统的过程中，实施是一个极其关键也是最容易被忽视的环节。因为，实施的成败最终决定着 ERP 效益的充分发挥。例如，据不完全统计，我国目前已有近千家企业购买了 MRP-II/ERP 软件,而在所有的 ERP 系统应用中,存在 3 种情况,即按期按预算成功实现系统集成的只占 10%～20%,没有实现系统集成或实现部分集成的只有 30%～40%,而失败的却占 50%。在实施成功的 10%～20%中,大多数为外资企业。如此令人沮丧的事实无疑向我们表明了 ERP 实施情况已经成为制约 ERP 效益发挥的一大瓶颈因素。由此我们得出:企业的 ERP 项目只有在一定科学方法的指导下,才能够成功实现企业的应用目标。

9.1.1　ERP 实施的定义

1. 狭义的ERP实施

狭义的 ERP 实施是指企业自购买 ERP 软件之日起,到购买的模块开始正式运行或验收的活动。狭义的 ERP 实施是指"将新系统的设计方案转化成实际运行系统的全过程"。狭义的实施概念通常适用于企业开展 ERP 项目管理,以及 ERP 供应商确定实施咨询服务工作时。

狭义的 ERP 实施概念的优点是,实施有明确的起始日期和终止日期,缺点是倾向于从 ERP 供应商和技术角度划分实施阶段,使企业容易忽视购买 ERP 软件之前的实施活动,如 ERP 管理思想的引入、ERP 软件选型等非常重要的活动。假如企业以后 ERP 系统实施不成功,也难于界定责任。狭义的实施适用于面向实施顾问的实施。

2. 广义的ERP实施

广义的 ERP 实施是指从企业正式提出需要引入 ERP 系统之日起,直到企业 ERP 管理系统正式运行并达到预定的实施目标之间的全部活动,如图 9-1 所示。广义的 ERP 实施适用于面向企业的 ERP 实施。ERP 实施项目启动的标志是企业开始有目的的接受 ERP 概念和管理思想的教育培训,或将企业实施 ERP 系统项目正式列入战略规划。

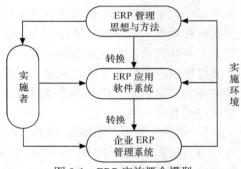

图 9-1　ERP 实施概念模型

广义的 ERP 实施定义对于建立面向企业的 ERP 实施方法体系具有极其重要的理论意义,从概念到现实反映了以人为主的主观能动性的本质性特征,确立了 ERP 实施是以企业为主体的实施过程。这种广义的实施概念强调了 ERP 系统的实施,首先应明确实施的主体是企业;其次,使企业对 ERP 系统及 ERP 管理系统有一个认知的过程;再者,使 ERP 系统成为某个企业的管理系统,存在一个从概念到现实的转换过程,即系统实施是管理系统的转换过程。企业采用广义实施概念的优点是,企业直接将 ERP 系统实施作为管理系统创新的活动来进行规划,同时广义实施概念也符合"信息化实施以企业为主体"的战略。

9.1.2　ERP 实施规划的原则

在 ERP 系统实施项目实施规划过程中应当遵循"总体规划、分步实施、协同发展、经济实用"的原则。面对信息化程度不同的企业,根据企业现状在实施 ERP 系统规划时,还应当同时考虑 ERP 系统实施项目的功能性、效率性、方便性、可靠性、安全性、可维护性、完整性和稳定性等原则。

（1）总体规划原则。项目实施的规划要站得高、看得远,立足现状、展望未来。ERP 系统实施项目实施规划要服从企业发展规划,同时还应当重视信息化给企业的发展带来的新机遇、新问题,要从企业发展、社会发展的总体角度去研究、制定 ERP 系统的实施规划。

（2）分步实施原则。ERP 系统的实施是一个渐进过程或阶段性飞跃突变，不可能一步到位。追求达到最先进和最完美是不现实和不经济的，今天的先进将是明天的基础。技术方法和管理思想都在不断向前发展，分步实施不仅适应企业的发展需要，而且符合 ERP 系统实施的发展规律。

（3）协同发展原则。企业信息化涉及制造技术、管理技术、信息技术等众多技术，是一个集成一体化复杂的大系统。因此，企业信息工程往往受到各种因素的制约，片面发展、只提高某一方面的技术不能达到预期的效果。要实现企业信息化过程中各种技术之间的协同发展。

（4）经济实用原则。经济实用原则是保证 ERP 系统成功实施的重要手段，为此，应当以精益求精的思想做好 ERP 系统实施项目建设规划，ERP 系统实施项目投资规划，人员培训规划，系统网络、硬件和软件规划及资源配置规划等每一个规划，不断降低成本，提高效益。

9.1.3　ERP 实施规划的"一把手工程"

1.　建立一把手工程是ERP实施成功的关键因素

实施 ERP 系统是一场深刻的管理革命，因为对企业来说，过去没有干过，系统实施的困难就很大。面对诸多困难，只有企业决策层领导在深入理解 ERP 的基础上，由一把手亲自主持、参与系统实施，动员企业全体员工共同参加，才能克服困难，取得成功。"一把手工程"不是第一把手只挂名，仅依靠计算机应用人员来推动系统实施，而是要求企业的最高领导人实实在在地投入到系统实施过程中。企业要成立工程项目领导小组，主要领导担任领导小组组长，具体负责工程项目的领导工作，包括制定系统总体方案，确定新的企业管理方案，在实施过程中，主持工程项目例会，组织协调各部门、各系统之间的关系，解决系统实施中出现的重大问题，把 ERP 实施作为企业的主要工作之一，并授予主管部门考核权，确保系统正常有序顺利地实施。

"一把手"要下决心实施 ERP，勇于承担责任，要力争做到以下两点。

（1）企业各级领导能理解 ERP，对建立 ERP 系统有明确的目标和统一的认识。ERP 系统以供应链管理作为其核心管理思想，提供各具特色的管理模式。企业在准备购买和应用 ERP 系统之前，就应清楚地意识到即将应用的 ERP 系统将会对自己原有的管理思想与管理模式产生冲击。因此，ERP 系统的应用是企业的一次管理革命，没有最高决策层的领导与推动，这场管理革命就不会在企业取得成功，从而也就不会达到降低企业库存和生产成本、缩短产品生产周期、提高产品质量和客户满意度、减少企业呆账、实现对市场的快速反应等预期目标。

（2）企业的领导班子要富有改革进取、开拓创新精神，能团结一致，对 ERP 项目承担责任。企业员工对于新系统的接受需要一个心理认同和操作熟练的过程。如果新系统的使用大大地加重了他们的工作，员工就会产生强烈的抵触情绪，导致实施过程中遇到的问题被放大。而在 ERP 实施的初始阶段，工作量加大几乎是一个无法回避的问题。另外新的管理方式对于人员素质提出了更高的要求，使部分人的岗位产生危机；新的管理方式还会触犯一部分人的既得利益。在这种情况下如果企业领导没有表现出坚定不移的态度，这些人就会使用诋毁的方式让项目进行不下去。这也就是许多人呼吁要将 ERP 实施做成"一把手工程"的原因。

2.　"一把手"不是大包大缆，"拍脑袋"办事，要有分工责任

任何工作都是有主有次，有轻重缓急的。如果有这么多事务工作需要"一把手"去如期完成，实际上是不可能的。有的即使做了也只能是停留在一般的号召上，没有真正沉下去，钻进去，势必影响工作效果。因此不能随意将一些项目都冠以"一把手工程"，要确保"一把

手”在任期内有足够的精力抓好两三项事关企业生存与发展的"一把手工程"，抓出成效。这才是"一把手"和"一把手工程"的真正含义。

我们应该注重和坚持"一把手"领导下的分工负责制，按照企业制定的发展战略和年度工作计划，充分发挥企业副职和相关部门的主动性、创造性和积极性，大家各司其职，有职有权，努力工作，遇有重大问题再请示"一把手"或董事会、厂务会研究解决。这种工作方式合乎客观规律，效果也会更好些。更重要的是，工作中要加强管理，要靠管理机制和规章制度从根本上确保各项工作顺利完成，同时要加大规章制度的执行力度，也就是说要通过法治，而不是人治来抓好企业的各项工作。

联想到我国的合资企业和沿海一带的乡镇企业推广应用 ERP 之所以取得较好的应用效果，关键在于企业有一个科学的管理机制和全员竞争意识。因此，我们在推广应用 ERP 过程中，要宣传和强调通过一种机制和一种方法来确保 ERP 项目的成功实施，并落实于行动，这样会更切合实际，更加科学。

3. 现任"一把手"和继任"一把手"的连续性

这里的"一把手"，不仅指在任的"一把手"，而且包括继任的"一把手"。一个 ERP/MRP Ⅱ 系统的建立往往需要一年以上的时间，有时会遇到在任领导成员的岗位交接。因此，我们应当把"厂长工程"和"一把手原则"理解为企业的高层领导班子，而不只是一两个人。就是说，"一把手工程"是一个广义的概念，不仅企业最高领导亲自参与主持，还应包括企业整个决策层的参与。

9.1.4　ERP 实施与过程管理、项目管理、变革管理、知识管理的关系

ERP 系统由标准化的管理流程、知识化的数据体系和集成化的软件系统构成，是企业进行知识积累、发挥人力资源知识价值的平台，也是体现企业先进的管理模式与管理水平的平台。在 ERP 实施全生命周期里，过程管理、项目管理、变革管理、知识管理的理论贯彻始终，在每一个阶段都应该注意到 ERP 系统实施的成功关键因素，以提高系统实施的成功率。

过程管理：ERP 实施过程管理就是在 ERP 建设中所涉及的过程，如需求建立过程、业务分析描述过程、软件商和系统的选择评价过程、软件的配置过程、系统的实施过程、系统的上线与测试过程、系统运行效果的评价过程等，借助过程建模、过程分析诊断、群体决策、更改管理、知识管理、冲突识别、冲突诊断以及冲突解决等技术和工具，对实施过程中的具体过程进行有效管理，以达到对实施过程中的问题进行预警，协调相关者之间的需求冲突和相关者需求与系统属性的冲突，减少实施阻力、提高实施效率和成功率的目的。在付出失败代价的同时也取得了一定的效益与经验。

项目管理：ERP 实施作为一个企业信息化项目，具有项目的全部特征，即明确的开始（需求分析）、明确的结束时间（系统安装调试、运行后评估）、明确的规模和预算、需要 ERP 实施项目组具体执行。项目管理围绕整个 ERP 项目的全过程，对项目的立项授权、需求分析、软硬件的评估选择以及系统的实施进行全面的管理和控制。建立科学的项目组织，制定合理的项目计划，有效的项目进度、质量、成本和风险管理是 ERP 实施成功的保障。因而 ERP 实施项目需要项目管理，成功的面向 ERP 项目实施的项目管理模式是 ERP 实施成功的保障。

变革管理：ERP 系统的实施一般涉及企业组织层次的调整和组织结构的重新分化，同时业务的流程也会进行相应的调整。这种分化和调整贯穿系统实施的始终，所以需要引进变革管理的思想。

知识管理：在 ERP 系统实施的过程中，企业人员的思想观念、知识结构都会产生一定程度的变化，而且企业人员也需要经过系统的培训与学习才可以灵活掌握运用新的系统。因此，在系统实施的过程中积累的大量宝贵经验和知识是应该被保存继承下来的，以便企业在现有发展的基础上继续进步，所以知识管理的思想很重要。

图 9-2 为上述 ERP 实施过程的关系模型。

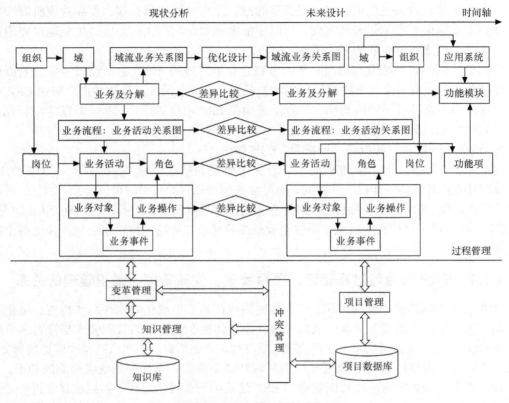

图 9-2　ERP 实施过程关系模型

9.2　ERP的实施

9.2.1　ERP 的实施步骤

一个典型的 ERP 实施进程主要包括以下几个阶段。

1. 项目的前期工作（软件安装之前的阶段）

这个阶段非常重要，关系到项目的成败，但往往为实际操作所忽视。此阶段的工作主要包括以下几点。

（1）领导层培训及 ERP 原理培训。培训的主要对象是企业高层领导及今后 ERP 项目组人员，目的是使他们掌握 ERP 的基本原理和管理思想，这是 ERP 系统应用成功的思想基础。因为企业的各级管理者和员工才是 ERP 系统真正的使用者，他们真正了解企业的需求，也只有他们理解了ERP，才能判断企业需要什么样的ERP软件，才能在工作中更有效率地运用ERP。

（2）企业诊断。由企业的高层领导和今后各项目组人员用 ERP 的思想对企业现行管理的业务流程和存在的问题进行评议和诊断，找出问题，寻求解决方案，用书面形式明确预期目标，并规定实现目标的标准。这里会用到下一个部分里将要介绍的业务流程重组的方法。

（3）需求分析，确定目标。企业在准备应用 ERP 系统之前，还需要理智地进行立项分析。

① 企业是不是到了该应用 ERP 系统的阶段？

② 企业当前最迫切需要解决的问题是什么？ERP 系统是否能够解决？

③ 对 ERP 系统的投资回报率或投资效益进行分析。

④ 在财力上企业能不能支持 ERP 的实施？

⑤ 实施 ERP 的目的所在是什么？系统到底能够解决哪些问题和达成哪些目标？

⑥ 基础管理工作是否理顺？

然后将分析的结果写成需求分析和投资效益分析的正式书面报告，从而做出是否实施 ERP 项目的正确决策。

（4）软件选型。在选型过程中，首先要知己知彼。知己，就是要弄清楚企业的需求，即先对企业本身的需求进行细致的分析和充分的调研，这在需求分析阶段已经完成；知彼，就是要弄清软件的管理思想和功能是否满足企业的需求。这两者是相互交织进行的，可以通过软件先进的管理思想来找出企业现有的管理问题，同时特定的软件则可能由于自身的原因，不能够满足企业的特殊需求，也需要一定的补充开发。除此之外，还要了解实施的环境。这里的环境包括两个方面，即国情（如财务会计法则等一些法令法规，还包括汉化等）、行业或企业的特殊要求。根据这些来运行流程和功能，从"用户化"和"本地化"的角度来为 ERP 选型。

2.　实施准备阶段（包括数据和各种参数的准备和设置）

这一阶段要建立的项目组织和所需的一些静态数据可以在选定软件之前就着手准备和设置。在这个准备阶段中，要完成以下几项工作。

（1）项目组织。ERP 的实施是一个大型的系统工程，需要组织上的保证，如果项目的组成人选择不当、协调配合不好，将会直接影响项目的实施周期和成败。项目组织应该由 3 层组成，而每一层的组长都是上层的成员。

① 领导小组。由企业的"一把手"牵头，并与系统相关的副总一起组成。这里要注意的是人力资源的合理调配，如项目经理的任命、优秀人员的发现和启用等。

② 项目实施小组。大量的 ERP 项目实施工作是由该小组来完成的，一般该小组由项目经理领导组织工作，其他的成员应当由企业主要业务部门的领导或业务骨干组成。

③ 业务组。这部分工作的好坏是 ERP 实施能不能贯彻到基层的关键所在。每个业务组必须有固定的人员，带着业务处理中的问题，通过对 ERP 系统地掌握，寻求一种新的解决方案和运作方法，并用新的业务流程来验证，最后协同实施小组一起制定新的工作规程和准则。

（2）数据准备。在运行 ERP 系统之前，要准备和录入一系列基础数据，这些数据是在运用系统之前没有或未明确规定的，因而需要做大量分析研究的工作，包括一些产品、工艺、库存等信息及一些参数的设置，如系统安装调试所需信息、财务信息、需求信息等。

（3）系统安装调试。在人员、基础数据已经准备好的基础上，就可以将系统安装到企业，并进行一系列的调试活动了。

（4）软件原型测试。这是对软件功能的原型测试（Prototyping），也称计算机模拟（Computer Pilot）。由于 ERP 系统是信息集成系统，所以在测试时，应当是全系统的测试，各个部门的人员都应该同时参与，这样才能理解各个数据、功能和流程之间相互的集成关系，找出不足，提出解决企业管理问题的方案，以便接下来进行用户化或二次开发。

3. 模拟运行及用户化

这一阶段的目标和相关的任务如下。

（1）模拟运行及用户化。在基本掌握软件功能的基础上，选择代表产品，将各种必要的数据录入系统，带着企业日常工作中经常遇到的问题，组织项目小组进行实战性模拟，提出解决方案。模拟可集中在机房进行，也称会议室模拟（Conference Room Pilot）。

（2）制定工作准则与工作规程。进行了一段时间的测试和模拟运行之后，针对实施中出现的问题，项目小组会提出相应的解决方案，在这个阶段就要将与之对应的工作准则与工作规程初步制定出来，并在以后的实践中不断完善。

（3）验收。在完成必要的用户化工作准备进入现场运行之前，还要经过企业最高领导的审批和验收通过，以确保 ERP 的实施质量。

4. 切换运行

切换运行要根据企业的条件来决定应采取的步骤，可以各模块平行一次性实施，也可以先实施一两个模块。在这个阶段，所有最终用户必须在自己的工作岗位上使用终端或客户机操作，处于真正应用状态，而不是集中在机房操作。如果手工管理与系统还有短时并行，则可作为一种应用模拟看待（Live Pilot），但时间不宜过长。

5. 新系统运行

一个新系统被应用到企业后，实施的工作其实并没有完全结束，而是将转入到业绩评价和下一步的后期支持阶段。这是因为我们有必要对系统实施的结果作一个小结和自我评价，以判断是否达到了最初的目标，从而在此基础上制定下一步的工作方向。随着市场竞争形势的发展，将会不断有新的需求提出，再加之系统的更新换代、主机技术的进步都会对原有系统构成新的挑战。所以，无论如何都必须在巩固的基础上，通过自我业绩评价制定下一目标，之后再进行改进，以不断地巩固和提高已有成绩。

以上是对 ERP 的实施过程的简要介绍。当然，这些阶段是密切相关的，一个阶段没有做好，决不可操之过急进入下一个阶段，否则，只能是事倍功半。值得注意的是，在整个实施进程中，培训工作是贯彻始终的。我们只是对第一个阶段的领导层培训和 MRP II 原理培训作了详细的介绍。而那些贯穿于实施准备、模拟运行及用户化、切换运行、新系统运行过程中的有关培训，如软件产品培训、硬件及系统员培训、程序员培训和持续扩大培训也都是至关重要的。因为只有员工才是系统的真正使用者，只有他们对相关的 ERP 软件产品及所要求的硬件环境有了一定的了解，才能够保证系统最终的顺利实施和应用。

9.2.2　ERP 产品选型的注意事项

一些企业为了提高管理水平和竞争力，纷纷实施自己的 ERP 系统，然而投入了巨资却没有得到原来预想的效果，究其原因，是企业在 ERP 选型的过程中陷入了一些误区。下面通过几个管理故事介绍企业在 ERP 选型的过程中应该注意的问题。

1. 认清实施ERP的目的，确定选型时机

┃ **管理故事 1** ┃

厨房失火

有位客人到某人家里作客，看见主人家厨房灶上的烟囱是直的，旁边又有很多木材。

客人告诉主人说："烟囱要改弯曲，木材需移去，否则将来可能会导致厨房火灾。"主人听了后不以为然，没有做任何表示。

不久主人家厨房果然失火，四周的邻居赶紧跑来救火，最后火被扑灭了，于是主人烹羊宰牛，宴请四邻，以酬谢他们救火的功劳，但是并没有邀请当初建议他将木材移走，烟囱改道的客人。

有人对主人说："如果当初你听了那位先生的话，今天也不用准备筵席了，而且没有火灾的损失，现在论功行赏，原先给你建议的人没有被感恩，而救火的人却是座上客，真是很奇怪的事呢！"主人顿时省悟，赶紧去邀请当初给予建议的那位客人来吃酒。

启示：

一般企业只有面临经营危机或竞争压力，才会考虑管理变革和企业的信息化，同时认为 ERP 主要是解决企业现存问题，充当消防员角色的，其实这种观点是很值得商榷的。俗话说："预防重于治疗"，能防患于未然之前，更胜于治乱于已成之后。企业要认识到 ERP 不仅是一种软件工具，更是一种管理思想。它是"以客户为中心"，把企业的销、产、供整个供应链实现一体化，把原来的以产定销转变为以销定产。同时 ERP 能根据企业内外部环境的变化，动态地做出企业的预测和决策，以抓住市场的机遇，提高企业的竞争力和市场地位。为此企业在实施 ERP 项目时要以提高企业的预测与决策能力为目的，同时结合企业的特点，适时地选择适应企业特点的 ERP 产品，不能等到"厨房失火，再亡羊补牢"，这样虽然解决了现存的问题，但问题仍会经常发生，可谓后患无穷。

2. 选择合适的ERP厂商，避免多多益善

▌ 管理故事 2 ▐

选择越多越好？

科学家们曾经做了一系列实验，其中一个是让一组被测试者在 6 种巧克力中选择自己想买的，另外一组被测试者在 30 种巧克力中选择。结果，后一组中有更多人感到所选的巧克力不大好吃，对自己的选择有点后悔。

另一个实验是在加州斯坦福大学附近的一个以食品种类繁多而闻名的超市进行的。工作人员在超市里设置了两个试吃摊位，一个有 6 种口味，另一个有 24 种口味。结果显示有 24 种口味的摊位吸引的顾客较多：242 位经过的客人中，60%会停下试吃；而 260 个经过 6 种口味的摊位的客人中，停下试吃的只有 40%。不过最终的结果却出乎意料：在有 6 种口味的摊位前停下的顾客中有 30%都至少买了一瓶果酱，而在有 24 种口味摊位前停下的试吃者中只有 3%的人购买东西。

启示：

据统计资料显示，在我国，现有 ERP 厂商 1 000 多家，每家 ERP 产品的质量与服务水平参差不齐，这么多的 ERP 厂商让企业游移不定，拿不准主意，同时太多的 ERP 概念炒作也会混淆视听。企业认为越多的 ERP 厂商会给出越多的意见，这样 ERP 选型也会越合理，其实结果往往适得其反。因为每个 ERP 厂商的发展背景与实力各不相同，它们提供的 ERP 产品类型不同，游说的动机也不尽相同，所以太多的 ERP 产品选择会让企业拿不定主意。

为此，我们在招标 ERP 产品之前，一定要有自己明确的最终目标，合理地召集几家 ERP 厂商，让他们提出针对本企业的 ERP 产品，从而从中选择适合企业的 ERP 产品。当然有时也可能所有的 ERP 产品都不适合自己的企业，这时自行开发也不失为一种明智的选择，如河南双汇集团的 ERP 选型就是一个成功的案例。总之，在 ERP 选型时要避免盲目地平均使用资源、盲目地多样化，犹如猴子掰棒子，终将一无所得。

3. 认清自己的实力，选择适合企业的ERP产品

┃ 管理故事 3 ┃

乌鸦学老鹰

老鹰从高岩上飞下来，以非常优美的姿势俯冲而下，把一只羊羔抓走了。一只乌鸦看见了，非常羡慕，心想：要是我也能这样去抓一只羊，就不用天天吃腐烂的食物了，那该多好呀。于是乌鸦凭借着对鹰的记忆，反复练习俯冲的姿势，也希望像鹰一样去抓一只羊。一天，它觉得练习得差不多了，便从山崖上俯冲而下，猛扑到一只公羊身上，狠命地想把它带走。然而它的脚爪却被羊毛缠住了，拔也拔不出来。尽管它不断地使劲怕打翅膀，但仍飞不起来。牧羊人看到后，跑过去将它一把抓住，剪去了它翅膀上的羽毛。傍晚，他带着乌鸦回家，交给了他的孩子们。孩子们问是什么鸟，牧羊人回答说："这确确实实是一只乌鸦，可是自己却要充当老鹰。"

启示：

乌鸦想学老鹰，其精神是值得钦佩的，但是乌鸦要认清自己，如果要想具有一只鹰的能力，需要付出异常艰苦的努力，不是只简单地学习老鹰俯冲下山崖的姿势就可以。

企业在 ERP 选型时，也是同样的道理，不能看到别的企业花费巨资实施 ERP 带来了巨大的经济效益与社会效益，认为自己这样做也可以成功。由于每个企业在经济、管理、制度和人力等方面存在很大的差异，企业的实力与所处的环境也千差万别，为此企业一定要结合自身的实力和其他因素综合考虑，选择适合自己的 ERP 产品。如果企业实施完整 ERP 的条件还不成熟，也可以选择 ERP 的一部分功能先做试点，如先使用 MRPII，千万不可盲目照搬别人的实施方案与产品选择。同时企业也要像乌鸦一样要明白自己为什么不是一只鹰，自己怎样才能变成一只鹰，只有正确地认识自我，最终才可以变成一只翱翔在天空的鹰，成功实现企业 ERP 选型与实施，并在企业的竞争中立于不败之地。

4. 选择具有良好服务的ERP厂商

┃ 管理故事 4 ┃

香草冰淇淋过敏

有一天，美国通用汽车公司的庞帝雅克部门收到一位客户的抱怨信："这是我为了同一件事第二次写信给你，这的确是一个事实。"原来，这位用户家里有一个习惯：每天饭后由全家投票决定吃哪一种口味的冰淇淋。自从新近买了一部庞帝雅克轿车后，只要他每次买的冰淇淋是香草口味的，他从店里出来时车子就发动不了；但如果买的是其他口味，车子发动就很顺利。

太奇怪了！这可能吗？公司总经理对这封信心存怀疑，但还是派了一位工程师去查看究竟。工程师发现这位车主不像是乱开玩笑的人。当他同车主用完晚餐去买冰淇淋回到车上后，车子果然发动不了。试了几次，每次都是这样。而买别的口味的冰淇淋就没有问题。工程师当然不相信这辆"奇怪"的车子对香草气味过敏。他又开始记录车主的其他资料，发现这位车主买香草冰淇淋所花的时间比买其他口味的冰淇淋要少些。

他又发现，因为香草冰淇淋最畅销，店家为了让顾客每次都能很快拿到，就将香草口味的冰淇淋特别单独陈列在店面最前端的冰柜里，而将其他口味的冰淇淋放置在离收银台较远的地方。

随着工程师把问题缩小到"为什么这部车从熄火到发动的时间较短就会出问题"时，一个答案浮出水面：是因为"蒸气锁"，一定是它！当这位车主买其他口味冰淇淋时，由于时间较长，引擎有足够的时间散热，重新发动时就没有太大的问题。但是在购买香草冰淇淋时，由于花的时间较短，引擎太热，以至于还无法让"蒸气锁"有足够的散热时间。

启示：

汽车对香草冰淇淋过敏，这的确有点离奇，离奇得有些叫人不可思议。然而，通用汽车公司听到用户的反映后并没有一笑了之，而是认真负责地派人去探个究竟。那位工程师在调查这一事情的过程中，也十分认真负责，不放过任何蛛丝马迹，终于找到了问题的症结所在。

企业在进行 ERP 选型时，一定要对 ERP 厂商进行认真挑选，看他们是否能够认真对待用户反映的问题，特别是对一些看似很离奇、很荒唐的问题，是否真正为用户排忧解难，思考问题的症结，积极地寻求解决问题的办法。

同时为了保证 ERP 选型成功，还必须对国内外的 ERP 厂商进行客观而认真地分析。从 ERP 软件成熟度、成功用户的数量、用户满意度、客户化工作量、二次开发工作量、软件升级周期和用户接受培训的工作量等方面来衡量其服务的质量，确保 ERP 的成功实施。

由此可见，ERP 选型是企业成功实施 ERP 的先决条件。为此，企业在 ERP 实施战略的指导下，要充分考虑企业自身的人、财、物、信息等各种资源，并在对这些资源充分分析的基础上，认清自己的实力，确定 ERP 实施的时机，选择合理的 ERP 招标厂商，最终选择具有良好服务的 ERP 厂商和适合企业自身的 ERP 产品功能。

9.2.3　ERP 实施的成功标志

因为每个企业的外部环境、战略目标、组织结构、业务流程、组织文化都有所不同，因此，在推进企业信息化建设的方面要有自己的个性。但通过对有关 ERP 实施的成功案例分析，仍然可以归纳出一些共性的经验。这些成功的经验和因素对我国企业的信息化建设具有重要指导意义和应用价值。

1. 清晰的战略目标

成功实施 ERP 的一个前提条件是要求企业明确未来的战略目标，明确企业战略目标将有利于进一步明确实施 ERP 系统目标。此外，企业还必须确定价值链中的哪些环节可能受 ERP 的影响，并对这些影响的利弊进行分析，这有利于确定实施 ERP 带来的效益。ERP 与企业战略密切相关，它以企业的战略重点为项目目标自上而下地展开。中国的企业应立足企业的战略部署，确定 ERP 项目涉及的广度与深度，并重视项目投资回报，建立商业案例（Business Case）。企业的高层管理人员在 IT 战略规划中对 ERP 的认识程度直接影响 ERP 选型和实施，从而对 ERP 实施成功与否产生深刻的影响。IT 战略规划也能清晰、详细地涵盖 ERP 实施的项目范围和风险。ERP 是一个以管理会计为核心的信息系统，识别和规划企业资源从而获取客户订单，完成加工和交付，最后得到客户付款。ERP 通过运用最佳业务制度规范以及集成企业关键业务流程提高企业利润和市场需求反应速度。ERP 软件的合理运用还可以帮助企业提升内部业务操作合理化水平，帮助企事业在跨合作企业群体和贸易伙伴之间提高管理水平，扩展企业竞争空间和提高综合能力。

2. 高层决策者的强有力的支持

众所周知，ERP 实施工程是"一把手工程"，需要企业高层管理者强有力的支持。虽然在组织形式上体现"一把手工程"容易，但在实施过程中要求高层管理者在思想上给予足够的重视，通过一些具体措施对项目进行有效的监督和控制，以保证 ERP 的顺利实施却是很难的。企业最高管理层的支持对 ERP 的实施结果至关重要。高层管理者的支持表现在：项目决策的制定、明确授权、解决问题标准保持一致、引入有效的变革管理战略、选择企业最恰当的时机实施项目。在中国，尤其需要强调企业最高层领导的认同和参与，在项目规划和实施各阶段进行有效的领导、协调和监督。因为实施 ERP 项目必然要进行管理创新、流程重组（BPR），必然涉及具体人或部门的利益。因此，只有领导真正的全程参与才会更快地解决 ERP 实施中的疑难问题。

3. 严格、有效的项目管理

从实施 ERP 的实际情况来看，强有力的项目管理是项目实施成功的一个不可或缺的因素。ERP 实施项目是一个实施难度大、应用周期长的企业管理系统工程项目，这也就决定了必须从系统工程和管理科学的角度出发，进行严格、有效的项目管理体系及运作机制。称职的项目经理是有效项目管理的前提，他能遵守实施方法论，综合考虑 IT 和业务元素，制定出符合实际的项目计划并恪守项目进度，听取终端用户意见和建议，重视培训并制定项目实施后的支持和维护计划。

4. 优秀的实施团队

实施团队是直接面向项目的，它的好坏将直接影响到 ERP 项目的实施能否成功。项目组织管理团队的责任心、热情、经验和组织力度是影响项目质量的重要因素。

项目团队对于 ERP 重要性的指标体系可以概括为 5 个方面的指标：团队与各级一把手的沟通，对于最高决策的理解，这对于项目成功至关重要；对于涉及项目范围的综合组织协调力；由职权所赋予的指挥权威（不赋予相当职权在这样综合性的管理项目中也难以指挥）；对于 IT 知识、管理知识和业务流程知识的复合型经验能力；对于事业的热情、献身精神，作为整个项目的直接驱动力量。

5. 根据企业具体情况制定可行的方案

企业的信息化项目涉及比较复杂的方案规划，考虑的要素有管理基础、IT 基础、企业文化基础、阶段划分、长远期发展、近期实现、资源占用、效益结构、风险评估、软件平台、功能分担、合作伙伴等。ERP 项目在启动前期需要进行大量的调研、分析和论证的工作，要对企业存在的问题进行认真的分析，在学习分析先进企业经验的基础上，对比各种解决方案，制定适合企业具体情况的可行方案，并制定项目的长期和短期的目标，考虑实施中的主要策略，详细分析风险的规避等。

根据现代企业管理原理（以人为本、信息管理、动态原理、创新原理、经济效益原理、反馈原理）来衡量本企业基础管理的主要内容，包括企业的标准化、信息化、计量与定额管理，规章制度，员工教育与体系保障，所以从某方面来说，企业实施 ERP 系统是实实在在，来不得半点虚假。必须建立明确的责任制度来保障数据操作在各个环节上的规范性和准确性。

ERP 项目的重点之一是跨部门共享服务和信息，以达到整个企业对市场和客户的快速反应。只有组织文化与新的流程步调一致，才能充分实现 ERP 预期收益。中国企业需要相应的变革管理，落实有效的培训教育，建立追求绩效的企业文化。行业领先的技术是 ERP 项目成功的必要条件之一，但也要注重与本地特点相结合，使定制服务最小化，并采用精确数据。中国企业特别需要注意的 3 个技术问题是：ERP 软件本土化并允许客户定制；能够与企业原有系统整合；使用准确的数据。来自经验丰富的 ERP 咨询公司和软件销售商的外部支持，与企业最高领导、IT 和业务部门给予的内部支持同样关键。中国企业在实施 ERP 时，选择外部咨询公司或者软件厂商进行合作的比例远远高于依赖内部自主开发的比例。有效的项目管理和有经验的实施团队是项目实施不可或缺的重要因素。咨询公司进行项目管理的成功前提包括：经验丰富的专家或咨询顾问；正确的实施理念；可操作的实施规范；高素质的项目团队；高效沟通和激励制度及统一的项目目标。

6. 贯彻始终的广泛而有效的教育与培训

教育与培训是 ERP 实施中被公认的重要因素。教育主要针对系统知识方面，而培训则针对系统应用方面。

ERP 实施要求实施人员具备大量关键性知识，使之能够在系统框架内解决问题，以避免对流程产生抵触。此外，企业高层必须承担培训费用，并将其编入预算。据调查，全部实施预算的 10%～15%用于培训将带来 80%的实施成功机会。从确立项目开始以来便需要不断地针对各类人员开展培训，而且在培训过程中要注意培训层次与培训方式相结合，并及时反馈培训效果。只有全员参与并建立起员工的主人翁精神，才能充分发挥 ERP 的效益。其中，中层干部的理解和支持是关键中的关键。因此，企业应用 ERP 一定要加强管理工作，建立相应的竞争机制、激励机制和约束机制，促使员工在感受到外部压力之后自觉地投入到 ERP 应用工作中来。

7. 准确、完整的数据和转换与接口的及时准备

准确的数据能够保障 ERP 系统正确地执行相关功能，由于 ERP 系统高度集成的特点，一旦输入错误的数据，就可能在整个企业中导致连锁反应。因此，必须通过教育和培训让用户认识到准确的基础数据对于项目的重要意义，并在整个实施的过程中对数据的准确性进行严格的检查和测试，以保障整个系统的成功运行。在系统的流程中进行严密的业务控制。统一设计考虑流程，在系统中进行合理的功能分解。在系统中通过业务逻辑进行严密的业务数据控制，发现问题可以及时分清责任并进行纠正。

严密的数据管理组织体系，在项目中要建立明确规范的数据管理体系，责任清晰具体，避免相互责任不清的推诿扯皮。建立日清日结的管理制度，错误数据的积累对于 ERP 系统来说是致命的，特别是在上线初期更是如此，所以要求企业从系统上线开始就要进行"日清日结"，并且通过有效的操作方法和制度贯彻到项目的组织中，保证数据体系的准确与及时。

9.3　ERP实施的风险与防范

1. ERP系统工作环境风险的分析与防范

（1）硬件方面，计算机设备、网络设备、电源设备的故障都会导致数据丢失，可以通过购买可靠的设备并加强检测、检修与维护来防范。企业应当加强服务器等关键信息设备的维护管理，指定专人定期和不定期对系统硬件环境和本身状况进行检查维护，出现问题及时处理。企业还应当完善系统硬件设备异常情况处理制度。发现异常情况，应立即通知有关部门，并按规定的处理程序进行修理维护。规定未经授权，任何人不得接触关键的信息系统设备。

（2）软件风险方面，主要存在 ERP 系统选择风险、供应商选择风险、网络安全风险等风

险。ERP 系统选择有一定的风险。首先 ERP 系统的选择范围有限，ERP 系统在中国的应用还不到 20 年的时间，成熟的 ERP 软件比较少，国内可选择的只有金蝶、用友、浪潮等几个企业的产品，有限的选择范围会使软件选择困难。其次，选择 ERP 系统要全面评价，参与选择的人员应包括技术、业务和管理等各方面人员，任一方面选择人员的缺失都会妨碍对备选软件进行全面的评估。ERP 软件的选择要有适用性，因为每个企业的经营运行模式各有不同，如出版企业，它的业务流程就有特殊性，包括发行管理、编务管理、出版管理、财务管理、人事管理、库存管理和采购管理等项目，到目前为止没有一套完整的 ERP 软件流程与之相适应，这样就会使 ERP 软件运用于企业时存在适用性差的情况。因此企业要有明确的选择目标，根据业务的实际需求选择 ERP 软件，否则 ERP 的选择会偏离经营的目标。

选择 ERP 系统供应商有一定的风险。ERP 系统在设计与实施过程中，企业因技术、人员和经验的缺乏而无法独立设计实施一套 ERP 系统，这就需要选择一家软件供应商在技术上和管理上进行协助。

初始选择的 ERP 系统，因为各个企业的经营模式不同，一般不会与企业的管理实际完全契合，这就要求供应商根据企业的要求对 ERP 系统进行改进以符合企业的实际，所以供应商的技术实力、售后服务承诺、信誉非常重要。实施过程中，由于 ERP 系统供应商缺乏技术能力以及实施能力，会给企业 ERP 项目的实施造成困难，最终可能导致企业 ERP 项目的失败。

ERP 系统运行会面临网络风险。电脑病毒感染可能使服务器无法正常工作，木马病毒可能使重要信息流失，黑客入侵可能会窃取机密资料，这些都会影响到企业使用 ERP 系统的信心。新电脑病毒和木马层出不穷，在 2009～2010 年中，国内的病毒木马增加了约 2 000 万种，传统杀毒软件及安全技术已经无法应对所有的病毒和木马。这就要求企业在运行 ERP 系统时加强网络安全，综合利用防火墙、路由器等网络设备，漏洞扫描、入侵检测等网管软件进行网络监控，采用内容过滤技术阻止各种恶意内容的入侵，对于通过网络传输的涉密或关键数据应采取加密措施，保证信息传递的安全性、准确性。

防范 ERP 系统技术风险，企业首先要明确自己的实际需求和经营目的，根据实际需求和经营目的选择相应的软件系统以及 ERP 系统供应商。企业引入 ERP 系统的目的一般有理顺混乱的管理状态、完善信息管理、提高发展能力。企业选择合适的软件与供应商需要考虑的因素是软件功能与企业需求的匹配性、价格、软件升级的空间、供应商的信誉、供应商的技术水平、售后服务与支持等。针对网络风险，企业应建立完善的网络安全预警报告制度，注意各大杀毒软件公司发布的计算机病毒疫情，使用网管软件进行网络监控，采用内容过滤技术阻止各种恶意内容的入侵。

2. ERP系统管理中的主要风险与防范

现代企业内部控制系统作为系统化的信息集成系统，其建立和实施应按照信息系统的专业化方法来进行，同时，应确保系统的安全和稳定，以保证企业内部控制系统的有效运行，实现企业内部控制的目标。

ERP 系统管理中的主要风险在流程重组方面。由于 ERP 实行的是流程化管理，这会打破以前的条块分割，减少或合并流程中重复的、不增值的环节，导致企业组织结构的改变。业务流程重组前，难以先验性地进行科学性和可行性的全面评估，所以会面临一定的风险。业务流程重组的科学性方面的风险是业务流程重组是否能够给企业带来成本、质量、服务和效率的大幅改进。业务流程重组的可行性方面的风险是流程重组涉及员工的岗位和职权的变化，员工是否能够接受这些变革。其次，ERP 系统在设计运行中关键控制点设置不当，没有起到不相容职务分离，导致业务重复或职能重叠的问题。例如，在企业销售与收款业务的控制中，订单中的客户可能使用虚假信息；合同的签订人与审核人不分；赊销政策设置不科学；信息录入风险，订单、合同录入失误；未经授权人员进入 ERP 系统篡改信息；销售折扣与折让未经授权人员的审批；清账不及时影响顾客的信用额度，进而影响到企业销售活动等。因此软件设计开发风险可能会给企业带来较大的损失。例如，现在出版企业大都实行赊销政策，在 ERP 发行系统设计中如存在赊销政策设置不科学，企业的销售款无法收回的漏洞，那将会给企业带来巨大的损失。

要降低 ERP 系统管理中的主要风险，首先要争取高层领导对项目的支持，确保流程重组中出现的问题能够得到及时解决。一般来说，员工对于变革普遍会呈现抵制的心态，所以领导从上到下推行是必要的；要明确目标流程，通过 ESEIA 方法（清除、简化、填补、整合、自动化）设计出科学的目标流程；企业应当重视系统流程中的控制点，在前期开发中明确各个生产经营过程中的风险点和控制点，将生产管理业务流程、关键控制点和处理规则嵌入系统程序，实现手工环境下难以实现的控制功能。通过学习与参与，提高员工实施 ERP 系统的积极性；制定科学的规范管理方法，对员工行为、ERP 实施控制、目标设计、流程管理、数据管理进行规范，使 ERP 系统能够安全、有效的行使，确实提高企业的管理水平，提高竞争力。

ERP 是一种利用先进信息技术进行管理和控制的工具，通过最大化的信息集成，把特定的管理要求固化和自动化，从而降低企业风险，提高企业经营能力。现代企业需要借助于 ERP 建立高效的内部控制体系，提高风险管理水平，减小企业经营管理过程中遇到的各类风险。

ERP 信息系统在企业实施中，首先应建立 ERP 系统的正确应用理念，认识到 ERP 系统是将系统、信息流程及控制融为一体的管理控制模式，是一种以系统作为为企业管理控制的平台，以信息的有效监控为手段的现代企业管理控制工具。其次，应用 ERP 系统时，要将企业的各项资源信息化，使得企业中的各项资源能够有效地共享和合理地利用。另外，要对 ERP 系统端口输入的各项信息进行整理和分析，在企业的经营生产流程中进行有效的传递。最后，ERP 系统的开发要根据企业具体情况，尽力将企业的每个业务流程都融入到信息系统中，大量的人为工作由 ERP 系统所取而代之，实现企业管理主要工作的系统化和自动化。

9.4　ERP实施实例

以下是某公司实施 ERP 的案例。它主要包括 BPR、人员培训和计算机系统引入，将分别介绍公司现状、问题分析以及 EPP 的实施内容。

一、现状介绍

A 公司（以下简称"总公司"）是一家专门经营医用器材的国有贸易公司，是日本一家著名厂商生产的称为"血球计"的产品的中国总代理，拥有进出口权。总公司设有 4 个部门，即销售部、技术部、财务部和一个配件仓库，并在全国建立了庞大的分代理商网络。每个省、自治区或直辖市都有一个分代理商，在分代理商之下有数量不等的分销商。

公司最初的销售安排是：总公司和分代理商都不与最终客户接触，市场开发通过分代理商发展分销商进行。分代理商每半年向总公司提交销售量预计，并预支 20%货款提货，提货价格基本固定。它要保证定期支付货款，且自行解决设备存放问题。

分代理商发展并维护分销商网络，后者的提货价格每次都需与前者洽谈，这和分代理商享受的待遇不同。分销商把设备卖给最终客户并提供简单的安装、调试工作或运输服务（如客户要求）。

设备售出后，公司承诺两年内提供免费保修（包工包料）和技术服务，同时规定，保修服务基本由分代理商提供（具备一定保修服务的技术能力是对分代理商的基本要求之一），当同一问题两次修理后还无法解决的，分代理商可以转交总公司处理。

由于具有一定的垄断优势，总公司在短短几年中发展壮大，但管理机制还远跟不上扩张的速度，因而引发了一系列问题。首先是销售网络出现混乱，分代理商出于利益考虑，开始接触最终客户。因为有比分销商优惠的批发价格，分代理商拥有极大的优势，分销商因而不满，要求升至分代理级别，但又没有基本的技术力量和足够的销售网络以保证稳定的销售量。

其次是有的分销商抬高价格。由于客户对质量好、技术新的设备的价格不很敏感，加上分销商能提供给客户的采购人员可观的好处，有很大一部分产品在公司不察觉的情况下被以异常高的价格出卖给客户，造成了市场价格混乱、产品信誉下降的情况。对于这样的不规范行为，总公司无计可施。

接着是严重的售后服务问题。虽然分代理商确有一定的技术力量，但他们不愿去做麻烦又无直接效益的保修工作。在没有严格有效地沟通和管理的情况下，分代理商简单地通过混乱的维修记录、假报产品售出时间等，把大部分维修工作推给总公司完成。总公司只能派人修理。由于客户只关心是否有令人满意的保修服务，所以反而更信任总公司的技术人员，不会甚至不愿对分代理商的做法有任何抱怨。总公司因而无法对违造的维修记录提出异议。当总公司发现分代理商要求保修的产品，从总公司发货时起计远在保修期之外时，又因为本身没有全面的销售记录，只好"忍气吞声"，提供免费服务。售后服务费用居高不下，又招致来自被代理厂商的指责。另外，总公司没有制度化的财务系统。配件仓库除了负责产品储存外，还有向被代理厂商订货和验收的责任。但因与销售部信息沟通不良，往往难以准确估计产品的销售趋势。其后果是，在销售旺季库存不足，丧失了大量的市场机会，分代理商意见纷纷；在销售淡季库存过多，管理、仓储费用激增。公司总经理对产品的技术指标如数家珍，但对于如何有效地管理销售渠道和企业运作却是一筹莫展。同时因为整个公司的运营信息不全，总经理无法作出精确的判断，更提不上有效的管理了。

在发展之初，代理的产品利润高、市场大，总公司自身的问题并不突出。但随着竞争者的出现，市场逐渐份额减少，利润不断降低，总公司急需改造。

二、问题分析

总公司所出现的问题必须从以下几个层面进行分析。

1. 核心竞争力

为了能有效剥离总公司的无效流程，必须先找到它的核心竞争力。经过了近一个月的考察和对主要分代理商的调查访问，可以认为总公司的核心竞争力就在于"强而有力的分代理商"。强而有力是指分代理商有高效的销售渠道和销售网络，顾客群庞大，可以确保稳定的销售收入；有一定的技术力量，可以自行解决大部分的技术问题；有稳健的资金流，可以保证货款的有效偿还。

2. 供应链

从物流来看，总公司的销售环节过多。产品从被代理厂商运到总公司的配件仓库，配件仓库根据销售部要求发货给分代理商，分代理商再给分销商，分销商才把产品送到最终客户手里。产品经过了 3 次存储、4 次运输，其中的无效步骤不可谓不多。

信息流是总公司最主要的问题所在。部门各自为战，缺乏必要的联系。销售部、配件仓库和财务部忙于自己的工作，一般不能向外提供本部门的具体统计报告，因而总经理也就无法得到反映问题的统计数据和分析报告；销售部与配件仓库之间没有经常性的联络，即使库存不够还是会继续销售，从而产生交货不及时的后果；配件仓库不能从销售部得到当前的销售状况和市场预期，也就无法决定订货的数量和时间；技术部不能从分代理商那里了解产品具体的销售时间和顾客反馈；顾客也得不到技术部的各种支持。大量的信息丢失

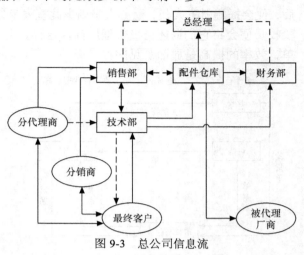

图 9-3　总公司信息流

造成了总公司管理不当。图 9-3 说明了总公司的各部门、分代理商、分销商和最终客户之间的信息流动情况，图中的实线代表现有的信息流，虚线代表受阻的信息流。

资金流的运作也不理想。分代理商只需付 20%的货款就可以提货，且还款时限长达半年，总公司不得不为其进行多达 80%的资金预付。不合理的库存数量也致使资金积压，机会成本和仓库管理费上升。同时，维修过程中的差旅费和人工费居高不下，有时甚至达到间接费用的 50%。

3. 总公司的过程再造

过程再造主要集中在销售渠道改造、财务部订货流程系统化以及信息流的合理安排上。

（1）销售改造。为了从原来的两级代理一级销售的混乱模式中跳出来，总公司果断地改变战略：放弃分销商，或保持原有代理商，或把有实力的分销商提升为代理商，或再寻找其他的代理商，使一个地区中有 3~4 个代理商，直接面对最终客户。这项销售改革的目的在于，在同一地区的代理商中引入竞争机制，改变以往代理商独一无二的情况，促进销售。

货款支付方式也发生了变化，还款时限减至一个季度。同时，代理商所能得到的价格也不再是一成不变的，总公司根据上一季度各个代理商的销售成绩和还款的情况制定不同的批发价格和预付额度。销售数量越多，价格就越低，预付比例也越少。如此，各分代理商为了更多的利润自然会努力提高销售成绩。但为了避免分代理商之间的恶性价格竞争，A 公司制定了统一的最终销售价，每个代理商只能在此基础上浮动 3%。总公司对最终客户进行定期的追踪调查，如果代理商违反价格规定，批发价格将因此提高。

总公司开始实施代理商的资格认定。每个代理商必须具有一定的经济和技术实力，保证货款的到位率和产品维修的能力。销售额也是考查代理商的重要方面，如果长期销售低迷，就不得不换人了。

（2）财务改造。对财务流程做了系统改造，整理出各项数据，登记入册，并初步建立了数据库。原始的财务流程（见图 9-4）是：先由配件仓库发订单给被代理厂商，同时，将订单的副本交给财务部，等卖方将货运抵后，配件仓库便将验货单送交财务部。此时，被代理厂商也会开出发票送交财务部。如果订单、验货单及发票都符合规定，那财务部便会如数付款。在实施 BPR 改造后（见图 9-5），配件仓库发订单给被代理厂商的同时，将资料输入数据

库。在被代理厂商将货运抵验收单位时，配件仓库验收员便利用计算机查询，如货物和数据库中的资料吻合，便会签收货物，并将有关资料输入数据库。计算机在接到货物验收的信息后，便会提醒财务人员，财务人员则据此签发支票。另一方面，如货物不符合订单上的要求，验收员便会将它们退还给被代理厂商。这样，财务人员就不必拿着发票再去核对订单和验收单，效率的提高是显而易见的。

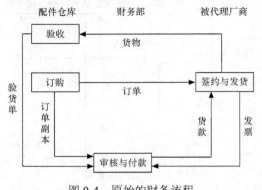

图 9-4　原始的财务流程　　　　　　　　图 9-5　BPR 后的财务付款流程

（3）信息流改造。针对前文所提到的信息流问题进行改造。在销售部和配件仓库之间建立长期的联系，并遵循定量定时的原则，即在销售达到一定数量后或在一定时间内两个部门必须沟通。销售部要把市场信息和预期及时交给配件仓库，配件仓库也要根据现有产品数量向销售部通告。

每个血球计在出厂时都有唯一的编号，总公司将其登记在表格中。当分代理商从配件仓库提货时，编号也将记录在案。在代理商销售血球计时，总公司要求将编号及时传回，在表格中标出。即使代理商没有把编号传回，公司也可以从表格（在引入计算机系统后，表格由数据库代替）中找到前后两次出货的时间，大体上推算出血球计的销售时间。

至于维修，总公司规定每次的维修记录必须送达技术部，与销售记录比对。若没有维修记录，公司有权拒绝代理商的请求。在最终客户和总公司之间建立通信机制。除了常用的维修卡等形式外，公司有专人对客户进行不定期的访问，了解使用情况，向客户介绍产品的最新动态。特别是对那些有意见的客户，更要积极地了解情况，寻找原因，设法改善。

四、人员培训

总公司原本没有系统的员工培训，因此职工的劳动积极性低、职责不清；管理人员自行其是，缺乏必要的系统运作概念。公司利用这次引入 ERP 的大好机会，在员工中展开了各种形式的教育活动。要求特定岗位的职工明确任务，规范操作步骤，建立数据登记制度。特别是要让员工知道自己所处的是工作链的哪个环节，基本了解上下工序的细节，从而理解自己工作在整体中的重要性。在日常工作中，给予经理们更多的交流机会，采用角色互换的方法，在短期内向他们灌输协调互助的观念。同时进行短时间的脱产学习，讲解 ERP 系统的使用，介绍 ERP 的管理思想，引导经理们把 ERP 应用到实际的工作中去。要求分代理商也给予更多的帮助，通过各种形式的讲座和培训，提高分代理商的销售水平和维修人员的技术实力，同时把先进的 ERP 系统介绍给他们。

五、计算机系统的引入

在流程改革半年后，通过 BPR 调整和员工培训，总公司已经完全理解了 ERP 的管理思想，管理上了一个台阶，供应链清晰，信息流通顺畅，员工的精神面貌和责任心大大提高，各项操作都有详细的记录。良好的管理也使销售量大增，公司的利润突破了历史纪录。这正是引入计算机系统，进一步提高操作效率的大好时机。

为了避免各部门同时上马计算机系统可能造成的配合失效，总公司选择了分步进行。首先在对计算机最了解的财务部试点，再逐渐向销售部和配件仓库扩展，最后是技术部。然后把各部门现有的数据库联网，实现资源共享。

ERP 的财务模块重点解决财务报表的制作，以便全面反映总公司的经济状况。同时在财务模块中加入资金裕量和预算模拟功能，在综合了销售部、配件仓库和技术部的数据后对公司中远期资金流进行分析，避免传统的"拍脑子"估算。在计算机远程通信上保持与被代理厂商的联系，采用 EDI 结算，加快资金流动，实现无纸化操作。

配件仓库的库存管理模块，采用最优化库存理论，通过与销售部和技术部的数据交换，动态地计算当前最合适的库存保有量，选择合适的订货时机。由于配件仓库必须记录每个产品的编号，所以它的计算机系统也要与被代理厂商的销售部联网，以便查找。

销售部和技术部的 ERP 模块较简单，但也必须与总公司内另外两个部的系统结成一体。为了进一步提高效率，总公司对分代理商也提出了建立计算机系统的要求，而主要的连接点就在销售和技术两部。目前有 60% 的分代理商准备和正在实施 ERP。

由于被代理厂商是日本公司，具本身已经具有相当的计算机系统（不是 ERP），所以也很支持总公司的 ERP 改造。但如何使 ERP 系统与其相接成了最大的技术难题，在被代理厂商的积极配合下，使用因特网的特殊连接技术，巧妙地解决了此问题，而且每天的数据通信量可达30M，基本上达到了要求。

9.5　ERP实施实训

1. 实训课目的
根据公司规模与行业的不同，学习如何进行 ERP 产品的选型与实施。

2. 典型的ERP产品
国外品牌：ASP

国内品牌：金蝶、用友、800 客

3. 不同类型的公司进行信息化建设所需考虑的问题
（1）公司的规模。

大公司	全面的 ERP 产品
中小公司	相关模块的信息化产品
连锁店	基于互联网的信息化产品

（2）公司的类型。

生产企业	重点是财务、库存、生产计划等功能
商业企业	重点是业务、进销存、财务等功能
服务类企业	重点是业务、财务等功能
互联网公司	重点是有供应链相关功能的系统

（3）公司管理模式。

上市公司——规范化的公司

部门健全的公司——行政、人力、财务等全有设置

部门不全的公司

老板公司——管理基本是老板一个人全面承担。

4. 实训

请选定一个公司，按其规模、类型、管理模式，写出一份信息化建设方案，从而加深对企业信息化方面的理解。

本章小结

1. 内容结构

本章内容结构如图 9-6 所示。

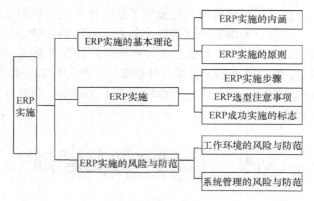

图 9-6　本章内容结构

2. 内容提要

（1）狭义的 ERP 实施是指将新系统的设计方案转化成实际运行系统的全过程。广义的 ERP 实施是指自企业正式提出需要引入 ERP 系统之日起，直到企业 ERP 管理系统正式运行并达到预定的实施目标之间的全部活动。

（2）强调 ERP 的实施是个"一把手工程"，指出 ERP 的实施必须遵循总体规划、分步实施、协同发展、经济适用的 4 大原则。

（3）把握 ERP 实施步骤，了解 ERP 选型的注意事项。

（4）从工作环境和系统管理两个方面探讨 ERP 实施的风险，并把握其控制策略。

单元训练

- **主要概念**

狭义 ERP 实施　　广义 ERP 实施　　ERP 的风险

- **理解题**

1. ERP 实施的原则有哪些？
2. 为什么说 ERP 的实施是个"一把手工程"？
3. ERP 的实施包括哪些步骤？
4. ERP 实施的风险包括哪些？

- **案例分析题**

一、ERP 的实施包括哪些注意事项？据此分析下列案例失败的原因。

河南某集团在机械行业排名第 29 位，是以电力系统自动化、保护及控制设备的研发、生产及销售为主的国有控股大型企业。1998 年，该集团与 Symix（一家面向中型企业的美国管理软件厂商）合作，开始实施 ERP 项目。在推行 ERP 的初期，集团强调"所有的人必须接受项目的实施，否则就下岗"。初期一切都很顺利。然而，计划赶不上变化，到了 1998 年 8 月，该集团内部为了适应市场变化，开始发生重大的机构调整。原来，该集团没有成立企业内部事业部，而是以各个分厂的形式存在。而各个分厂在激烈的市场竞争中，出现了这样的怪现象：该集团自己制造的零部件，例如，每个螺钉在公司内部的采购价格是 5 分钱，在市场上却 3 分钱就可以拿到。因此，企业必须进行大调整。但企业经营结构变了，当时所用的 ERP 软件流程肯定也不再适用了。对此，Symix 厂商也似乎无能为力，想不出很好的解决方案。于是该集团不得不与 Symix 公司友好协商，项目暂告失败。

二、从 E 公司引入 ERP 系统的过程，谈谈一个企业应该如何做好 ERP 的实施工作。

E（大连新时代有限公司）公司的 ERP 实施经历了咨询顾问公司实施，独立顾问实施，以及聘用资深顾问实施阶段的三次实施。最终以 ERP 成功实施告捷。

E 公司是个小型的生产加工企业，可是麻雀虽小，五脏俱全，公司的业务数据量虽然不大，但涉及几乎所有加工生产型企业的各种业务，如采购管理，库存管理，外协加工，生产计划，生产管理，销售管理等，财务方面的总账管理，应收款管理，应付款管理，现金管理，资产管理等。

一、公司背景

大连保税区 E 公司是一家美国独资公司，公司成立于 1993 年，公司在总经理 F 先生的带领下，业务一直处在稳步增长，2012 年公司的销售额达到 500 万美金以上。

公司目前有两大主营业务。一方面是电子产品委托加工，就是大家所常说的 OEM 代工生产，主要面向欧美客户，客户行业范围涉及电信、汽车、安全、医疗以及消费类电子行业等，其中不乏一些优秀的世界 500 强企业。这部分业务大多是小批量接单生产，所以这就要求公司在面对客户的需求时，能够及时进行反应，快速采购，立即生产，迅速发货，而这一切高效率的运作基础必然是信息化管理。即使经验再丰富的人也会有百密一疏的时候，但计算机不会，它不会因为时间的久远而遗失了某些数据，也不会随意乱做业务。这也是公司在决定进行信息化建设（ERP 实施）的最根本原因。

公司的另一方面业务是绝缘陶瓷加工生产线工艺设备的研发。客户主要为一些国内外高级科研机构。这类产品的需求比较特殊，订单数量也往往较小但额度较大，而且很多设备订单往往会有特殊定制的部件和需求。设备的设计周期、采购周期、生产周期都比较长。这就要求公司要以客户订单为管理核心，全程管理设备的采购，生产，甚至设计变更等相关信息。对于这方面的管理需求单靠人的管理能力也不能够完全胜任。

综合公司的业务特点和市场的需求以及信息技术的发展，2007 年年初，公司决定进行信息化管理建设，即企业资源计划 ERP 的实施上线。

二、实施前公司的信息化背景

1998 年公司在美国采购一套生产管理软件"PROD-MAN"系统。E 公司使用的主要模块就是销售订单管理，采购订单管理，以及库存管理等。但这套软件的缺点是模块之间是独立的，例如，销售模块只是销售订单的录入、修改、删除。它并不涉及采购和库存信息，信息模块之间相对独立，信息没有连贯性，而且系统的信息不涉及财务信息的管理，这是此套软件的最大弊端。当时很多信息从系统中导出后还要再进一步总结和修改，才能生成财务管理中的财务记录，如按月的统计收货总数量，库存的总值报表等。输出的数据结果还要手工记录到财务的账套。这种数据的重复录入，既没效率，也增加了数据在转移过程中人为出错的可能性。

三、企业进行 ERP 实施的三个阶段

（一）第一次实施——顾问公司

1. 软件选型

E 公司的总经理 F 先生的一位朋友 H 先生正就职于大连著名的软件公司简公司，他向总经理极力推荐他比较熟悉的 Oracle EBS ERP 系统，并夸耀这套系统的种种优越性能。起初总经理 F 先生也有些犹豫，毕竟 ERP 实施的花费不是一笔小数目，而且 ERP 的实施很有可能会冲击和改变公司原有的管理模式，后来 H 先生派简公司的销售代表前来洽谈。在洽谈过程中，公司的其他几个部门经理分别向销售代表提出了一些具体功能问题，都得到了较为满意的回答。简公司的销售代表宣称这个 EBS 系统功能完备，并在中国成功实施了很多大客户，如美的集团，中国移动等。经过再三考虑，最终总经理 F 先生决定选用简公司推荐的这套 ERP 系统，并委托乙方大连的简公司作为 E 公司 ERP 实施顾问公司。

与简公司的实施合约从 2007 年 5 月开始，到 2008 年 1 月系统上线，为期 7 个月的实施服务，E 公司从 Oracle 公司采购了 Oracle E-Business Suite （电子商务套件）产品，按照乙方（简）的要求，单独采购了一台 DELL 服务器作为 ERP 专用服务器。就这样 E 公司 ERP 系统开始了它"轰轰烈烈"的脚步。

首先，总经理 F 先生在实施之前与全体员工召开了 ERP 实施动员大会。在会上，他向公司员工描绘了这样的一幅美丽画面：ERP 实施后公司将会井然有序的生产，系统将极大地减少人工记录数据的操作，提高工作效率。例如，原材料在入库时只需用扫描仪在元器件上轻轻地划过，数据就会自动录入到系统当中。员工的各种操作都有严格的追溯性。在产成品生产完成后，通过 ERP 系统可以查到这个产成品，由哪几位操作者在什么时间上装配完成的。所有库存的现有量可以在短短的几秒时间内得出。生产计划完全由系统计算得出最优解。严格的采购额度限，极大地降低了库存量，提高了现金的周转率，加强了资金流的管控等。总之 ERP 软件将会极大的提高企业的管理水平，给 E 公司带来一个高效的全新管理面貌。

2007 年 6 月，简公司委派一名叫 Andy 的项目实施经理，全天候驻扎到甲方 E 公司。他主要负责甲乙双方公司间的信息沟通和协调，ERP 软件的设置和运行调试等工作。

2. 实施的具体过程

（1）实施计划

乙方经理 Andy 在实施前进行了详细规划的，以下是他的工作计划表，如表 9-1 所示。

表 9-1   Andy 经理的工作计划表

序号	描述	耗时（天）工作日	里程碑
1	前期业务调研	30	用户调研表
2	系统安装调试	50	系统设置信息表
3	初期数据收集和导入	50	原始数据表
4	用户运行个跟踪	40	用户改进需求表

从上表看，实施时间还是比较充裕的，但是由于该公司只派了 Andy 经理一人来进行该项目的实施，最后的时间仍显得比较紧。

（2）软件的安装

首先是 Oracle ERP 软件系统的安装调试。乙方派出一位专业的 Oracle 数据库 DBA（Database Administrator，数据库管理员）Tony 先生来完成此项工作。

起初这个工作进展的还算顺利，系统很快安装完成了。但随后发现了一个大问题，就是在使用系统标准功能将系统数据导出到 Excel 表格中时，中文会变成乱码。这对于 E 公司来说可是个大麻烦。因为公司很多一线系统操作人员的英语不是很好，这些中文字符就成了他们识别零部件的唯一途径。Tony 也尝试使用各种方法去解决这个问题，最终他得到的结论是，只有把数据库系统从 9i 升级到 Oracle 10g，这个问题才能被解决掉。但数据库升级是一项很有风险的工作，因为这非常容易造成整个系统的崩溃。如果不是身经百战的 DBA 谁也不愿轻易尝试数据库升级。Tony 也不愿意冒这个风险，最后在与 E 公司协商后只好暂时搁置这个升级的方案。经过一周左右测试的时间，软件的安装和调试就已经完成了。

由于这个硬伤，后来公司的大部分基础数据都是以英文为主，只有少量数据，如供应商名称是中文的。一方面因为很多国内供应商名称是同音不同字的，用拼音代替会产生重复的供应商；另一方面很多中国供应商名称在翻译成英文时往往不能做到绝对的准确。时至今日，这个硬伤也给公司的采购员在导出采购信息时带来了很大的麻烦。

同时在系统上线之初，有一小部分的原材料的发放属性设置成了"自动发放"。造成的结果就是包含这些原材料的工单在完工入库时又进行了一次原材料发放，这样库存的数据就会错乱失实。当查明这个原因后，调出系统中所有的"自动发放"物料找出来，把他们的发放属性都改成了"正常发放"，才避免的这个错误的再次发生。这个小事件也说明，系统设置中任何参数的细微变化，都有可能导致业务处理流程改变的，使系统的数据不能反映实际的业务流程。

（3）系统试运行的结果

在试运行期间一些操作人员反馈了很多问题。

① EBS 系统操作太过于复杂、费时。例如，一个发货的操作，从头到尾大概要 2 分钟，因为系统在处理数据时要占用很多系统资源，所以操作人员会有花费一些时间等待系统处理数据。

② 系统数据不够准确。操作用户不相信系统中的数据。例如，库存现有量的值竟然出现了负值，所以用户不相信系统。

③ 系统操作是负担。对于库房管理人员来说，之前他们一直在用手工账本。系统在试运行期间，为了数据的完整性和可追溯性，手工账本与系统同时在使用，也就增加了用户的负担，使他们对 ERP 系统产生排斥。

④ ERP 系统没有覆盖所有的实际业务流程。实际工作中的很正常业务流程，不知道在系统中的如何实现，如库房的报废流程。

这些问题中，有的是技术问题，有的是管理问题。针对这些问题乙方 Andy 经理也很无奈，他针对其中的一部分技术问题进行解释："针对这种特殊需求可以做客户化的二次开发。"而这种二次开发会产生新的实施服务费用。当时公司老板 F 先生很不满意，因为之前和售前讨论的这些问题时，销售都说的可以没有问题，也没有提及二次开发的费用问题。现在提出要做二次开发，还要收取高额的服务费用，因此他对乙方实施服务很失望。

虽然系统有这么多这样那样的问题，可是按照实施服务的合同中约定的项目周期很快就到了，项目到期之后，Andy 和他的团队也就从公司中撤出了。E 公司的经理问实施顾问简公司发了很多邮件投诉这个事件。经不住 E 公司的软磨硬泡，实施顾问简公司又派了另一位实施顾问来 E 公司了解情况。这位新顾问来后，询问了 E 公司有哪些问题，E 公司给他们列出了很多问题，如库房库存现有量不准，BOM 数据应该如何设置，客户的退运订单怎样操作等等问题。她带着这些问题回去研究了大概一周后，她给 E 公司反馈，指出了一些问题的可能原因的解决办法，但大部分的解决方案是粗暴的删除数据，重新录入，这引起了 E 公司高层经理们的高度不满。

财务的李会计是公司唯一财务人员。因为当时他已经准备离职了，所在对于培训，他没怎么用心的学习。由于当时就他一个人接受过财务的培训，所以他离职后财务这块基本就空置了，只是留下了一些培训文档。

在上线后 2 个月左右的时间系统一直处于停滞状态。40%的库存模块的物料现有量以上都不准确，并不是所有的采购订单都经过系统，计划员用手工的方式建立生产计划，销售员使用系统建立销售订单，但系统中销售订单的单价是错的。由各个模块向账务汇总的操作没有执行，财务的模块 GL、AP、AR 基本上没有在工作，包括系统中设置的财务账户层级都有待重新考量。

总经理知道这种情况后不断的推进 ERP 的使用，他先是给所有的部门经理开了个动员会，然后由所有部门经理向下推进。总经理的这种坚持也是让 ERP 系统幸免于难的最主要原因。在经理们的大力推动下，操作用户开始慢慢熟悉系统操作，对系统操作界面的抱怨越来越少了。但是进一步对系统设置的要求越来越高了，如 PO 的付款条款 Payment Term，原来系统中只设置了"30 天"和"15 天"两条，但实际上有"45 天""60 天""预付"等，对于这个设置实施公司是没有进行培训的。还好 E 公司也购买了 Oracle 公司为期一年服务，于是找到 Oracle 公司的服务人员帮忙解决类似这样的系统功能设置问题。这类问题通常在 Oracle ERP 系统中有标准的操作流程，按照系统使用说明书一步步操作即可，解决起来也比较容易。

在与 Oracle 公司的接触中，发现 Andy 在做系统中资源设置时，把人名设置成了资源，这完全偏离了 Oracle 系统的思维。换句话说，他对系统的这个功能的了解还不够透彻。

另一方面，从乙方的角度来说，这只是他们的某一个项目。项目是有项目周期的，项目开始时招集人马建立项目小组，一旦项目周期到了，项目也就结束了，所有在此期间相关的资源将完全消失。相关责任人的义务也完结了，没有人会再为这个项目负责。

如果甲方还想得到乙方的技术支持，只能再次支付不非服务费用，因此有些实施公司甚至会故意留一点小尾巴，以期日后的长期服务合作。

很多 ERP 的实施公司是在得到客户的订单后，开始筹备项目小组。根据项目的大小来分配资源，这里的资源就是实施顾问的人。通常小型项目（实施费用较少的项目）得到的人力资源也不会太充分，往往是一个人要做多个人的工作，做多个子模块的设置和调试工作。这就要求对这个实施顾问的技术水平和管理水平较高，可是通常这样的人的身价又很高。而对于小的项目来说，考虑项目实施的人力成本等问题，很多小项目都不会用这种技术水平太高的人。当然实施的效果就不会太好，人力资源分配也是很多 ERP 系统实施不成功的原因。

与简公司的合同终止了，他们不再为 E 公司 ERP 系统运行提供技术支持。这时公司内部员工对系统操作管理的技术实力还很薄弱，有些操作者甚至系统功能的基本操作也不会。当时大部分业务流程是系统外的，只有少数业务，如采购订单管理，库房入库等的部分业务在使用中。这是一个骑虎难下的阶段，E 公司对于 ERP 系统的项目投入了大量的人力和资金。这个时候宣布 ERP 的实施失败，退回到原有的手工记账方式，损失是巨大的，可是现有的 ERP 系统又不能有效的支持 E 公司的管理。

（二）独立顾问

2009 年年初，在系统试运行了一年之后，ERP 在 E 公司的运行情况依然很糟糕，只有少量的几个模块在使用，即使是已经在使用的模块，也不是全部的业务都在系统中运行。如采购模块，大部分的物料采购单要录入到系统当中，可是还有少量的采购单是不走 ERP 系统的，如运输费用的采购合同，公司内部人员不知道应该怎样在 ERP 系统中操作使用。

E 公司的高层几经商讨决定再次到外界寻求帮助，想要再一次重新设置系统。这时，公司找到了一位独立顾问 G 先生，他是老板朋友介绍的，是一位有着 20 多年丰富 IT 经验的美国人。老板与他谈了 E 公司的 ERP 实施情况后，他表示有信心解决 E 公司系统的问题。

G 先生确有着丰富的信息管理工作经验，他毕业于美国麻省理工大学，是美国的第一批程序员之一，先后在多家企业担任 CIO（Chief Information Officer，首席信息官）。但丰富的 IT 工作经验不是万能的，他对 Oracle EBS ERP 系统并不是很了解，但他学习的能力非常强，阅读了大量文档和学习资料后仅过了 3 个月，他便能够进入角色，并开始着手建立一套新的 ERP 系统。成功地安装了系统软件，并在上面运行了完整的一套基础数据的录入和输出。

他进行 ERP 实施分以下几个步骤。

（1）搭建 ERP 软件系统平台，系统硬件和软件的安装调试。

（2）按业务数据流的顺序逐个模块测试。

（3）找出模块的基本功能，按照软件的帮助文档步骤测试，录入数据并检验输出结果。

（4）如果系统能产生正常的输出。按功能编写用户的操作文档，用于培训新员工和指导老员工操作系统。

（5）对于系统操作人员提出的问题，慢慢分析解决。

经过了半年左右的时间，一套全新的 ERP 系统已经建立起来了。系统中的基本模块，如 PO（采购管理）、INV（库存管理）、OM（销售订单管理）、WIP（在制品管理）、MRP（物料需求计划）都按照系统的标准功能进行了全面的测试。

虽然系统已经设置完成，可是这套系统最终没有被 E 公司正式使用。它成为了 E 公司的测试系统，帮助 E 公司对生产环境的 ERP 系统升级和功能测试。当然除了搭建这套测试系统，G 先生最大的贡献是写了很多培训文档，这对后来培训新的操作用户有很大帮助。但是他所做的大部分工作是围绕系统标准功能展开的，是帮助公司的操作人员更熟悉系统的标准操作功能，对于系统没有的功能他也是无能为力。

在他完成了新系统调试后不久，合同期限也到期了。他认为自己是功成身退，但是对于 E 公司依旧使用着问题缠身的旧系统。

（三）雇佣资深顾问

2011 年 3 月月初，经过了将近 4 个多月的 20 多位应试者的层层筛选，公司最终招聘到了一位非常资深 EBS 实施顾问项目经理的林小姐。

林小姐经验丰富，经过了一个月的调研，她决定重新规划采购入库业务流程。首先应确保业务数据的准确性和及时性，然后再进行系统的优化设置。之前一直强调系统的设置，是技术问题，但没有人关注到系统和实际的业务流程之间的差异，这是一个管理问题，不是技术问题。

林小姐首先对库房管理员责任进行重新划分，明确了他们的工作内容，提高了生产效率，严格的单据打印制度也控制了系统操作与实际业务匹配性，进而增加了数据的可靠性。但这只是第一步，针对系统中失实的数据，她还提出了渐进式调整的方案。

通过每个月月底库房盘点时的库存量数据逐渐修正 ERP 系统的库存量。经过了大约 4 个月的不断校正，已经有 98%系统库存数据是与实际库存量完全相符的，这极大鼓舞了公司员工对 ERP 系统使用的信心。

库存现有量的准确对其他各个部门有很大帮助，采购员可以直接依据系统库存现有量下采购单了，生产部也可以安排生产任务了，财务部也可以据此制作财务物料收发存报表了。

从系统中导出数据比以往由库存管理员汇报数据要更加方便快捷，并且实时性强，能够更真实地反映实际业务情况。